T0243331

+de
1000
pequeñas
cosas
que hace la gente
feliz y exitosa

Título original: 1.000+ Little Things Happy, Successful People Do Differently
Traducido del inglés por Francesc Prims Terradas
Diseño de portada: Editorial Sirio, S.A.
Diseño de interior: Kristin del Rosario
Maquetación: Toñi F. Castellón
Imágenes de interior: Memphis patterns, ExpressVectors / Shutterstock.com; Sunburst,
          WANWIDesign / Shutterstock.com

www.editorialsirio.com
sirio@editorialsirio.com

I.S.B.N.: 978-84-18531-06-4
Depósito Legal: MA-109-2021

Impreso en Imagraf Impresores, S. A.
c/ Nabucco, 14 D - Pol. Alameda
29006 - Málaga

Impreso en España

Puedes seguirnos en Facebook, Twitter, YouTube e Instagram.

El papel utilizado para la impresión de este libro está **libre de cloro** elemental
(ECF) y su procedencia está certificada por una entidad independiente, no
gubernamental, que promueve la sostenibilidad de los bosques.

+de
1000
pequeñas
cosas

que hace la gente
feliz y exitosa

MARC & ANGEL CHERNOFF

Autores *bestseller* del New York Times

EDITORIAL
SIRIO

A nuestros alumnos, amigos y familiares,
que nos inspiran todos los días

Índice

Introducción

MILLONES DE INDIVIDUOS viven toda su vida según la «configuración predeterminada», sin darse cuenta de que pueden personalizar todo. No seas uno de ellos. No te conformes con vivir la vida en el «modo por defecto».

Atrévete a efectuar «correcciones» y mejoras. Atrévete a hacer de tu crecimiento personal una de tus mayores prioridades.

La verdad es que no siempre serás prioritario para los demás, y es por eso por lo que debes ser prioritario para ti mismo. Aprende a respetarte, cuídate y conviértete en tu propio sistema de apoyo. Tus necesidades importan. ¡Comienza a satisfacerlas!

No esperes a que otros te elijan. ¡Elígete hoy!

En serio, no debes reprimirte o contenerte para ajustarte a la idea que tienen otras personas de lo que es un ser humano que vale la pena. Eres increíblemente valioso y capaz en este momento. No porque otros piensen que lo eres, sino porque tienes todo el control sobre el siguiente paso que vas a dar.

Si te sientes diferente o si te has estado reprimiendo en los últimos tiempos, date cuenta de que la verdadera batalla está en tu mente. Y tu mente está bajo tu control, no al revés. Es posible que te hayan derribado la adversidad, el rechazo o el estrés, pero no estás vencido. No permitas que tu mente, ni nadie, intente convencerte de lo contrario.

Sánate a ti mismo y crece como persona más allá de la configuración predeterminada de la vida; niégate a conformarte con la forma en que siempre han sido las cosas. Elige darte espacio en tu propia vida desde hoy. Elige darte permiso para satisfacer tus propias necesidades. Elige respetar tus sentimientos y emociones. Elige que el autocuidado y el crecimiento personal constituyan grandes prioridades para ti.

Elige pensar mejor acerca de ti mismo, para poder vivir mejor a pesar de las dificultades que debas afrontar.

Sí, sabemos que a veces es mucho más fácil decirlo que hacerlo. Efectuar cambios positivos requiere orientación y práctica. Y esto es exactamente lo que este libro te va a aportar, paso a paso.

¿Estás listo para un gran viaje? Porque el que conduce a la felicidad y el éxito verdaderos en la vida lo es, realmente. Es un viaje lleno de lecciones vitales y giros inesperados y emocionantes. Es increíble cómo superamos aquello que anteriormente habíamos considerado que era imprescindible en nuestra vida y cómo después nos enamoramos de lo que ni siquiera sabíamos que queríamos. La vida nos va llevando por caminos que nunca escogeríamos si dependiera de nosotros. Pero no tengas miedo. No permitas que tus expectativas relativas a cómo «debería ser» todo no te dejen ver la belleza de la vida que estás viviendo. Ten fe. Confía en el viaje.

Y, por supuesto, si te cuesta confiar en el viaje y controlar tus expectativas en este momento, debes saber que no eres el único. Muchos de nosotros también nos estamos esforzando denodadamente por soltar, encontrar más presencia y aceptación, y volver a encarrilar nuestro proceso de pensamiento. Permítenos compartir contigo una breve metáfora que solemos exponer a los alumnos de nuestro curso y a los asistentes al seminario en vivo:

Imagina que tienes una mandarina madura y jugosa en la mesa que hay delante de ti. La levantas con entusiasmo, separas un gajo y te lo llevas a la boca.

Ya sabes qué sabor debe tener una mandarina madura y jugosa. Esta resulta ser un poco más agria de lo que esperabas, de manera que haces una mueca, experimentas una sensación de decepción y te lo tragas.

O tal vez la mandarina tiene un sabor completamente normal; no hay nada especial en él. Por lo tanto, te la vas comiendo sin tan siquiera detenerte a apreciar el sabor de los bocados, que no merecen tu atención.

En el primer escenario, la mandarina te decepcionó porque no cumplió con tus expectativas. En el segundo, te ofreció una experiencia demasiado poco interesante porque cumplió con tus expectativas a la perfección.

¿Adviertes la paradoja?

Las cosas o no son buenas o no son lo bastante buenas... Así es como muchos de nosotros vivimos la vida: infelices y sin tener éxito. Es por eso por lo que muchos de nosotros nos sentimos decepcionados y poco entusiasmados acerca de casi todo.

Porque no hay nada que satisfaga *realmente* nuestras expectativas.

Ahora, imagina que adoptas este enfoque: depones tus expectativas acerca de cómo «debería» saber la mandarina. No lo sabes y no esperas saberlo, porque ni siquiera la has probado todavía. En lugar de ello, tienes verdadera curiosidad, eres imparcial y estás abierto a una variedad de posibles sabores. Pruebas la fruta y prestas mucha atención. Percibes la jugosidad y la textura de la pulpa, los sabores ácido, agrio y dulce arremolinándose en tu lengua, y todas las otras sensaciones complejas que surgen en tu conciencia al masticar. No sabías qué sabor tendría esta mandarina, pero ahora te das cuenta de que es diferente del resto, y es significativo a su manera. La experiencia que tienes es totalmente nueva y vale la pena, porque nunca antes has probado *esta* mandarina.

Los expertos en *mindfulness* suelen denominar a esta actitud *mente de principiante*, pero en realidad no es más que el resultado de una perspectiva libre de expectativas innecesarias y asfixiantes.

Por supuesto, puedes sustituir la mandarina por casi cualquier elemento presente en tu vida: cualquier suceso, situación, relación, persona o pensamiento que se te ocurra. Si abordas estos elementos con expectativas acerca de «cómo deberían ser» o «cómo deben ser» para ser lo suficientemente buenos para ti, casi siempre te decepcionarán de alguna manera, o serán demasiado comunes y poco emocionantes para que tan siquiera los recuerdes. Y te limitarás a pasar a la próxima decepción o experiencia de vida carente de interés, y a la siguiente, y a la siguiente, y así sucesivamente, hasta que habrás vivido la inmensa mayor parte de tu vida atrapado en un ciclo interminable de experiencias que apenas te habrán gustado o apenas habrás percibido.

Una mejor manera

La buena noticia es que hay una forma más feliz y fructífera de pensar y vivir. Tras más de una década impartiendo sesiones individuales de *coaching* a nuestros alumnos, manteniendo conversaciones abiertas con nuestros lectores y organizando seminarios anuales en vivo, hemos acumulado mucha experiencia en ayudar a las personas a superar los aspectos dolorosos que las estaban frenando. Y uno de los aspectos dolorosos que más hemos visto a lo largo de los años es el que acabamos de exponer: las expectativas no cumplidas. De hecho, la mayor parte de lo que describimos como nuestros «mayores problemas» es la consecuencia directa de cómo reaccionamos ante la vida en un día promedio.

En ocasiones nos enfrentamos a grandes tragedias, es cierto, pero la mayor parte de las veces el único problema real es nuestra actitud mental y el comportamiento resultante de ella en el momento presente. Es fundamental que hagamos uso de nuestra fuerza mental o resiliencia interna. Para ello, no es necesario haber nacido mentalmente fuerte; este rasgo vital de carácter se puede desarrollar con la práctica diaria.

¿Es fácil? No exactamente. ¿Vale la pena? Sin duda alguna.

Lo primero que hay que hacer es afrontar totalmente el momento presente, con una presencia y una aceptación verdaderas. Incluso cuando los tiempos son relativamente buenos, uno de los retos más difíciles que tenemos en la vida es vivir en nuestra propia piel, es decir, estar aquí y ahora, independientemente de dónde nos encontremos. Con demasiada frecuencia nos distraemos con cualquier cosa: la comida, el alcohol, las compras, la televisión, los chismes, las noticias, las redes sociales, los videojuegos, los teléfonos inteligentes, las tabletas, etc.; el caso es evitar estar completamente presentes.

Nos servimos del trabajo compulsivo, el ejercicio compulsivo, los amores compulsivos y otros comportamientos para escapar de nosotros mismos y evitar vivir con plena presencia. De hecho, muchos hacemos todo lo posible por evitar la sensación de estar a solas con nosotros mismos sin experimentar distracciones, ya que estar solo sin distraerse significa lidiar con los verdaderos sentimientos que están ahí: los miedos, las ansiedades, la anticipación, la incertidumbre, la frustración, la envidia, la desilusión... Y cuando llegan los tiempos difíciles, aún perdemos más el control.

Por otro lado, podemos ejercitar los músculos de nuestra fortaleza mental e ir comprendiendo cada vez más que encontrar la paz, la felicidad y el éxito en la vida no significa estar en un espacio en el que no haya ruido, dificultades ni asuntos pendientes; significa estar en medio de todo esto mientras conservamos la capacidad mental de enfocarnos y mantenemos el corazón calmado. Se trata de soltar las imágenes mentales relativas a cómo se suponía que debían ir las cosas y afrontar los desafíos del momento presente con serenidad y presencia.

La presencia lo es todo

Empieza por advertir, con curiosidad y sin juzgarte, todas las formas en que evitas estar en tu propia piel, con tus propios problemas, aquí y ahora, en este momento presente. A continuación enfócate, con atención, en lo que realmente sientes. No te anestesies con distracciones o expectativas; en lugar de ello, hazte más consciente de lo que experimentas en tu interior. Haz de ti mismo la prioridad número uno en este momento.

Céntrate totalmente en el momento y dale la bienvenida. Sonríe y presta toda tu atención a lo que sientes. Porque si no te permites superar lo que pasó, lo que se dijo o lo que sentiste, mirarás tu presente y tu futuro a través de estas mismas gafas sucias, y no habrá manera de que puedas enfocar tu borroso juicio.

En pocas palabras: lo que haces ahora es más importante que lo que sucedió ayer. Y lo que haces ahora *es tu elección*.

Lo decides tú, en efecto. Y si estás eligiendo quejarte, culpar, estar atrapado en el pasado, actuar como una víctima, sentir enojo, ignorar tu intuición o rendirte, es hora de que efectúes otras elecciones. Elige realizar los pequeños actos o tener los pequeños cambios de actitud necesarios para dar un paso adelante en el presente.

Cuando tratamos el momento presente con respeto, es decir, cuando le respondemos con eficacia, realmente tenemos la oportunidad de nuestra vida. Hace poco se nos recordó esto de la manera más hermosa. Estábamos sentados en un banco de un parque que está cerca de nuestra casa, en el sur de Florida, comiendo en plan picnic, cuando una pareja de ancianos detuvo su automóvil debajo de un roble cercano. Bajaron las ventanillas y pusieron música de *jazz* en la radio. El hombre salió del coche, caminó hasta el lado del pasajero, ayudó a la mujer a dejar su asiento y la condujo a unos tres metros del vehículo. Bailaron lentamente durante la siguiente media hora bajo el roble.

Fue realmente un espectáculo digno de ver. Podríamos haberlos contemplado para siempre. Y mientras recogían sus cosas y comenzaban a regresar al coche, aplaudimos con admiración.

La pareja de ancianos se acercó lentamente a nosotros con una sonrisa en la cara.

—¡Gracias por los aplausos! —dijo la mujer riéndose.

—Gracias *a ustedes* —respondió Angel de inmediato—. Verlos bailar nos da esperanza.

Ambos acentuaron su sonrisa sin dejar de mirarnos.

—Bueno, bailar también nos da esperanza a nosotros —dijo la mujer mientras agarraba la mano del hombre—. Porque lo que no sabéis es que acabáis de presenciar el poder y la belleza de las segundas y terceras oportunidades.

A continuación explicaron que habían perdido a sus queridos cónyuges (en el caso de ella, dos a lo largo de los años). Solo hacía tres años que se habían unido en matrimonio, como almas gemelas que se encontraron después de haber sentido que lo habían perdido todo.

Angel y yo nos pasamos los siguientes días pensando en esa hermosa pareja, en las segundas y terceras oportunidades y en cómo los seres humanos encuentran la motivación para seguir adelante; para seguir amando y continuar viviendo en el presente a pesar del dolor, la aflicción, la desesperanza y el estrés que todos experimentamos inevitablemente en el camino. Nosotros dos[*] también hemos tenido que lidiar con este tipo de contratiempos.

Nuestra historia

Hace una década, en un período relativamente breve nos encontramos con varias pérdidas y cambios vitales significativos e inesperados, uno tras otro: perdimos a un hermano de Angel que se quitó la vida. Perdimos a nuestro mejor amigo a causa de un paro cardíaco. Apareció la incertidumbre económica cuando uno de nosotros perdió un empleo que sostenía a la familia. Rompimos la relación con un ser querido que nos había traicionado varias veces. Un negocio familiar se vino abajo.

---

[*] Los coautores de este libro (N. del T.).

Esas experiencias fueron brutales, y el hecho de que se sucedieran en un corto espacio de tiempo nos dejó fuera de juego una temporada. Por ejemplo, cuando el hermano de Angel murió, afrontar esa realidad mientras apoyaba a su afligida familia le resultó increíblemente doloroso a intervalos. Hubo momentos en los que nos apartamos del mundo y evitamos a los seres queridos que estaban igualmente afligidos. No queríamos lidiar con el dolor, así que nuestra respuesta consistió en huir; encontramos formas de adormecernos con el alcohol y distracciones poco saludables. En consecuencia, enfermamos físicamente mientras el dolor seguía enconándose en nuestro interior.

Nos sentimos terriblemente mal demasiado tiempo. Y alcanzar un estado mental correcto, que realmente nos permitiese seguir adelante en los ámbitos físico y emocional, nos exigió una práctica diligente. Tuvimos que aprender a liberar de forma consciente la mente con el fin de poder pensar con claridad y abrirnos a las oportunidades que había frente a nosotros.

Aprendimos que cuando uno afronta las dificultades con una actitud de apertura, es decir, abierto a los sentimientos y emociones dolorosos que experimenta, no lo pasa bien, pero puede dar un paso adelante. La apertura significa admitir que realmente no sabemos cómo será el próximo paso y nos gustaría entender toda la verdad del asunto. Es estar totalmente presentes y dispuestos a aprender y crecer.

Un paso tras otro

¿Cuál es la forma más sencilla de iniciar este cambio de actitud mental? Emplear pequeños recordatorios diarios.

Se trata de tener muy cerca los pensamientos adecuados, para «tenerlos a mano» cuando sea necesario. En el caso de nosotros dos, sobre todo en los momentos más difíciles, esto significó sentarnos en silencio con nosotros mismos cada mañana y cada tarde y reflexionar sobre lo que necesitábamos recordar. Usamos recordatorios escritos breves, que hemos recopilado en este libro, con esta finalidad. Los hemos llamado *mantras*, *afirmaciones*, *oraciones* o *convicciones*. Estos recordatorios diarios nos mantuvieron motivados y en el buen camino al ayudarnos a mantenernos firmes y a sostener unos pensamientos apacibles y productivos incluso cuando el caos se adueñó de nuestra vida.

También hemos sido testigos, muchas veces, del poder de esta práctica en la vida de otras personas, a través de nuestro blog, nuestros talleres y una versión anterior de este libro. Hemos escuchado historias potentes de lectores que han lidiado con problemas de salud importantes y otros asuntos potencialmente catastróficos. Sus experiencias constituyen un recordatorio de que incluso cuando unas circunstancias difíciles amenazan con hundirnos podemos mantener la mente centrada en lo positivo y el corazón abierto, e ir poniendo un pie delante del otro para recuperar las piezas, reconstruirnos y luchar con más fuerza y determinación de las que creíamos que podíamos albergar.

Por lo tanto, si actualmente estás inmerso en una lucha, aguanta. A veces, lo mejor que nos puede pasar a la larga es no obtener exactamente lo que queremos en este momento. Haz que el día de hoy suponga el principio de una nueva oportunidad. Tómate tiempo para estar presente contigo mismo. Tómate tiempo para eliminar las viejas expectativas que se interponen en tu camino. Tómate tiempo para amar, reír, llorar, aprender y trabajar en pos de lo que necesitas en este momento. Esperamos que los sencillos recordatorios que contiene este libro te ayuden a encontrar la verdadera paz y a avanzar, sea lo que sea aquello a lo que te enfrentes. Asimila solamente unas pocas páginas cada vez, reflexiona sobre las ideas que te resuenen y ve convirtiéndolas, poco a poco, en rituales positivos.

+de 1000

pequeñas cosas

que hace la gente feliz y exitosa

Primera parte

· · · ·

Felicidad

*Despiértate cada mañana con la idea de que
algo maravilloso es posible ese día.*

ABRIR LOS OJOS

HEMOS OÍDO MUCHAS historias conmovedoras de individuos que han cambiado su perspectiva para ver y sentir el amor que los rodeaba, es decir, para experimentar más plenamente la profunda felicidad que ya está aquí, esperando a que accedamos a ella y la vivamos totalmente. Una de estas historias tiene como protagonista a un joven llamado Jaydee.

Cuando era niño, solía pasar los domingos por la mañana con su padre en un muelle de pesca. Pero a diferencia de todos los que iban ahí, ellos nunca pescaban. La primera vez que fueron, Jaydee vio cómo los otros niños, con sus padres, lanzaban sus sedales al agua. Durante horas, él y su padre estuvieron ahí sentados observando, hasta que se fueron sin lanzar ni un solo sedal.

De camino a casa, Jaydee estaba triste y a la vez enojado. Le dijo a su padre que nunca le perdonaría su crueldad por no pescar con él como lo hacían las otras familias. Su padre lo miró, sonrió y le dijo:

—Te quiero, Jaydee. —El niño no dijo nada, y su padre le preguntó—: ¿Viste lo felices que estaban todos los otros niños y niñas? ¿Viste sus sonrisas? ¿Pudiste sentir la felicidad en su corazón?

Tras un momento de silencio, Jaydee espetó:

—¡Me da igual! ¡Solo quiero pescar como todos los demás!

Regresaron al muelle de pesca docenas de mañanas de domingo durante la infancia de Jaydee. En todas las ocasiones vieron a niños y niñas saltando, riendo y alegrándose cuando un pez mordía el anzuelo. Pero ellos siguieron sin arrojar ni un solo sedal al agua; se limitaban a permanecer sentados al final del muelle y observar. El padre de Jaydee nunca le explicó por qué tenían ese comportamiento, pero no necesitó hacerlo. Porque años más tarde, cuando entró en la adultez, Jaydee se dio cuenta de que esas mañanas que pasó sentado en ese muelle fueron las que le enseñaron a amar.

El amor que nos perdemos

No hemos olvidado nunca la historia de Jaydee. Con demasiada frecuencia nos comparamos con los demás y juzgamos cómo «deberían» ser las cosas. Con esta actitud, nos perdemos la forma en que son realmente. Nos perdemos el amor que tenemos justo delante, proveniente de las personas más cercanas y de aquellos a quienes observamos a distancia.

La felicidad que se despliega a nuestro alrededor es una experiencia para admirar y con la que maravillarse. Cuando nos tomamos tiempo para hacer esto, es decir, para ser realmente testigos y escuchar en lugar de mirar para otro lado o juzgar con demasiada rapidez, podemos aprender mucho sobre nosotros, los demás y el amor.

5 rasgos de CARÁCTER que nos hacen felices

CUANDO NOS MIRAMOS en el espejo, a menudo es nuestro carácter (o la falta de él) lo que advertimos más. Pero no todos los rasgos de carácter son iguales, al menos no en lo que respecta a la felicidad. A partir de una década de experiencias de coaching individual a clientes y alumnos, estamos convencidos de que los rasgos que tendrán el mayor impacto en tu felicidad son los siguientes.

1. El valor.

El miedo es el gran ladrón de la felicidad. Se cuela por las puertas cerradas y nos roba la determinación, el compromiso y la capacidad de soportar las dificultades con las que debemos lidiar.

El valor, por otro lado, es el gran enemigo del miedo. Nos permite salir de nuestra zona de confort, acercarnos a personas y situaciones, acoger la vida tal como se presenta y aceptar el dolor inevitable. Sin el valor, la felicidad es poco más que una ilusión.

2. La paciencia.

La impaciencia es un gran acosador de la felicidad; la expulsa casi en el mismo momento en que aparece.

Aprender a aceptar y permitir, ir con la corriente y relajarse un poco, es fundamental para vivir una vida feliz. La impaciencia suele ser la irritación que sentimos cuando percibimos que no tenemos el control. Pero la vida burbujea y borbotea de maneras siempre cambiantes e impredecibles. Sencillamente, no es posible controlarla al cien por cien. Cuanto más tratemos de controlar con precisión el resultado de los sucesos que hierven a nuestro alrededor, más frustrados nos sentiremos.

Por lo tanto, respira. Relájate. Acepta. Sé paciente. Aprende a aceptar la incertidumbre y hazte amigo de lo impredecible. Deja que la vida ocurra, al menos hasta cierto punto. La encontrarás mucho más hermosa y alegre cuando lo hagas.

3. La gratitud.

Estar agradecido es percibir lo bueno en medio de lo malo, el color sobre un fondo gris, lo encantador incluso cuando está rodeado de lo feo. Es hacer una relación de todo lo bueno que uno tiene y reconocer lo hermosa que es la vida, incluso cuando no está yendo según lo planeado (podrás leer más a este respecto en el próximo apartado).

Aprender a estar agradecido requiere ver lo que no siempre está en la superficie. Requiere volver a ejercitar la mente para pensar en los aspectos positivos de la vida; hay que dejar que el agradecimiento impregne la propia manera de pensar y la forma general en que experimentamos la existencia.

Cuando estamos agradecidos, nuestros problemas no desaparecen; solo pasan a ocupar menos espacio en el corazón, en la mente y en nuestra propia vida.

4. El amor.

Para reconocer el papel central que tiene el amor a la hora de vivir una vida feliz, basta con que te imagines la vida sin que esté presente. Imagina una vida de felicidad llena de odio y desprovista de amor. Imposible, ¿verdad? Cuanto más amor palpite en tu corazón, más feliz y alegre estará este. Cuanto más ames la vida, más te amará la vida.

El amor pasa por alto las debilidades y no hace caso de las peculiaridades de cada cual. El amor acepta, busca y potencia lo mejor que hay en los demás.

5. El perdón.

Las personas que se aferran al dolor, que protegen sus heridas o que buscan vengarse de los agravios de los que han sido víctimas pueden ganar ciertas batallas aquí y allá, pero tendrán perdida la guerra contra la infelicidad incluso antes de empezarla.

La negativa a perdonar conduce a un encarcelamiento autoimpuesto. Es hora de que nos liberemos dejando que el viejo dolor se disipe en la oscuridad, para que las nuevas oportunidades nos lleven a experimentar una mayor alegría.

Por lo tanto, ¿has perdonado a tus padres por sus defectos? ¿Has perdonado al matón del patio de recreo o al ex difícil, a tus hijos negligentes o al vecino desconsiderado? Si no lo has hecho, estás rascando tus heridas abiertas, que no pueden más que irritarse, infectarse y supurar.

Abre tu corazón al perdón. Entonces estará por fin lo suficientemente abierto como para atrapar la felicidad que le corresponde.

6 MANERAS de ENCONTRAR GRATITUD cuando todo va mal

EN NUESTRO LIBRO *Volver a ser feliz* reproducimos esta entrada del diario de la abuela de Marc, del 16 de septiembre de 1977:

> Hoy estoy sentada en la cama del hospital esperando que me quiten los dos senos. Pero, extrañamente, me siento afortunada. Hasta ahora no he tenido problemas de salud. Soy una mujer de sesenta y nueve años que está en la última habitación al final del pasillo, antes de la entrada a la sección de pediatría. En las últimas horas, he visto cómo trasladaban a docenas de pacientes de cáncer con sillas de ruedas y camas plegables. Ninguno de ellos podía tener más de diecisiete años.

Hace dos décadas que tenemos colgado este texto en el despacho de casa, y sigue recordándonos la práctica de la gratitud tanto cuando el viento sopla a favor como cuando lo hace en contra. Por bueno o malo que sea el día que nos aguarda, hacemos todo lo que podemos por despertarnos agradecidos por nuestra vida, porque otras personas que se encuentran en otros lugares están luchando desesperadamente por la suya.

Piensa en tu propia vida en el contexto de la gratitud. ¿Con qué frecuencia sueltas tu idea de cómo debería ser y la valoras sinceramente por la forma en que es en todos los aspectos?

Si eres como el resto de nosotros, probablemente no lo estés haciendo lo bastante a menudo. Porque es mucho más fácil hablar de encontrar una gratitud sincera que experimentarla en medio del ajetreo de la vida, sobre todo cuando llegan los malos tiempos. La verdad es que la mayor parte de las veces creamos tragedias en nuestra vida a partir de incidentes bastante menores. Algo no sale exactamente como habíamos planeado, pero en lugar de aprender de la experiencia, nos asustamos y nos dejamos invadir por el estrés. U oponemos resistencia a los pequeños avances que hemos efectuado porque no podemos lograr exactamente lo que queremos de una tacada.

Presentamos a continuación algunas formas de sentirnos sinceramente agradecidos cuando todo parece estar yendo mal. No estamos sugiriendo que debamos alegrarnos de vivir experiencias decepcionantes o dolorosas, pero sí podemos encontrar la gratitud mientras las atravesamos e impulsan nuestro crecimiento personal.

1. Encuentra la forma de sentirte agradecido con las personas difíciles.

Esperamos que los demás nos traten de forma amable, justa y respetuosa, pero la realidad es que habrá personas que no lo harán. Perderán los estribos o tendrán comportamientos inapropiados, independientemente de cómo las tratemos. Y debemos aceptarlo.

No rebajes tu nivel de exigencia de base, pero recuerda que no tener expectativas en relación con los demás, sobre todo con las personas de trato difícil, es la mejor manera de evitar que nos decepcionen.

Cuando no tengas más remedio que tratar con alguien difícil, puedes agradecer el hecho de que en tu vida hay individuos mucho menos difíciles. Puedes estar agradecido por tener ocasión de practicar la paciencia, una mejor comunicación y la rebaja de las expectativas. Puedes pensar que ese individuo es un maestro que, sin darse cuenta, te está ayudando a fortalecerte como persona. O, como mínimo, puedes agradecer que ese ser humano te proporcione un magnífico recordatorio de cómo no hay que ser.

2. Encuentra la gratitud cuando te descubras quejándote.

Muchos de nosotros hemos desarrollado el hábito sutil de quejarnos cuando las cosas no salen como esperábamos. La gratitud es el antídoto. Cada vez que percibas que te sientes amargado o quejoso, observa la historia que albergas en la mente sobre «cómo debería ser la vida». En lugar de dejar que esta historia te domine, encuentra un pequeño motivo de agradecimiento. ¿Qué podrías agradecer en este mismo momento? ¿Qué puedes encontrar que sea valioso en este instante?

Recuerda que, respecto a cualquier asunto, siempre hay motivos para encontrar algo negativo y también algo digno de agradecimiento. La elección es nuestra.

3. Encuentra la gratitud cuando estés abrumado.

¿Alguna vez te has dado cuenta de que cuanto más familiarizado estás con una situación o relación asombrosa más pareces darla por sentada, e incluso te sientes molesto o abrumado en los períodos de ajetreo y estrés? Desafíate a cambiar tu punto de vista en esos momentos usando una sencilla herramienta de replanteamiento que llamamos «... ¡y me encanta!».

Añade esta frase a cualquier pensamiento abrumador:

Debo hacer la compra, pagar las facturas y recoger a los niños de la escuela en una hora... ¡y me encanta!
En mi bandeja de entrada hay dos docenas de correos electrónicos de clientes que debo responder hoy... ¡y me encanta!

Permite que esta pequeña herramienta de replanteamiento te brinde la perspectiva que necesitas. Porque las cuestiones cotidianas que nos abruman son a menudo bendiciones disfrazadas.

Abordemos ahora algunas situaciones más difíciles...

4. Encuentra la gratitud tras perder el trabajo.

En el ajedrez, nadie gana solo avanzando; en ocasiones hay que retroceder para situarse en posiciones que permitan vencer. Esta es una buena metáfora para el trabajo con el que nos ganamos la vida.

Por muy doloroso que sea perder el empleo, es un final que lleva al comienzo de todo lo que viene después. Deja que el peso del éxito sea reemplazado por la ligereza de un nuevo comienzo. Este nuevo comienzo es el principio de una historia diferente, la oportunidad de renovar tu vida, de reinventarte.

Recuerda, tan a menudo como sea necesario, que puedes agradecer el punto en el que te encuentras. Puedes agradecer estos momentos de reinvención, que pueden hacer que tengas que esforzarte para dar la talla en las entrevistas, aprender nuevas habilidades y mejorar tu grado de capacitación. Puedes sentirte agradecido por la oportunidad de volverte más fuerte, incluso inmerso en el dolor que te conducirá a este resultado.

5. Encuentra la gratitud en medio de los problemas de salud.

Hace un par de años, en el penúltimo día de su vida, una amiga nos dijo que lo único que lamentaba era no haber apreciado todos los años con la misma pasión y el mismo sentimiento de propósito que había experimentado en los últimos dos años de su vida, después de que le diagnosticaran un cáncer terminal. «He logrado mucho recientemente y valoro realmente cada paso —dijo—. Si lo hubiera sabido, habría comenzado antes».

Sus palabras nos hicieron llorar y sonreír al mismo tiempo. Lo que fue verdaderamente milagroso fue ver la auténtica gratitud en sus ojos en ese momento. Y su sentimiento siempre ha permanecido con nosotros. Si bien los problemas de salud nunca son divertidos, el dolor puede ir acompañado de una sensación de gratitud por tener la oportunidad de avanzar en nuestros propios términos, de tener una vida digna de ser vivida, momento a momento, sintiendo que todos los instantes son muy valiosos.

6. Encuentra la gratitud cuando muera alguien a quien amas.

Como sabemos por experiencia, cuando se pierde a alguien a quien se concibe como imprescindible en la propia vida, el corazón se rompe y se abre. La mala noticia es que la pérdida nunca se supera del todo; nunca olvidaremos a esa persona. De todos modos, tenemos la capacidad de pasar por la experiencia e, incluso, encontrarle un sentido.

Finalmente, nosotros dos acabamos por asumir que si bien la muerte es un final, también es una parte necesaria de la vida. Los límites alumbran la belleza, y la muerte es el límite último, un recordatorio de que debemos homenajear a esa bella persona y apreciar esta circunstancia maravillosa llamada *vida*. Aunque nos suma en una gran tristeza, ese fallecimiento nos obliga a reinventar gradualmente nuestra vida, y esta reinvención constituye una oportunidad de experimentar la belleza de formas y en lugares nuevos y desconocidos. Y, por último, la muerte es una oportunidad de celebrar la vida de alguien y agradecer la belleza que nos mostró.

No es fácil agradecer las decepciones y las dificultades, pero pueden convertirse en caminos de crecimiento increíbles si encontramos las lecciones que contienen, es decir, si comenzamos a ver todas las circunstancias como maestras. Realmente, los mejores momentos en los que enfocarnos en estar agradecidos son aquellos en los que no tenemos ganas de agradecer nada, porque es entonces cuando el hecho de experimentar gratitud puede tener la mayor repercusión.

10 HÁBITOS que debes DEJAR para ser feliz

Cuando dejamos de hacer lo inapropiado, liberamos más espacio para aquello que nos hace felices. Por lo tanto, a partir de hoy...

1. Deja de posponer tus objetivos.

Algunas personas sueñan con el éxito, mientras que otras trabajan duro para lograrlo desde el momento en que salen de la cama. A menudo nos resistimos a la acción y al cambio cuando más los necesitamos. El secreto para avanzar no es otro que comenzar, así que olvídate de la línea de meta y concéntrate en dar tu primer paso, por pequeño e imperfecto que sea.

2. Deja de culpar a los demás y de poner excusas.

Deja de echarles la culpa a otras personas por lo que tienes o no tienes, o por lo que sientes o no sientes. Cuando culpas a los demás de aquello por lo que estás pasando, niegas tu responsabilidad y perpetúas el problema. Deja de ceder tu poder y empieza a responsabilizarte de tu vida. Repartir culpas es una excusa lamentable como cualquier otra, y poner excusas no cambia nada; tú y solo tú eres el responsable del siguiente paso que vas a dar.

3. Deja de intentar evitar el cambio.

Si nada cambiara nunca, no habría un amanecer a la mañana siguiente. La mayoría de nosotros estamos cómodos donde estamos a pesar de que todo el universo cambia constantemente a nuestro alrededor. Aprender a aceptar esta realidad es vital para nuestra felicidad y nuestro éxito. Porque solo cuando cambiamos crecemos y comenzamos a ver un mundo que no sabíamos que era posible. Y no olvides que por buena o mala que sea tu situación en este momento, cambiará; por lo tanto, acéptala y sigue avanzando.

4. Deja de intentar controlar lo incontrolable.

Algunas fuerzas escapan a nuestro control, pero siempre podemos controlar cómo reaccionamos ante ellas. Lo mejor que puedes hacer es no enfrascarte en lo que eres incapaz de controlar e invertir tu energía en aquello que sí puedes controlar, como tu actitud.

5. Deja de hablarte en términos negativos.

Una de las principales razones por las que fallamos es la falta de confianza en nosotros mismos y nuestro diálogo interno negativo. Escucha el discurso que va pronunciando tu mente y sustituye los pensamientos negativos por otros positivos. Con el tiempo, cambiarás el curso de tu vida.

6. Deja de criticar a los demás.

Lo negativo que ves en los demás va mutilando tu propia felicidad. Así que deja de preocuparte por los defectos que ves en todo el mundo y enfócate en ti mismo. Permite que el crecimiento personal y la mejora constantes que experimentas en tu vida te mantengan tan ocupado que no te quede tiempo para criticar a nadie.

7. Deja de huir de tus miedos y problemas.

Créenos si te decimos que si todo el mundo arrojara sus problemas en una pila para que los vieras, probablemente querrías volver a tener los tuyos. El mejor enfoque es afrontar los problemas de cara, por más insuperables que puedan parecer. Los miedos, en particular, te impiden correr riesgos y tomar decisiones. Afróntalos pasito a pasito. Domínalos para que no puedan dominarte.

8. Deja de vivir en otro tiempo y lugar.

El pasado se fue y el futuro aún no ha llegado. Por más tiempo que pasemos pensando en cualquiera de ellos y por más que nos lamentemos, nada va a cambiar.

Una de las paradojas más grandes de la vida es que nuestro mejor futuro depende de nuestra capacidad de prestar atención a lo que estamos haciendo ahora, hoy. No fantasees con irte de vacaciones mientras estás en el trabajo, y no te preocupes por el trabajo acumulado en tu escritorio cuando estás de vacaciones. Vive el ahora y observa la belleza que hay a tu alrededor.

9. Deja de tratar de ser alguien que no eres.

Uno de los mayores retos en la vida consiste en ser uno mismo en un mundo que está tratando de hacer que seamos como todos los demás. Siempre habrá alguien más guapo, más inteligente y más joven, y ese alguien nunca serás tú. Sé tú mismo, y las personas adecuadas te amarán, y tú también te amarás más.

10. Deja de ser ingrato.

Recuerda que no todas las piezas del puzle de la vida parecen encajar al principio, pero con el tiempo uno se da cuenta de que encajan perfectamente. Así que da las gracias por aquello que no fue bien, porque eso dejó espacio para aquello que sí va a ir bien. Y da las gracias a quienes se alejaron de ti, porque dejaron espacio para quienes no lo harán.

Por bien o mal que te estén yendo las cosas en estos momentos, despiértate cada día agradecido por tu vida. Avanza con gratitud.

10 errores que comete la gente INFELIZ

LA FELICIDAD ES una elección. No hay ninguna excusa para que no trates de sacar el mejor partido posible a tu vida. No hay ninguna excusa que justifique que sigas viviendo de una manera que te hace sentir infeliz. Aquí tienes diez errores que te conviene evitar si no deseas alimentar la infelicidad:

1. Pensar que ya has perdido tu oportunidad.

Cada momento de tu vida, incluido este, es un nuevo comienzo. Hay cuatro palabras que pueden liberarte de tus lamentaciones respecto al pasado y conducirte a un nuevo comienzo positivo. Estas palabras son «de ahora en adelante...».

2. Poner las relaciones fallidas como excusa.

La vida no siempre nos presenta a las personas que *queremos* conocer. A veces nos pone en contacto con aquellas que *necesitamos* conocer. Estas personas nos ayudan, o nos hacen daño, o nos dejan, o nos aman, y gracias a ellas poco a poco nos vamos volviendo más fuertes y nos vamos convirtiendo en los individuos que estamos destinados a ser.

3. Cambiar tu forma de ser para satisfacer a los demás.

Por más alto que expresen sus opiniones, los demás no pueden elegir quién eres tú. En lugar de preguntarte por qué no les gustas a otras personas cuando estás siendo tú mismo, pregúntate por qué estás perdiendo el tiempo preocupándote por lo que piensan de ti los demás. Si no estás perjudicando a nadie con tus actos, sigue adelante con tu vida. Sé feliz. Sé tú mismo. Si hay alguien a quien no le gusta esto, no te preocupes. La vida no consiste en complacer a todo el mundo.

4. Soportar a las personas negativas y las dinámicas negativas de pensamiento.

Es hora de que te alejes de todo tipo de dramas y de los individuos que los crean. Rodéate de personas que te hagan sonreír. Ama a quienes te traten bien y reza por quienes no lo hagan. Olvídate de lo negativo y concéntrate en lo positivo. La vida es demasiado corta para ser cualquier cosa menos feliz. Cometer errores y caerse es parte de la vida, pero la vida en sí consiste en volver a ponerse en pie y seguir adelante.

5. Poner toda la atención en otro momento y lugar.

Este día nunca se repetirá. Disfrútalo. Valora tu tiempo. A menudo es difícil decir cuál es el verdadero valor de un momento hasta que se convierte en un recuerdo. Algún día descubrirás que las pequeñas experiencias fueron, en realidad, las más grandes. Así que aprende a valorar lo que tienes antes de que el tiempo te fuerce a apreciar lo que tuviste antaño.

6. Pasar por alto lo que tienes para centrarte en lo que no tienes.

La mayoría de las personas prestan más atención a lo que les falta que a lo que tienen. En lugar de pensar en aquello de lo que careces, piensa en lo que tienes que no tiene nadie más.

7. Pensar demasiado en aquello que no puedes cambiar.

Lo mejor suele presentarse después de que ha sucedido lo peor. Puedes o bien seguir adelante o bien ensimismarte con aquello que no puedes cambiar. En cualquiera de los dos casos, la vida sigue adelante. Por lo tanto, aprende del pasado y después suéltalo. El dolor siempre te volverá más fuerte si no dejas que te destruya.

8. Sacrificar constantemente tu propia felicidad en favor de todos los demás.

Nunca dejes que tu propia felicidad se desvanezca mientras intentas aportar luz a aquellos que te rodean. La vida no consiste en hacer felices a los demás, sino en ser honesto y compartir la propia felicidad con ellos.

9. Perder la pista de tus propios objetivos e ideales.

Con todo el condicionamiento social que impera en nuestra sociedad, a veces nos olvidamos de ser fieles a nosotros mismos. En este loco mundo que intenta hacer que les gustemos a todos, mantente fiel a ti mismo.

10. Lidiar con el estrés resultante de engañar a los demás.

Si dices que vas a hacer algo, ¡hazlo! Si dices que vas a estar en algún lugar, ¡acude allí! Si dices que sientes algo, ¡dilo en serio! Si no puedes o no quieres hacer algo, o si no sientes algo, manifiéstalo desde el principio. Vive de tal manera que si alguien decidiese hablar mal de ti, nadie lo creyese. Vive de tal manera que cuando las personas que hay a tu alrededor piensen en la justicia, el cuidado y la integridad, piensen en ti.

9 HÁBITOS que tienen las personas superPOSITIVAS

LA VIDA ESTÁ llena de experiencias positivas. Que no se te pasen por alto. Vive la vida según tu máximo potencial deleitándote con la belleza de estas experiencias y dejando que te inspiren a ser la versión más positiva de ti mismo. Vivir una vida positiva consiste en crear unos buenos hábitos que nos ayuden a enfocarnos en lo que es realmente importante. Este es el secreto de las personas superpositivas. Aquí tienes nueve ideas simples que te ayudarán a seguir sus pasos:

1. Despiértate cada mañana con la idea de que algo maravilloso es posible ese día.

La sonrisa es una energía curativa. Una actitud positiva constante es la «fuente de la juventud» más barata. Tienes que bailar como si nadie te estuviera mirando, amar como si nunca te fueran a hacer daño, cantar como si nadie te escuchara y vivir como si esto fuera el cielo en la Tierra.

2. Celebra tu existencia.

Tu mente es la ventana a través de la cual ves el mundo. La forma de hacer que este día sea el más feliz de todos es pensar, sentir, caminar, hablar, dar y servir como si fueras la persona más afortunada del planeta, una persona con la mente abierta, el corazón abierto y las manos abiertas. No es necesario nada más.

3. Aprecia los momentos perfectos de la vida.

Tu vida no es perfecta, pero tiene momentos perfectos. No dejes que los asuntos de poca importancia te depriman. Haz una pausa para admirar el hecho de que tienes la capacidad de redescubrir la vida como el milagro que siempre ha sido.

4. Acepta los desafíos de la vida.

El territorio desconocido de tu vida no es bueno ni malo; sencillamente está ahí. Sí, puede sacudir tus cimientos y puedes tener la tentación de retroceder, decir que no eres capaz de hacerlo o abandonar completamente. Pero estas son exactamente las condiciones que te predisponen a un crecimiento personal de gran calado. En lugar de huir de ellas, da lo mejor de ti.

5. Vuélvete adicto a la superación personal constante e interminable.

Cada día te ofrece una nueva oportunidad de aprender, crecer, desarrollar tus puntos fuertes, sanarte de las lamentaciones pasadas y seguir adelante. Nunca es demasiado tarde para cambiar aspectos que no funcionan en la propia vida. Utilizar sabiamente el día de hoy siempre te ayudará a crear un mañana más positivo.

6. Vive y respira la verdad.

Esta es la forma de vivir más positiva y libre de estrés, porque la verdad siempre acaba por salir a la luz de todos modos. Así que no aspires a impresionar; aspira a ser veraz. Esto significa que debes ser íntegro y hacer lo correcto incluso cuando sabes que nadie está mirando.

7. Llena tu propio cubo.

Elige ser feliz sin ningún motivo. Llena tanto tu cubo de la felicidad que el resto del mundo no pueda hacer suficientes agujeros para vaciarlo.

8. Ayuda a sonreír a quienes tienes alrededor.

Hoy, dale a alguien una de tus sonrisas. En el momento adecuado, una palabra amable por parte de un desconocido o un estímulo inesperado por parte de un amigo pueden tener una repercusión absoluta. La amabilidad es gratuita, pero no tiene precio. Y, como bien sabes, aquello que se da viene de vuelta.

9. Pasa tiempo con personas que tengan una actitud positiva.

La vida es demasiado increíble para que pierdas el tiempo con personas que no te estén tratando bien. Así que rodéate de aquellas que te hagan feliz y te hagan sonreír, que te ayuden a levantarte cuando estés abatido, que nunca se aprovecharían de ti, a quienes realmente les importes. Estas son las personas que vale la pena que conserves en tu vida; todas las demás están de paso.

19 trucos rápidos para sentirte mejor al INSTANTE

CUANDO LA VIDA se ponga estresante y sientas que estás perdiendo el equilibrio emocional, utiliza uno o más de estos sencillos trucos para que te ayuden a relajar la mente y a volver a centrarte en un instante:

1. Lávate las manos, la cara y los dientes.

El mero acto de limpiar estas partes del cuerpo es revitalizador y relajante, y aporta una sensación de «nuevo comienzo».

2. Cámbiate los calcetines.

Es un truco extraño, pero funciona. Llévate un par de calcetines de repuesto al trabajo y cámbiatelos en mitad de la jornada. Te sorprenderá lo renovado que te sentirás.

3. Llama a un amigo cercano.

En ocasiones, una breve conversación con alguien que nos importa es justo lo que necesitamos para mejorar nuestro estado de ánimo.

4. Haz estiramientos.

Cuando te sientas estresado, levántate, estira los brazos hacia el cielo, inclínate hasta tocarte los dedos de los pies y gira el torso de un lado al otro, estirándolo.

5. Sal al aire libre.

Respirar aire fresco en el exterior siempre es una buena manera de estimular los sentidos y despejar la mente.

6. Haz un pequeño descanso para hacer ejercicio.

Haz algunas series de saltos de tijera (en los que, simultáneamente, se levantan los brazos y se separan las piernas) para movilizar la sangre, o sal a caminar. Incluso el más mínimo ejercicio puede reducir el estrés momentáneo y revitalizar la mente.

7. Vístete para sentirte lo mejor posible.

Cuando sabemos que tenemos el mejor aspecto posible, nos sentimos mejor de forma natural.

8. Escucha tu música favorita.

Si no supone una gran distracción, escuchar nuestra música alegre favorita puede ser una excelente manera de levantar el ánimo.

9. Haz algunas respiraciones profundas y controladas.

La respiración profunda ayuda a reducir el estrés —que es una fuente de fatiga— y aumenta la cantidad de oxígeno presente en la sangre. La técnica puede ser tan simple como inhalar durante cinco segundos, retener el aire durante cuatro y exhalar también durante cuatro. Asimismo puedes probar con técnicas más elaboradas que requieran distintas posturas.

10. Limpia tu nariz taponada.

Si alguna alergia hace que tengas bloqueados los senos nasales, es posible que te sientas más cansado y negativo. Límpiate las fosas nasales con una solución salina.

11. Haz una buena comida.

Incluso si estás solo, preparar una sabrosa cena, poner la mesa y disfrutar de una maravillosa experiencia culinaria te levantará el ánimo. Compartir esta experiencia con alguien a quien ames o respetes hará que aún sea más enriquecedora.

12. Aléjate de los vampiros energéticos.

Los vampiros energéticos son individuos que siempre tienen algo de lo que quejarse o un problema que debe solucionarse, y drenarán tu energía haciéndote escuchar sus problemas permanentes o por el hecho de prestarles atención.

13. Acaba una parte importante de tus asuntos pendientes.

Hoy es un día perfecto para terminar lo que empezaste. Pocos sentimientos son más gratificantes que el que resulta de librarse de una vieja carga.

14. Trabaja en algo que sea significativo para ti .

Involúcrate en un proyecto personal o empieza a hacer algo que llevas mucho tiempo queriendo hacer pero aún no te has decidido a abordar.

15. Ayuda a alguien que lo necesite.

Cuando tenemos un impacto positivo en la vida de otra persona, también lo tenemos en la nuestra. Haz algo que ayude a alguien a ser feliz o a sufrir menos. Te prometemos que será una experiencia extremadamente gratificante.

16. Piensa en tu último (o mayor) éxito.

Piensa en él durante sesenta segundos por lo menos. Acoger tu éxito te ayudará a alcanzarlo una y otra vez. Esta práctica te recuerda que si lo has hecho antes, puedes hacerlo de nuevo.

17. Actúa como si hoy fuera un día maravilloso.

Los estudios muestran que aunque pensamos que actuamos a causa de la forma en que nos sentimos, a menudo como nos sentimos obedece a la forma en que actuamos. Una magnífica actitud siempre conduce a unas experiencias magníficas.

18. Toma conciencia de lo que está bien.

Es fácil pasar por alto lo que está yendo bien. Tómate un momento para celebrarlo y observa cómo aumenta tu ímpetu positivo.

19. Tómate un momento para reconocer lo lejos que has llegado.

Todos podemos perder nuestros sentimientos de autoestima, sobre todo cuando algo sale mal. La verdad es que si has hecho algo una vez, puedes volver a hacerlo.

12 FACTORES estresantes que debes DEJAR de tolerar

No puedes llevar una vida feliz, fructífera y satisfactoria si dedicas toda tu energía a soportar cuestiones que no deberías tolerar. A veces hay que ponerse firme. Aquí hay algunas cosas que deberías dejar de tolerar en tu vida:

1. La decisión de conformarte con la mediocridad.

A veces crecer significa separarnos de los viejos hábitos, relaciones y situaciones, y encontrar algo nuevo que realmente nos conmueva, algo que nos emocione tanto que estemos impacientes por levantarnos de la cama por la mañana. La vida consiste en esto. No te conformes.

2. Tus pensamientos negativos.

Tu mente es tu espacio sagrado. Puedes cerrar las ventanas e impedirte ver lo que hay fuera, o puedes abrirlas y dejar que entre la luz. La elección es tuya. El sol siempre brilla en alguna parcela de tu vida. ¿En qué sueles enfocarte? En ocasiones, lo único que hay que cambiar para experimentar más felicidad, amor y éxito es la propia forma de pensar.

3. La negatividad de otras personas.

No puedes controlar lo que otros dicen y hacen, pero puedes evitar que sus palabras y acciones venenosas invadan tu corazón y tu mente. Recuerda que si no respetas tu espacio interior sagrado, los demás tampoco lo harán.

4. Las relaciones poco saludables.

Procura estar con personas que sepan lo que vales. No necesitas muchos amigos para ser feliz; solo algunos verdaderos que te aprecien por ser como eres. A menudo nos alejamos no porque queramos que otros se den cuenta de nuestra valía, sino porque finalmente nos damos cuenta de lo que valemos.

5. La deshonestidad.

Ser honesto en la vida genera tranquilidad, lo cual no tiene precio. No seas deshonesto y no toleres a las personas que lo son.

6. Un entorno laboral o una profesión que aborreces.

Si no te sientes bien, no te conformes con la primera o segunda carrera profesional que pruebes. Sigue buscando. Acabarás por encontrar un trabajo que te encante realizar, porque el trabajo duro no lo es cuando uno se enfoca en sus pasiones.

7. Estar desorganizado y no estar preparado.

Despiértate treinta minutos antes. Este tiempo extra te ayudará a evitar dolores de cabeza innecesarios. Prepárate para el éxito.

8. La inacción.

No puedes cambiar nada ni efectuar avances si te limitas a recostarte y pensar en el tema. Si sigues haciendo lo que estás haciendo, seguirás obteniendo lo que estás obteniendo. El mejor momento para empezar es ahora.

9. La persistencia de los asuntos pendientes.

Deja de postergar. Comienza a tomar medidas para atar los cabos sueltos. Posponer algo hace que se vuelva más difícil y aterrador al instante.

10. Reflexionar sobre los errores y arrepentimientos pasados.

Si sientes que tu barco se está hundiendo, este podría ser un buen momento para tirar todo aquello que, con su peso, lo esté empujando hacia abajo. Suéltalo. No puedes iniciar el próximo capítulo de tu vida si no paras de releer el anterior.

11. Un montón de deudas.

Las deudas económicas son fuente de estrés y angustia. Vive una vida confortable, pero no marcada por el derroche. No compres artículos que no necesites. No gastes para impresionar a otras personas. No vivas la vida tratando de engañarte a ti mismo con el pensamiento de que la riqueza se mide en función de la cantidad de objetos materiales. Administra tu dinero de forma inteligente para que este no te administre a ti.

12. Tu renuencia a decir lo que necesitas decir.

No, no debes comenzar a gritar obscenidades o a reprender a los demás. Pero debes decir lo que necesites decir cuando necesites decirlo. No te autocensures. Di siempre tu verdad, pero con compasión.

10 ACCIONES que siempre traen felicidad

LA FELICIDAD NO es algo que posponer para el futuro; es algo que se diseña en el presente. Empezando hoy...

1. Valora lo que tienes.

Si contáramos lo que hay de bueno en nuestra vida en lugar de contar nuestro dinero, todos seríamos mucho más ricos. La felicidad está ahí, envuelta en belleza y delicadamente escondida entre los segundos de nuestra vida. Si nunca nos detenemos un minuto para advertirla, puede ser que nos la perdamos.

2. Enfócate en lo que es realmente importante.

El solo hecho de que estemos aquí, vivos, en este planeta es un milagro maravilloso, y no deberíamos pasar el tiempo del que disponemos distraídos o sintiéndonos desgraciados. Cada momento que recibimos es un regalo, así que deja de centrarte en asuntos que te susciten infelicidad y dedica tus momentos a las cuestiones que realmente son importantes para tu corazón.

3. Define tu propio sentido de la vida y sé fiel a él.

No temas el fracaso; teme una vida mediocre a causa de la falta de esfuerzo y compromiso. Hay muchos individuos que te dirán que no puedes. Date la vuelta y diles: «¡Mírame!».

4. Acepta los desafíos de la vida.

Tal vez pienses que tomar un desvío en la vida es una pérdida de tiempo y energía, pero también puedes ver ese desvío como un medio para saber más sobre quién eres y hacia dónde te diriges. Salir de los caminos trillados puede generar desorientación y confusión, pero reta al espíritu creativo de la persona a descubrir nuevas formas de fortalecerla.

5. Encuentra el equilibrio que te permita ser quien realmente eres.

A veces uno tiene que abandonar la persona que ha sido y recordar la persona que debe ser, la persona que es capaz de ser y la persona que realmente es.

6. Ama lo suficiente tu cuerpo como para cuidarlo.

Nunca te avergüences por haber venido al mundo dentro de una determinada piel. Puedes herirla, estirarla, quemarla, marcarla y broncearla, pero siempre estás en ella, así que cuídala y aprende a amarla.

7. Limita la cantidad de tiempo que estés con personas negativas.

Crea un entorno que te ayude a tomar decisiones positivas durante el resto de tu vida. Protege tu ánimo y tu potencial limitando la cantidad de tiempo que pases con personas negativas.

8. Trata a los demás como quieres que te traten.

Sé consciente de tu actitud y tus actos. Tienes todas las herramientas a tu disposición para hacer y decir lo que desees. Pero recuerda que la vida es un círculo en el que uno recibe de vuelta aquello que lanza.

9. Da buen ejemplo.

Si quieres empoderar a otras personas presentes en tu vida, primero debes comenzar a vivir la versión más empoderada de ti mismo. Cree en lo que quieres hasta el punto de que no tenga más remedio que convertirse en tu realidad. Y no te compares nunca con nadie; mantente enfocado en tu propia andadura y deja tus huellas.

10. Acepta las cosas tal como son y vive por las posibilidades que te aguardan.

No pierdas nunca el tiempo preguntándote qué podría haber ocurrido. Ocúpate de pensar en lo que aún es posible y de trabajar para hacerlo realidad.

PREGUNTAS Y PLANTEAMIENTOS SOBRE LA FELICIDAD PARA HACERTE PENSAR

La FELICIDAD es un/una _____.

¿Qué te haría SONREÍR en este momento?

¿Qué haces cuando NADA más parece hacerte feliz?

Si la FELICIDAD fuera la moneda nacional, ¿qué tipo de trabajo te haría rico?

¿Cuál es tu recuerdo MÁS FELIZ de la infancia? ¿Qué hace que sea tan especial?

¿Qué es lo que más VALORAS de tu situación actual?

Indica un MAL hábito que tengas que te haga sentir infeliz.

¿Qué EDAD tendrías si no supieras cuántos años tienes?

¿Te ALEGRAS por lo que tienes?

¿Qué es lo que te HACE sonreír?

· · · ·

Segunda parte

Adversidad

Una sonrisa no siempre significa que una persona es feliz. A veces significa que es lo bastante fuerte como para lidiar con sus problemas.

CUANDO NUESTRAS HISTORIAS NOS RETIENEN

ELLA RARAMENTE TE mira a los ojos. En lugar de ello, mira hacia el suelo. Porque el suelo es más seguro; a diferencia de las personas, no espera nada a cambio. El suelo la acepta tal como es, sin más.

Mientras está sentada en la barra a mi lado, mira su vodka con tónica, después el suelo, después su vodka con tónica.

—La mayoría de la gente no me entiende —dice—. Me hacen ese tipo de preguntas, como cuál es mi problema o si sufrí malos tratos de pequeña, pero nunca respondo. Porque no tengo ganas de explicarme. Y porque no creo que realmente les importe.

La música suena cada vez más fuerte, y me doy cuenta de que necesita hablar.

—¿Quieres tomar un poco de aire fresco? —le pregunto.

En medio del aire frío de la noche, me cuenta su historia. Mientras habla, su mirada emocionada pasa del suelo a mis ojos, de ahí al cielo iluminado por la luna, de ahí al suelo y de nuevo a mis ojos. Cuando ha finalizado, me dice:

—Bueno, ahora sabes mi historia. Crees que soy un bicho raro, ¿no?

—Ponte la mano derecha sobre el pecho —le digo. Lo hace, y le pregunto—: ¿Sientes algo?

—Sí, siento los latidos de mi corazón.

—Ahora, pon las dos manos sobre tu cara y muévelas despacio. —Lo hace—. ¿Qué sientes ahora?

—Bueno, siento los ojos, la nariz, la boca... Siento mi cara.

—Bien —le digo—. Pero a diferencia de lo que ocurre contigo, las historias no tienen latidos ni cara. Porque no están vivas, no son personas. Solo son historias.

Me mira fijamente a los ojos durante un largo momento, sonríe y dice:

—Solo son historias que vivimos...

—Sí. E historias de las que aprendemos.

12 cosas que debes SABER ANTES de soltar

A MENUDO, SOLTAR no tiene nada que ver con ser débil, sino que hay que ser fuerte para hacerlo. Esta lista apunta a que te des cuenta de tu valía e identifiques los hábitos, las ideas y las personas negativos que hay en tu vida de los que debes desprenderte para seguir adelante.

1. El pasado puede robarte el presente si se lo permites.

Puedes pasarte horas, días, semanas, meses o incluso años analizando una situación del pasado, tratando de juntar las piezas y de justificar lo que podría o debería haber sucedido. O puedes dejar las piezas en el suelo y salir por la puerta a la luz del sol.

2. No todas las personas y cosas están destinadas a quedarse.

Algunas circunstancias y personas vienen a nuestra vida solo para fortalecernos o enseñarnos, para que podamos seguir adelante sin ellas.

3. La felicidad no es la ausencia de problemas, sino la capacidad de lidiar con ellos.

Imagina todas las maravillas que podría abarcar tu mente si no estuviera tan centrada en tus dificultades. Porque no es lo que el mundo nos quita lo que cuenta, sino lo que hacemos con lo que nos queda.

4. A veces solo necesitamos esforzarnos al máximo y dejar que aquello sobre lo que no podemos incidir siga su curso.

Di para tus adentros: «Estoy haciendo todo lo que puedo con lo que tengo en este momento. Y esto es todo lo que puedo esperar de cualquier persona, yo incluido». Ámate a ti mismo y siéntete orgulloso de todo lo que haces, incluidos tus errores. Porque incluso tus errores significan que lo estás intentando.

5. Solo tienes el control de una persona: tú mismo.

Soltar el control en tus relaciones no tiene por qué significar que ya no te importan los demás; puede significar solamente que te das cuenta de que la única persona sobre la que realmente tienes el control eres tú mismo.

6. Lo que es correcto para ti puede ser incorrecto para otras personas, y viceversa.

Piensa por ti mismo y permite que los demás también tengan el privilegio de hacerlo. Necesitas vivir tu vida a tu manera, de la forma que sea adecuada para ti.

7. Algunos se negarán a aceptarte tal como eres.

Cuando te sientas a gusto en tu piel, no les gustarás a todos. No pasa nada; siempre vale la pena hacer lo correcto y ser fiel a uno mismo.

8. Las relaciones solo pueden construirse sobre los firmes cimientos de la verdad.

Cuando construyas tus relaciones sobre la base de la verdad y la autenticidad en lugar de que primen las máscaras, la falsa perfección y la falsedad, tus relaciones sanarán, se producirá una auténtica conexión y prosperarán.

9. El mundo cambia cuando uno cambia.

Nuestros pensamientos y percepciones crean nuestro mundo. Si realmente quieres cambiar tu vida, antes tienes que cambiar tu forma de pensar.

10. Puedes tomar decisiones o puedes poner excusas.

No dejes que lo que no puedes hacer evite que acometas lo que sí puedes hacer. Haz lo que puedas con lo que tienes ahora. ¡Deja de darle tantas vueltas al asunto y empieza a actuar!

11. Por lo general, bastan algunos comentarios negativos para acabar con el sueño de alguien.

No acabes con los sueños de los demás usando palabras negativas y no permitas que nadie lo haga con los tuyos. No dejes que los demás te frenen y te digan que no puedes hacer algo. Si tienes un sueño que te apasiona, debes protegerlo, y ayudar a otras personas a proteger los suyos.

12. A veces, alejarse es la única forma de ganar.

Nunca pierdas el tiempo tratando de dar explicaciones a las personas que han demostrado que no les importan. En otras palabras: no valores tu inteligencia por la cantidad de discusiones que has ganado, sino por la cantidad de veces que has hecho la reflexión de que esos debates innecesarios no merecían tu tiempo.

10 COSAS a las que debes RENUNCIAR para avanzar

Si QUIERES ALGO mejor, debes renunciar a lo que te está pesando, lo cual no siempre es tan obvio y fácil como parece. A partir de hoy, renuncia a lo siguiente:

1. Dejar que las opiniones de los demás controlen tu vida.

Al final, lo que cuenta no es lo que piensen los demás, sino lo que piensa uno sobre sí mismo. A veces uno tiene que hacer exactamente lo que es mejor para él y su vida, no lo que es mejor para todos los demás.

2. La vergüenza por los fracasos pasados.

Tu pasado no es igual a tu futuro. El hecho de que hayas fallado hoy o de que lo hicieses ayer, o durante los últimos seis meses, o durante los últimos dieciséis años, no tiene ningún impacto en el momento actual. Lo único importante es lo que hagas ahora.

3. No tener claro lo que quieres.

Cuando somos apasionados, tenemos energía. Del mismo modo, cuando nos falta pasión, nuestra energía está baja y no somos productivos. Toma la decisión de descubrir lo que quieres y después ve en pos de ello con pasión.

4. Aplazar los objetivos que te importan.

Tenemos dos opciones principales en la vida: aceptar las condiciones vigentes o aceptar la responsabilidad de cambiarlas. No dejes de intentar hacer lo que realmente quieres hacer. Cuando el amor y la inspiración están presentes, no nos podemos equivocar. Dentro de un año desearás haber empezado hoy.

5. Elegir no hacer nada.

Cada día ofrece una nueva oportunidad para elegir. Elige cambiar tu perspectiva. Elige encender la luz y dejar de preocuparte por la inseguridad y la duda. Elige hacer un trabajo del que estés orgulloso. Elige *vivir* de verdad, ahora mismo.

6. Tu necesidad de tener la razón.

Apunta al éxito, pero nunca renuncies a tu derecho a estar equivocado. Porque si lo haces también perderás tu capacidad de aprender cosas nuevas y seguir adelante con tu vida.

7. Huir de problemas que requieren solución.

Hacemos que la vida sea más difícil de como tiene que ser. Las dificultades empezaron cuando las conversaciones se convirtieron en mensajes de texto, los sentimientos se volvieron subliminales, el sexo se transformó en un juego, la palabra *amor* fue sacada de su contexto, la confianza se fue desvaneciendo a medida que la honestidad fue disminuyendo, los celos se tornaron en un hábito, empezamos a sentir que el dolor era algo natural y escapar de él pasó a ser nuestra solución. Afronta estas cuestiones, soluciona tus problemas, comunícate, da las gracias, perdona y ama a las personas que hay en tu vida que lo merecen.

8. Poner excusas en lugar de tomar decisiones.

La vida es un ejercicio continuo de resolución creativa de los problemas. Un error no se convierte en un fracaso hasta que nos negamos a corregirlo. Por lo tanto, la mayor parte de los fracasos que experimentamos a largo plazo son el resultado de poner excusas en lugar de tomar decisiones.

9. Pasar por alto los aspectos positivos de tu vida.

Lo que vemos suele depender totalmente de lo que estamos buscando. Haz todo lo que puedas y suelta lo que escapa a tu control. Cuando nos quedamos atrapados lamentándonos por la vida que creemos que deberíamos haber tenido, acabamos perdiéndonos la belleza de lo que tenemos. Empieza a estar agradecido por lo bueno que hay en tu vida ahora mismo.

10. No valorar el momento presente.

No recordamos días, sino momentos. Demasiado a menudo tratamos de lograr algo grande sin darnos cuenta de que la mayor parte de la vida está compuesta de pequeñas circunstancias. Vive de verdad y aprecia cada momento valioso de tu viaje.

3 preguntas DURAS: la prueba del TRIPLE FILTRO

HACE CASI DOS mil quinientos años, en la antigua Grecia, el gran filósofo Sócrates estaba paseando en plan contemplativo por una plaza de la ciudad cuando un vecino se le acercó y le dijo:

—Ni en un millón de años te podrías llegar a creer lo que acabo de oír sobre nuestro amigo común...

—Espera —lo interrumpió Sócrates, levantando la mano—. Antes de proseguir con esta historia, tus palabras deben pasar la prueba del triple filtro.

—¿La qué?

—La prueba del triple filtro —dijo Sócrates.

El vecino lo miró con una expresión vacía. Sócrates continuó:

—El primer filtro es la verdad. ¿Estás absolutamente seguro de que la historia que estás a punto de contarme es cierta?

—Bueno, no —respondió el vecino—; la acabo de oír en boca de alguien que conozco.

—Ajá —se apresuró a decir Sócrates—, entonces pasemos al segundo filtro. Lo que estás a punto de decirme, ¿es bueno en algún sentido?

—No..., no —dijo el vecino—; de hecho, esta historia es bastante...

Antes de que pudiera terminar la frase, Sócrates volvió a interrumpirlo:

—Ahh..., así que puede ser que no sea cierto y definitivamente no es algo bueno.

—Así es —admitió el vecino.

—Bueno, aún tienes una oportunidad de «salvarte» —dijo Sócrates—. ¿Hay algo útil en la historia que quieres explicarme?

El vecino lo miró sin comprender por un momento y luego dijo:

—No, supongo que no...

—Entonces, ¿quieres contarme algo que puede no ser cierto, que definitivamente no es bueno y que no es útil saber? —preguntó Sócrates. El vecino asintió mirando al suelo. El filósofo añadió—: Bueno, no tienes buenas razones para contarme esta historia, y tampoco las tienes para creerla tú mismo.

El vecino se dio la vuelta y se alejó cabizbajo...

En muchos sentidos, no han cambiado demasiado las cosas desde la antigua Grecia, sobre todo en lo relativo a las historias que nos contamos a nosotros mismos y las que contamos a los demás. Todos los días invertimos un tiempo y una energía valiosos en dramas y rumores. Muchos de nosotros nos conectamos a las redes sociales a primera hora de la mañana por razones que no tienen nada que ver con lo que es cierto para nosotros, bueno para nosotros y útil para quienes tenemos alrededor; lo hacemos principalmente con el único fin de distraernos... de nosotros mismos.

En un universo expansivo en el que gozamos de abundantes oportunidades de descubrir lo que es verdadero, lo que es bueno y lo que es útil, cuando actuamos en contra de estas premisas, lo sabemos. Si nos comprometemos a no hacerlo, sostenemos esta intención un tiempo, pero las muchas distracciones que nos obnubilan la mente hacen que volvamos a las andadas. La negligencia nos alcanza y empezamos a experimentar dolor.

Después, en los días realmente difíciles, cuando los dramas y rumores no bastan para distraernos del dolor que se ha ido acumulando en nuestra mente, comenzamos a sentirnos totalmente rotos por dentro.

No caigas en la trampa de desmoronarte así sin ningún motivo. En lugar de ello, sigue el consejo de Sócrates: enfócate en lo que es verdadero, bueno y útil. A Sócrates le funcionó hace más de dos mil años, y te aseguramos que hoy en día sigue siendo útil a muchas personas.

16 VERDADES DURAS que nos hacen más fuertes

1. La vida no es fácil.

El trabajo duro hace que la gente tenga suerte; es lo que hace que los sueños se conviertan en realidad. Así que comienza cada mañana dispuesto a correr más lejos que ayer y pelear más duro que nunca.

2. Algunas veces fallarás.

Cuanto menos tardes en aceptar esto, más rápidamente podrás seguir adelante. Así que no dejes que el fracaso llegue a tu corazón (o el éxito a tu cabeza). Haz todo lo que puedas y deja que tus actos diarios constantes hablen por sí mismos a largo plazo.

3. En este momento, hay muchas cosas que no sabes.

El día en que dejamos de aprender es el día en que dejamos de vivir. Acoge nueva información, piensa en ella y utilízala para avanzar.

4. Tal vez no haya un mañana.

No para todos. Esto es triste pero cierto. Así que pasa tu tiempo sabiamente hoy y detente lo suficiente para apreciarlo.

5. Hay muchas cosas que no puedes controlar.

No tienes que controlarlo todo para encontrar la paz y la felicidad. Estas viven contigo siempre, en lo profundo. Observa lo que sucede cuando sueltas, levantas las manos en el aire y permites que la vida ocurra y fluya por sí misma.

6. La información no es verdadero conocimiento.

El conocimiento proviene de la experiencia. Puedes debatir cien veces sobre una tarea, pero estos debates solo te aportarán una comprensión filosófica. Debes abordar la tarea por ti mismo para comprenderla realmente.

7. No puedes tener éxito sin aportar algo de valor.

No pierdas el tiempo tratando de tener éxito. Aporta valor al mundo que te rodea.

8. Siempre habrá alguien que tenga más que tú.

Siempre habrá alguien que tenga más que tú (más dinero, más amigos o más alubias mágicas; lo que sea). Pero recuerda que lo importante no es cuánto tienes, sino cuánto te apasiona el proceso de su obtención. Lo único relevante es el viaje.

9. No puedes cambiar el pasado.

No puedes cambiar lo que sucedió, pero puedes cambiar la forma de reaccionar ante ello.

10. La única persona que puede hacerte feliz eres tú.

La raíz de tu felicidad proviene de la relación que mantienes contigo mismo. Por supuesto, hay agentes externos que pueden tener efectos fugaces sobre tu estado de ánimo, pero a la larga no hay nada que sea más importante que cómo te sientes acerca de quién eres.

11. Siempre habrá alguien a quien no le gustes.

No puedes ser todo para todos, así que enfócate en hacer lo que en tu fuero interno sabes que es correcto. Lo que otros piensen y digan sobre ti no es tan importante; lo esencial es cómo te sientes contigo mismo.

12. No siempre obtendrás lo que quieres.

Parafraseando a Mick Jagger, no siempre obtendrás lo que quieres, pero si lo intentas, puede ser que a veces obtengas lo que necesitas. Mira alrededor y valora lo que tienes ahora.

13. En la vida, obtenemos según lo que invertimos.

Si quieres amor, da amor. Si quieres amigos, sé un amigo. Si quieres dinero, aporta valor.

14. Algunos amigos vendrán y se irán.

Muchos de los amigos que están presentes en un capítulo de tu vida no estarán ahí en los capítulos futuros. Pero algunos permanecerán. Y son estos amigos, los que trascienden el tiempo y las circunstancias, los que importan.

15. Hacer exactamente lo mismo todos los días dificulta el crecimiento personal.

Si sigues haciendo lo que estás haciendo, seguirás obteniendo lo que estás obteniendo. El crecimiento personal tiene lugar cuando efectuamos cambios, es decir, cuando exploramos nuevas posibilidades y salimos de nuestra zona de confort.

16. Nunca te sentirás absolutamente preparado para algo nuevo.

Puesto que la mayoría de las grandes oportunidades que tenemos en la vida nos obligan a salir de nuestra zona de confort, no te sentirás totalmente cómodo o preparado ante el cambio cuando lo tengas delante. Pero no huyas de él; lánzate.

12 MANERAS de obtener una SEGUNDA OPORTUNIDAD en la vida

TODOS NECESITAMOS SEGUNDAS oportunidades. Este no es un mundo perfecto. Nosotros dos* probablemente estemos en nuestra «segunda oportunidad» número mil en este momento, y no nos da vergüenza admitirlo. Porque a pesar de que hemos fallado mucho, esto significa que también lo hemos intentado mucho.

La única diferencia entre una oportunidad y un obstáculo es la actitud. Tener una segunda oportunidad en la vida consiste en que vayas más allá de tus fracasos pasados. Estas son las formas de hacerlo:

1. Suelta el pasado.

Cada momento difícil de nuestra vida va acompañado de una oportunidad de cultivar el crecimiento personal y la creatividad. Pero para materializar esta oportunidad, primero debemos aprender a soltar el pasado. Debemos reconocer que las dificultades pasan, como todo lo demás que acontece en la vida. Y una vez que han pasado, todo lo que nos queda son nuestras experiencias únicas y las lecciones necesarias para efectuar un mejor intento la próxima vez.

---

* Los coautores de este libro (N. del T.).

2. Identifica la lección.

Todo es una lección de vida. Todos aquellos a quienes conocemos, todo aquello con lo que nos encontramos. No olvides nunca reconocer la lección, especialmente cuando las cosas no salgan bien. Si no obtienes el trabajo que querías o una relación no funciona, hay algo mejor esperando. Y la lección que acabas de aprender es el primer paso hacia ello.

3. Renuncia a tener una actitud negativa.

El pensamiento negativo da lugar a resultados negativos. El pensamiento positivo da lugar a resultados positivos. Todos y cada uno de los consejos que se ofrecen en este libro son irrelevantes si la mente mora en la negatividad. El pensamiento positivo está en el centro de todas las grandes historias de éxito. La mente debe creer que puede hacer algo antes de ser capaz de hacerlo.

4. Acepta tu responsabilidad por tu situación actual.

Eres el único que puede controlar directamente los resultados que se presenten en tu vida. No, no siempre será fácil. Todos los individuos se enfrentan a una maraña de obstáculos. Debes hacerte responsable de tu situación y superarlos. Elegir no hacerlo es renunciar a la vida que deberías crear.

5. Enfócate en aquello que puedas cambiar.

Algunas fuerzas escapan a tu control. Haz todo lo que puedas con los recursos de los que dispones. Perder tu tiempo, tu talento y tu energía emocional con aquello que no puedes controlar es una receta para la frustración, la desdicha y el estancamiento. Invierte tu energía en aquello que puedas cambiar.

6. Averigua qué es lo que quieres realmente.

Estarás corriendo en una rueda de hámster permanentemente si nunca decides adónde quieres ir. Algunos de nosotros nacimos para ser músicos, o poetas, o empresarios. No renuncies solo porque fallaste en tu primer intento. Y no desperdicies tu vida cumpliendo los sueños y los deseos de otro. Sigue tu intuición y toma la decisión de no darte nunca por vencido en cuanto a la persona que puedes llegar a ser.

7. Prescinde de lo que no sea esencial.

Primero, identifica lo esencial, es decir, los elementos de tu vida que más te importan. A continuación, prescinde de lo accesorio. Esto simplifica drásticamente el panorama y te permite hacer tabla rasa; entonces cuentas con una base nueva y sólida sobre la cual construir sin interferencias innecesarias. Este proceso es apropiado con cualquier aspecto de la vida: los proyectos laborales, las relaciones, las listas generales de tareas, etc.

Recuerda que no podrás lograr nada si estás tratando de lograrlo todo. Enfócate en lo esencial y deshazte del resto.

8. Especifica.

Cuando establezcas nuevas metas para ti, trata de ser lo más concreto posible. «Quiero perder nueve kilos» es un objetivo que puedes alcanzar; «quiero perder peso» no lo es. Y sé concreto, también, en lo que respecta a tus actos. «Voy a hacer ejercicio» es una declaración demasiado vaga como para ponerla en práctica. En cambio, «haré *footing* durante treinta minutos todos los días laborables a las seis de la tarde» es algo que realmente puedes hacer, en el sentido de que puedes convertir esta actividad mensurable en una rutina.

9. Enfócate en lo que harás y no en lo que no harás.

¡No pienses en comer esa rosquilla de chocolate! ¿En qué estás pensando ahora? En comer esa rosquilla de chocolate, ¿verdad? En lugar de centrarte en eliminar los malos hábitos, enfócate en crear otros que sean buenos y que, en sí mismos, vayan a sustituir a los otros. Pronto empezarás a hacer lo apropiado sin necesidad de pensarlo.

10. Establece una rutina diaria.

Establecer una rutina diaria es algo muy simple que te puede cambiar la vida. Hemos visto que las rutinas más productivas son las que se ejecutan al comienzo y al final de la jornada. Esto significa que te conviene establecer una rutina para cuando te despiertes, para cuando empieces a trabajar, para cuando acabes de trabajar y para una o dos horas antes de irte a dormir. Esto te ayudará a enfocarte en lo importante en lugar de hacerlo en las distracciones que vayan apareciendo. Y lo más importante es que te ayudará a avanzar de manera constante, lo cual es fundamental en las segundas oportunidades.

11. Mantén el autocontrol y trabaja en ello de verdad.

Si quieres realmente una segunda oportunidad, debes estar dispuesto a darle todo lo que tienes. Esto significa que debes fortalecer y mantener tu autocontrol. Empieza con una sola actividad y concibe un plan sobre la forma de manejar los problemas cuando surjan. Por ejemplo, si estás tratando de perder peso, haz una lista de tentempiés saludables que puedas comer cuando tengas ganas de tomar un refrigerio. Al principio te resultará difícil, pero se irá volviendo más fácil. Eso es todo. Cuando tu voluntad sea más fuerte, podrás asumir retos más grandes.

12. Olvídate de impresionar a los demás.

Muchos individuos compran artículos que no necesitan con dinero que no tienen para impresionar a personas que no conocen. No seas uno de ellos. Limítate a seguir haciendo lo que sabes que es correcto. Y si no alcanzas tu objetivo, modifica tu enfoque e inténtalo de nuevo. Acabarás por llegar adonde te has propuesto.

12 VERDADES DURAS que nos ayudan a crecer

No podemos controlarlo todo. A veces solo debemos relajarnos y confiar en que las cosas saldrán bien. Suelta un poco y deja que la vida acontezca. Porque a veces las verdades que no podemos cambiar acaban cambiándonos y ayudándonos a crecer. Aquí tienes doce de estas verdades:

1. Todo es como debe ser.

Es increíble el hecho de que siempre terminamos donde debemos estar, de que incluso las situaciones más trágicas y estresantes acaban por enseñarnos lecciones importantes que nunca soñamos que íbamos a aprender. Recuerda que, con frecuencia, cuando las cosas se están desmoronando lo que ocurre realmente es que se están poniendo en su lugar.

2. A menudo no podemos empezar a encontrar nuestro verdadero yo hasta que estamos perdidos.

Efectuar un gran cambio de vida es bastante aterrador. Pero ¿sabes lo que es aún más aterrador? La lamentación. La visión sin acción es un ensueño, y la acción sin visión es una pesadilla. Tu corazón es libre; ten el valor de hacerle caso.

3. Por lo general, es el dolor más profundo lo que nos permite realizar nuestro máximo potencial.

A menudo son las elecciones aterradoras y estresantes las que acaban siendo las más valiosas. Sin dolor, no habría cambios. Pero recuerda que la función del dolor, como la de todo lo demás que se presenta en la vida, es aprender de él, después de lo cual debemos soltarlo.

4. Una de las decisiones más difíciles que afrontarás en la vida es la de alejarte.

Si te encuentras en el ciclo de tratar de cambiar a alguien o defenderte de alguien que está tratando de cambiarte, aléjate. Pero si estás persiguiendo un sueño, da otro paso. Y no olvides que a veces este paso implicará modificar tu sueño o planificar uno nuevo; no tiene nada de malo cambiar de opinión o tener más de un sueño.

5. Primero tienes que ocuparte de ti.

Antes de apoyar a los demás, debes apoyarte a ti mismo. Antes de corregir a los demás, tienes que corregirte a ti mismo. Antes de hacer felices a los demás, debes hacerte feliz. Esto no es egoísmo, sino desarrollo personal. Cuando te hayas equilibrado, podrás comenzar a equilibrar el mundo que te rodea.

6. Una de las mayores libertades consiste en no preocuparse por lo que los demás piensan de uno.

Mientras estés preocupado por lo que piensen de ti los demás, serán tus dueños. Solo cuando no requieras aprobación externa podrás ser dueño de ti mismo.

7. Es posible que debas estar solo por un tiempo.

Responsabilizarte de tus asuntos y afrontarlos te hará mucho más feliz, a la larga, que repetir el mismo comportamiento una y otra vez y esperar un resultado diferente.

8. Lo único que puedes controlar totalmente es tu forma de reaccionar a aquello que escapa a tu control.

Cuanto más te adaptes a las situaciones de la vida, más potentes serán tus buenos momentos y más rápidamente podrás recuperarte de los malos. En otras palabras: estar en paz significa encontrarse en un estado de completa aceptación de todo lo que ocurre, aquí y ahora.

9. Algunas personas te mentirán.

Presta menos atención a lo que dicen los demás y más a lo que hacen. Sus actos te mostrarán la verdad, lo cual te ayudará a evaluar la verdadera calidad de esas relaciones a largo plazo.

10. Si te enfocas en lo que no tienes, nunca tendrás suficiente.

La abundancia no tiene que ver con cuánto tenemos, sino con cómo nos sentimos con lo que tenemos. Cuando damos por supuesto que lo que tenemos estará siempre ahí, nuestra felicidad se desvanece.

11. Sí, has fallado en el pasado.

El hecho de que hoy no estés donde quieres estar no significa que no estarás ahí algún día. Puedes cambiarlo todo efectuando la simple elección de volverte a levantar, es decir, de intentarlo de nuevo, amar de nuevo, vivir de nuevo y soñar de nuevo.

12. Todo va a estar bien. Tal vez hoy no, pero al final sí.

Habrá momentos en los que te parecerá que todo lo que podría ir mal está yendo mal, y tal vez sentirás que te quedarás atrapado ahí para siempre. Pero esto no será así. A veces solo es cuestión de que nos mantengamos con el ánimo lo más positivo posible hasta que los rayos del sol vuelvan a atravesar las nubes.

30 LECCIONES para encontrar FUERZAS en los tiempos difíciles

NADIE PASA POR la vida sin perder a alguien a quien ama, a alguien a quien necesita o algo que creía que debía estar en su vida. Pero son estas pérdidas las que nos hacen más fuertes y las que acaban por conducirnos a futuras oportunidades de crecimiento y felicidad.

Durante la última década, nosotros dos hemos sufrido una serie de pérdidas dolorosas. Y cuando nuestro tiempo de duelo terminó en cada circunstancia, seguimos adelante, más fuertes y con una mayor comprensión de la vida y un mayor respeto hacia esta. Exponemos a continuación algunas lecciones que hemos aprendido por el camino:

1. No somos lo que nos sucedió en el pasado.

Por más caótico que haya podido ser el pasado, el futuro no está escrito; está totalmente abierto. No eres tus hábitos o fracasos del pasado. No eres lo que los demás han dado a entender por su forma de tratarte. Solo eres quien crees que eres en este momento y lo que haces en este momento.

2. Enfócate en lo que tienes, no en lo que no tienes.

Lo importante es que encuentres un solo pensamiento *positivo* que te inspire y te ayude a avanzar. Agárralo fuerte y concéntrate en él. Deja que te inspire a reanudar la marcha.

3. Lidiar con problemas es intrínseco al desarrollo personal.

Como parte de nuestro crecimiento personal, debemos experimentar problemas inesperados en la vida. Las personas pierden empleos, enferman y a veces mueren en accidentes automovilísticos. Lo más inteligente, y muchas veces lo más difícil, que podemos hacer en este tipo de situaciones es moderar nuestras reacciones y recordar que las tragedias rara vez son tan malas como parecen, e incluso cuando lo son, nos dan la oportunidad de fortalecernos.

4. Está bien desmoronarse un poco.

No siempre tienes que fingir ser fuerte, y no hace falta que trates de demostrar continuamente que todo va bien. Llora si lo necesitas; es saludable derramar lágrimas. Cuanto antes lo hagas, antes podrás sonreír de nuevo y afrontar tus problemas de cara.

5. La vida es frágil, rápida y más corta de lo que parece.

Pasa tu tiempo de forma inteligente hoy y haz una pausa lo bastante larga para apreciarlo. Cada momento que recibes es un regalo. No pierdas el tiempo pensando en el pasado; empléalo en actividades que te lleven en la dirección en la que quieres ir.

6. Sepárate emocionalmente de tus problemas.

Eres mucho más grande que tus dificultades. Eres un ser humano vivo y que respira que es infinitamente más complejo que la suma de todos tus problemas. Esto significa que eres más poderoso que ellos: tienes la capacidad de cambiarlos y de cambiar la forma en que los percibes.

7. No hagas un problema más grande de lo que es.

Nunca debes dejar que una nube oscura cubra todo el cielo. El sol siempre brilla en alguna parte de tu vida. A veces solo tienes que olvidar cómo te sientes, recordar lo que mereces y seguir adelante.

8. Contempla cada desafío como una tarea educativa.

Pregúntate qué tiene por enseñarte la situación que estás viviendo. Cada situación de nuestra vida tiene una lección que enseñarnos. Algunas de estas lecciones son volvernos más fuertes, comunicarnos con mayor claridad, confiar en nuestros instintos, expresar nuestro amor, perdonar, saber cuándo soltar y probar algo nuevo.

9. Las cosas cambian, pero el sol siempre sale al día siguiente.

La mala noticia es que nada es permanente. La buena noticia es que nada es permanente.

10. Rendirse y soltar son dos cosas muy diferentes.

Llega un momento en que nos cansamos de ir detrás de los demás y de tratar de arreglarlo todo, pero esto no es rendirse, y tampoco es el final. Es un nuevo comienzo. Nos damos cuenta, por fin, de que no necesitamos ciertas personas y cosas ni los dramas que traen consigo.

11. Las relaciones perfectas no existen.

No existe una relación perfecta e ideal. Es la forma en que dos personas lidian con las imperfecciones de una relación lo que hace que esta sea ideal.

12. También debes amarte a ti mismo.

No tiene nada de egoísta cuidar de uno mismo y amarse. No podemos dar lo que no tenemos. Enriquece tu vida y enriquecerás la vida de los demás. Tu contribución al mundo es importante, pero solo puedes transmitir una verdadera energía positiva si estás siendo positivo.

13. No dejes que otras personas tomen decisiones por ti.

A veces solo tenemos que vivir sin preocuparnos por lo que piensen de nosotros los demás, quitarnos el dramatismo de encima y demostrarnos *a nosotros mismos* que somos mejores de lo que piensan otras personas.

14. El resentimiento daña a quien lo siente, no al otro.

Perdona siempre a los demás y sigue adelante, aunque nunca te pidan perdón. No lo hagas por ellos; hazlo por ti. Desperdiciamos la oportunidad de ser felices si albergamos rencores. Elimina este estrés innecesario de tu vida ahora mismo.

15. Alimenta conscientemente tu esperanza interior.

Una pérdida, una preocupación, una enfermedad, un sueño aplastado... Por más profundo que sea tu dolor o por más elevadas que sean tus aspiraciones, hazte un favor y haz una pausa al menos una vez al día, ponte las manos sobre el corazón y di en voz alta: «La esperanza vive aquí».

16. Es mejor ser herido por la verdad que consolado por una mentira.

Debes ver las cosas como son en lugar de verlas como esperabas o deseabas que fueran. Siempre es mejor ser abofeteado con la verdad que besado con una mentira.

17. No obtener lo deseado puede ser una bendición.

A veces, no obtener lo que queremos es un maravilloso golpe de buena suerte, porque nos obliga a reevaluar nuestra situación y a abrir la puerta a unas oportunidades e informaciones que habríamos pasado por alto en otras circunstancias.

18. La risa es el mejor remedio para el estrés.

Ríete de ti mismo a menudo. Encuentra el humor en cualquier situación en la que te halles. El optimismo es un imán para la felicidad. Si mantienes una actitud positiva, las buenas circunstancias y las buenas personas serán atraídas hacia ti.

19. Preocuparse es, literalmente, desperdiciar energía.

La preocupación no quitará de en medio los problemas que te aguardan mañana, pero sí te quitará la fuerza que tienes hoy.

20. Incluso cuando te sea difícil moverte, da pequeños pasos hacia delante.

Especialmente en los tiempos difíciles, es importante no dejar de avanzar. ¡Porque el impulso lo es todo! Siempre que mantengas el impulso positivo, aunque vayas a paso de tortuga acabarás por llegar a la meta. Así que alégrate por cada paso que des hoy, por pequeño que sea. Cada paso te alejará de donde estabas ayer y te acercará adonde quieres estar mañana.

21. Estás mejor sin algunas personas que creías que necesitabas.

La triste verdad es que hay algunos individuos que solo estarán ahí para ti mientras tengas algo que necesiten. Cuando ya no seas útil para su propósito, se irán. La buena noticia es que si eres fuerte acabarás por prescindir de estas personas y te quedarás con algunos grandes amigos con quienes siempre podrás contar.

22. Solo estás compitiendo contra ti mismo.

Cuando veas que te estás comparando con un colega, vecino, amigo o alguien famoso, ¡detente! Date cuenta de que eres diferente, de que tienes unos puntos fuertes específicos que estas otras personas no poseen. Tómate un momento para reflexionar sobre todas las capacidades increíbles que posees y para estar agradecido por todo lo bueno que hay en tu vida.

23. La vida no es fácil.

Si esperas que lo sea, te sentirás decepcionado a lo largo de toda tu existencia. Lograr algo que valga la pena en la vida requiere esfuerzo. Así que empieza cada mañana dispuesto a correr más distancia que ayer y a pelear más duro que nunca. Sobre todo, asegúrate de que tus esfuerzos sean coherentes con tus objetivos. No será fácil, pero al final valdrá la pena.

24. Tu futuro no está escrito.

Independientemente de lo desastroso que haya sido tu pasado, tu futuro es un lienzo en blanco. No empieces la jornada con las piezas rotas de la jornada anterior. Cada día es un nuevo comienzo. Cada mañana en que nos levantamos es el primer día del resto de nuestra vida. Una de las mejores maneras de superar los problemas pasados es concentrar toda la atención y el esfuerzo en hacer algo que nuestro futuro yo nos agradecerá.

25. No estás atrapado; solo necesitas volver a aprender algunas cosas.

Todos tenemos dudas que hacen que nos sintamos atrapados a veces. Si dudas de tu capacidad de tomar una decisión que te cambiaría la vida, de abrir un nuevo capítulo en tu existencia o de defenderte por ti mismo tras llevar años viviendo sobreprotegido, haz esta reflexión: seguramente, si un pájaro está encerrado en una jaula el tiempo suficiente, dudará de su capacidad de volar aunque disponga de unas alas sanas. Sigues teniendo tus alas, pero tus músculos están débiles. Ejercítalos y estíralos lentamente. Date tiempo. Pronto volverás a volar.

26. Todo en la vida tiene dos caras.

Hay buenas razones por las cuales no podemos esperar sentir placer sin sentir nunca dolor, alegría sin aflicción, confianza sin miedo, calma sin inquietud, esperanza sin desesperación: en la vida no existe ninguna moneda con una sola cara, con la que podamos comprar una existencia libre de dolores y problemas.

27. Siempre tienes una opción.

Pase lo que pase, siempre hay dos opciones: si no puedes cambiar algo, al menos puedes cambiar tu forma de pensar al respecto. Puedes ver una crisis como una invitación a aprender algo nuevo, ver la sacudida que acontece en tu mundo exterior como una oportunidad de despertar tu mundo interior.

28. Deja que otros entren cuando estés en un lugar oscuro.

No, no siempre podrán sacarte del lugar oscuro en el que te encuentras, pero la luz que se colará cuando entren al menos te mostrará en qué dirección está la puerta.

29. Si haces preguntas negativas, obtendrás respuestas negativas.

No hay respuestas positivas a las preguntas del tipo «¿por qué yo?», «¿por qué no lo hice?», «¿y si...?». ¿Permitirías que alguna otra persona te hiciera las preguntas desmoralizadoras que a veces te haces? Lo dudo. Así que detente y cámbialas por preguntas que te empujen en un sentido positivo. Por ejemplo, «¿qué he aprendido de esta experiencia?», «¿qué es lo que sí puedo controlar?» o «¿qué puedo hacer ahora mismo para avanzar?».

30. El final es un nuevo comienzo.

Dite a ti mismo: «Querido pasado, gracias por todas las lecciones de vida que me has enseñado. Querido futuro, ¡estoy listo ahora!». Porque siempre se produce un gran comienzo en el punto que creíamos que era el final de todo.

12 pensamientos felices para los tiempos PROBLEMÁTICOS

HABRÁ PERSONAS Y circunstancias que ocasionalmente te dejarán destrozado. Pero si mantienes la mente enfocada y el corazón abierto a la posibilidad y sigues poniendo un pie delante del otro, podrás recuperar rápidamente las piezas, reconstruirte y volver mucho más fuerte de como habrías podido estar si no hubiese ocurrido eso. Aquí tienes algunos pensamientos felices en los que reflexionar esos días en los que el mundo entero parece derrumbarse a tu alrededor:

1. Los días bajos son completamente normales y no debes sentirte culpable por vivirlos.

La felicidad nunca es constante. Rendirte a la tristeza, o a cualquier emoción negativa que esté tratando de salir a la superficie, no te convierte en una mala persona. Pero recuerda esto: si no estás sinceramente agradecido por cada sonrisa, no te vengas totalmente abajo por cada lágrima. Mantén la perspectiva.

2. Cuando estamos en nuestro punto más bajo, nos abrimos a experimentar el mayor cambio positivo.

La felicidad no es la ausencia de problemas; es la fuerza para afrontarlos. Y la fuerza no proviene de lo que podemos hacer, sino de superar aquello que antes pensábamos que no podíamos superar.

3. Hay una gran diferencia entre darse por vencido y pasar a otra cosa.

Pasar a otra cosa no significa darse por vencido, sino aceptar que hay ciertas posibilidades que no se van a materializar. Puede significar que estamos eligiendo ser felices en lugar de permanecer heridos. Para algunas personas, las buenas situaciones duran toda la vida, pero para muchas, no saber cuándo pasar a otra cosa puede mantenerlas atrapadas para siempre.

4. La vida rara vez resulta ir exactamente como queremos, pero aun así tenemos la oportunidad de hacer que sea genial.

Tienes que hacer lo que puedas con lo que tienes y exactamente en el punto en el que estás. No siempre será fácil, pero al final valdrá la pena. Recuerda que no existe la vida perfecta; solo existen los momentos perfectos. Y son estos momentos los que debes apreciar; son ellos los que hacen que todo el viaje valga la pena.

5. Solo se puede experimentar la felicidad a largo plazo si no se ponen condiciones.

Acepta la vida incondicionalmente. Date cuenta de que la existencia bascula entre lo ideal y lo decepcionante. Las decepciones son solo la forma que tiene la vida de decirnos que tiene algo mejor para nosotros a la vuelta de la esquina. Por lo tanto ten paciencia, vive la vida, acepta las cosas tal como son y ten un poco de fe.

6. Con demasiada frecuencia, cargamos con temas de nuestro pasado que nos hacen daño.

No dejes que los remordimientos, la vergüenza, el dolor y la ira con origen en el pasado te roben tu felicidad actual. Suelta, enfócate en otra cosa y camina hacia delante.

7. Puedes elegir otras perspectivas.

Elige una parte de tu vida con la que no estés satisfecho y contémplala desde un punto de vista diferente. Considera que la lluvia nutre el crecimiento futuro. Plantéate estar solo un tiempo para crear el entorno de soledad que necesitas para oír tu voz interior. En este momento, puedes elegir dejar que la luz brille en tu vida. ¿Por qué no permitirlo?

8. Mantente firme.

No dejes de luchar frente a lo que sea que te depare la vida, aunque seas presa del dolor. Recuerda que los muros fuertes tiemblan pero nunca se derrumban. La vida siempre te ofrecerá otra oportunidad, si estás dispuesto a aprovecharla.

9. Cuando nuestros defectos se unen con nuestras buenas intenciones, nos hacen hermosos.

Nunca te disculpes por aquello que hace que tú seas *tú*. Nunca dejes que otra persona te diga quién eres. No aceptes la definición que haga nadie de tu vida; acepta solo la tuya.

10. Tienes la capacidad de sanarte a ti mismo.

Debes darle una salida saludable a tu dolor y tu enojo, como cuando la lava fluye lentamente de un volcán en lugar de producirse una gran erupción. Tras haber sufrido un daño, es importante que te tomes un tiempo para pensar en tu dolor y lo abordes con calma y conscientemente, para neutralizar la posibilidad de que tu propia negatividad te genere más dolor.

11. Queda mucha vida por vivir.

La verdadera tragedia de la vida no es la muerte, sino la pasión que dejamos morir dentro de nosotros mientras aún estamos vivos. Recuerda que los problemas del pasado no pueden definirte, destruirte o derrotarte por sí mismos. Mientras sigas esforzándote por avanzar, solo podrán fortalecerte.

12. Eres una obra en curso.

El día de hoy supone un nuevo comienzo. Sustituye cualquier actitud negativa con una actitud positiva. Inspírate. Hazle un cumplido a alguien. Dale una oportunidad a una idea en la que creas. Todos los días tienes la ocasión de efectuar los cambios necesarios para ir convirtiéndote en la persona que quieres ser. Solo tienes que decidir hacerlo. Decide que hoy es el día. Dilo: «¡Este va a ser mi día!».

QUÉ DEBES SABER CUANDO OCURRA UNA TRAGEDIA

El accidente

La tragedia golpea a un hombre que aún no ha entrado en la vejez. Un monovolumen que se encamina hacia él en una oscura carretera de montaña golpea su automóvil casi de frente justo después del ocaso. Agarra el volante con fuerza y gira hacia la ladera rocosa de la montaña hasta que su coche se detiene. El monovolumen vuelca de lado y se desliza en la otra dirección, hacia el precipicio, y cae unos ciento cincuenta metros en picado. En su interior hay una joven familia de cinco miembros.

No recuerda lo que ocurrió los días siguientes. No recuerda a los tres testigos oculares que lo consolaron y le aseguraron que no había sido culpa suya, que el otro conductor había invadido su carril. No recuerda cómo llegó a Urgencias ni que permaneció allí cinco días para que le tratasen una conmoción cerebral y una clavícula rota.

La culpa

Se pasa los días sentado a solas en su habitación, llorando y preguntándose por qué le ocurrió eso a él. ¿Por qué, tras llevar cuarenta y ocho años yendo a misa los domingos, manteniendo una fe inquebrantable y haciendo tareas de voluntariado comunitario y obras de caridad con regularidad, le estaba pidiendo Dios que se pasase el resto de su vida sabiendo que había matado a toda una familia?

Tiene una familia amorosa y solidaria que trata de consolar su corazón herido, pero solo ve en ella a la familia amorosa que ha sacado del mundo. También cuenta con una enorme red de amigos cercanos que quieren verlo sonreír de nuevo, pero para él únicamente representan, ahora, los amigos que otras personas han perdido por su culpa.

El hombre, que aún no había entrado en la vejez, comienza a envejecer más deprisa. En unos pocos meses, no es más que el caparazón de su anterior personalidad: solo es piel y huesos, unas arrugas que surcan un rostro, una mirada abatida que se dirige hacia abajo y un agujero en el corazón que se ha ensanchado tanto que siente que ya no aloja nada en absoluto.

Todas las personas que tiene a su alrededor, esos familiares y amigos que se preocupan tanto por él, han hecho todo lo posible para recuperarlo. Cuando el amor no funcionó, probaron con unas vacaciones relajantes. Cuando las vacaciones no funcionaron, probaron con involucrarlo en actividades comunitarias. Cuando esas actividades no funcionaron, probaron con llevarlo al médico. En la actualidad, han desistido de seguir intentándolo. Porque el hombre, que ahora sí es un anciano, ha renunciado completamente a todo.

El sueño

Llega una noche en la que decide que ya no vale la pena continuar, que es hora de dejar atrás este mundo. Quizá para ir a un lugar mejor. Quizá para no ir a ningún lado. Afortunadamente, decide consultarlo con la almohada, porque apenas tiene fuerzas para mantener los párpados abiertos. Por lo tanto, cierra los ojos, y al instante cae en un sueño profundo.

Y empieza a soñar. En el sueño, está sentado en una habitación escasamente iluminada, delante de una mesa redonda, frente a una anciana que se parece mucho a su difunta madre. Se miran el uno al otro en silencio durante varios minutos, hasta que la anciana pronuncia unas palabras: «Hijo mío, la tragedia no es más que un milagro que aguarda ser descubierto. Porque dentro de la tragedia se encuentran las semillas del amor, el aprendizaje, el perdón y la empatía. Si elegimos plantar estas semillas, se convierten en árboles fuertes. Si, por el contrario, elegimos pasarlas por alto, prolongamos nuestra tragedia y dejamos que alguna otra persona descubra el milagro».

El anciano llora en su sueño y mientras sueña. Piensa en su esposa, en sus hijos y en todas las personas maravillosas que se preocupan por él. Y de pronto se da cuenta de que en lugar de utilizar el trágico accidente para darse cuenta de lo valiosa que es la existencia, ha prolongado la tragedia y, esencialmente, ha dejado de vivir su propia vida. Y se vuelve consciente de que está muy cerca, ahora, de traspasar todo su dolor y toda su tristeza a las personas que más quiere en este mundo.

Un nuevo comienzo

Abre los ojos y respira hondo. Está vivo. Se da cuenta de que aún tiene la oportunidad de cambiar las cosas... Aún puede reparar las piezas rotas y experimentar el milagro que hay después de la tragedia... Aún puede plantar las semillas del amor, el aprendizaje, el perdón y la empatía, y regarlas hasta que se conviertan en árboles fuertes.

Se da la vuelta, besa a su mujer en la mejilla y le revuelve el cabello hasta que empieza a parpadear, abre los ojos y lo mira, totalmente confundida. Hay una chispa en los ojos de su marido que no ha visto en mucho tiempo, una chispa que pensó que había muerto junto con su juventud el día del accidente.

—Te quiero mucho —dice el hombre.

—Te he echado de menos —dice la mujer—. Me alegro de que hayas vuelto.

PREGUNTAS Y PLANTEAMIENTOS SOBRE LA ADVERSIDAD PARA HACERTE PENSAR

¿Qué se INTERPONE entre tú y la felicidad?

Estás tomando decisiones en este mismo momento. La cuestión es: ¿las estás TOMANDO tú mismo o estás dejando que otras personas las tomen por ti?

¿Cuál es el mayor DESAFÍO que debes afrontar en este momento?

Indica ALGO que te ocurrió que consideraste negativo pero que te hizo más fuerte.

¿Eres CONSCIENTE de que hay alguien que lo tiene más difícil que tú?

¿Te estás aferrando a ALGO que necesitas soltar?

¿RECUERDAS esa ocasión hace cinco años en la que estabas extremadamente disgustado? ¿Tiene alguna importancia eso ahora?

Si el promedio de la vida humana fuera de cuarenta años, ¿qué cambiarías de tu forma de VIVIR la vida?

¿Qué MERECE que albergues dolor?

¿Qué te FALTA en tu vida?

Tercera parte

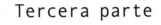

Relaciones

En la vida te darás cuenta de que todos los encuentros tienen un propósito. Habrá personas que te pondrán a prueba, otras te utilizarán y otras te enseñarán. Pero lo más importante es que habrá algunas que sacarán lo mejor de ti.

¿QUIÉN TE SALVARÁ LA VIDA?

En el verano de 1997, con quince años de edad, aprendí una valiosa lección de vida. Y la aprendí por las malas.

Déjala ahí por ahora

—¡Corre! —grita Roger.

Corro tan rápido como puedo, pero no lo bastante. El balón vuela sobre mi cabeza, rebota en el suelo, da un gran salto y pasa por encima de la verja del patio de la escuela. Aterriza en la propiedad privada que hay al otro lado.

—Ahh..., ¡Dios mío! —gimo—. ¡En el patio de la bruja! ¡Vas a tener que ir a por ella!

—¡No, yo no! —exclama Roger—. Ya tuve que lidiar con ese monstruo la semana pasada, así que te toca a ti.

—Hombre, ¡es que da miedo! Su forma de hablar... y ese lunar peludo que tiene en la nariz... ¡Qué asco! No me apetece tratar con ella. Prefiero dejar el partido aquí por ahora e ir a buscar la pelota más tarde.

—Vale, sí, podemos hacer otra cosa —acepta Roger—. Vamos al salón recreativo. No me importaría darte una paliza en algunas rondas del Street Fighter.

Montamos en nuestras respectivas bicicletas y pedaleamos hacia el salón recreativo.

¡Demasiado tarde!

Al cabo de media hora, volvemos a montar en las bicicletas para regresar a la casa de la bruja a recoger el balón. Roger grita. Le llevo dos metros escasos de ventaja, así que empiezo a pedalear lo más rápido que puedo.

—¡No, Marc! ¡Cuidado! —chilla Roger presa del pánico.

Levanto la mirada justo a tiempo para ver cómo un coche negro viene hacia mí a toda velocidad saltándose el semáforo en rojo. Salto de la bicicleta, pero es demasiado tarde. Mi cuerpo larguirucho de quince años choca contra el parabrisas, da vueltas sobre el techo del automóvil y se estrella contra el asfalto con un ruido sordo.

Oigo vagamente la voz de Roger pidiendo ayuda por encima del ruido de unos neumáticos chirriantes mientras el coche negro se aleja del escenario del accidente.

Nuestro ángel de la guarda

Abro los ojos poco a poco; primero veo borroso, pero mi visión va mejorando y no tardo en ver con nitidez.

—Hola, cariño —dice mi madre.

—¿Dónde estoy?

—Estás en el hospital, querido. Pero el cirujano ha dicho que te vas a poner bien.

—¿Me han operado?

—Te rompiste cuatro costillas, que te perforaron los pulmones. Pero lo arreglaron y te cosieron.

—Ese..., ese...

Mi madre me interrumpe mientras empiezan a rodar lágrimas por sus mejillas.

—Solo debemos estar agradecidos..., porque apenas respirabas, cariño. El cirujano dijo que tenías los pulmones llenos de sangre. Dijo que podría haber sido mucho peor si la ambulancia no te hubiese recogido a tiempo.

—Ese coche..., ese coche negro..., se saltó el semáforo en rojo —susurro inquieto.

—Shhh..., está bien —me tranquiliza mi madre—. El mismo hombre maravilloso que llamó a la ambulancia también llamó a la policía y le dio el número de matrícula del coche negro. El conductor estaba borracho y se dio a la fuga. Pero la policía ya lo ha arrestado.

—¿Sabes quién hizo las llamadas?

Mi madre mete la mano en el bolsillo de sus tejanos, saca una nota adhesiva que le dieron los paramédicos y la levanta para que pueda leerla: «Chris Evans – 305-555-8362».

—Quienquiera que sea Chris Evans, es nuestro ángel de la guarda —dice mi madre.

—¿Le has llamado?

—Sí, pero no responde mis llamadas. Suena cuatro veces y salta directamente el contestador automático. Ni siquiera hay un saludo. Ya le he dejado tres mensajes agradeciéndole que le haya salvado la vida a mi pequeño.

¿Cómo lo sabe?

Seis meses después, tras un proceso de recuperación agotador, mi médico por fin me autoriza a volver a realizar una actividad física regular. Roger y yo aprovechamos la oportunidad para hacer rodar su nuevo balón de fútbol por el patio de la escuela.

—¡Corre! —grita Roger.

—Todavía no, amigo. Aún no estoy al cien por cien. Mi médico dice que debo recuperar la forma poco a poco. ¿Te parece bien?

Roger sonríe.

—Sí, claro, por supuesto, hermano. Lo siento; no quise...

De pronto, lo interrumpe una voz.

—¡Marc! ¡Marc Andrew! —grita una voz femenina ronca detrás de nosotros. Roger y yo nos giramos y nos quedamos de piedra al ver a la bruja asomándose por la verja del patio de la escuela–. Creo que esto es tuyo.

Levanta mi viejo balón de fútbol y me lo lanza. La pelota rebota por el suelo y rueda hasta mis pies. Efectivamente, es el balón que cayó en su propiedad el día del accidente.

–Gracias, pero... ¿cómo... cómo sabe mi nombre? –pregunto.

–Tu madre me dejó algunos mensajes en el contestador. Me llamo Chris Evans –dice la mujer.

9 maneras CONSCIENTES de conservar la CALMA cuando los demás están enojados

C<small>UANDO ALGUIEN NOS</small> disgusta, a menudo se debe a que no se comporta de acuerdo con la idea fantasiosa que tenemos relativa a cómo «debería» comportarse. Nuestra frustración, entonces, no es el resultado de su comportamiento, sino de cómo difiere este de nuestras expectativas. En esos momentos, es conveniente mirar hacia dentro.

No podemos controlar cómo se comportan los demás. No podemos controlar todo lo que nos sucede. Lo que podemos controlar es cómo respondemos a todo ello. Nuestro poder reside en nuestra respuesta. Practiquemos juntos...

1. Siéntete cómodo haciendo una pausa.

No imagines lo peor cuando te encuentres con un pequeño drama. Cuando alguien esté actuando de forma irracional, no te impliques apresurándote a emitir un juicio negativo. En lugar de ello, haz una pausa. Haz una respiración profunda. Date a ti mismo, y dale a la otra persona, un poco de tiempo y espacio extra. A menudo esto es todo lo que necesitamos.

2. Respeta las diferencias.

Elige sabiamente tus batallas. Y acepta no estar de acuerdo con el otro en ocasiones. Es totalmente posible conectar con alguien con quien no se está completamente de acuerdo, e incluso es posible apreciar la compañía de esa persona. Si os comprometéis a no meteros el uno con el otro en asuntos de poca importancia o a hablar de forma respetuosa sobre vuestros desacuerdos, ambas partes podréis conservar la calma y seguir adelante, en armonía.

3. Sé compasivo.

La palabra *compasión* significa 'sufrir con'. Cuando puedes ponerte en el lugar de la otra persona, le estás dando el espacio que necesita para recomponerse sin presionarla.

Recuerda que nunca sabemos lo que está ocurriendo realmente en la vida de alguien. Cuando interactúes con otras personas en entornos estresantes, proponte ser solidario dejando de lado cualquier expectativa, juicio y exigencia.

4. Sé más generoso y comprensivo.

Todo el mundo se enoja y pierde los estribos en ocasiones. Recuerda que los seres humanos somos más parecidos que diferentes. Cuando te des cuenta de que estás juzgando, añade «como yo a veces» al final de la frase. Por ejemplo, «esta persona es gruñona, como yo a veces», o «está siendo grosera, como yo a veces». Elige dejar correr las cosas. Sé más permisivo con los demás. Sé más diplomático y comprensivo.

5. No te tomes de forma personal los comportamientos de los demás.

Si te lo tomas todo de forma personal, te sentirás ofendido toda la vida. Y no hay ninguna razón para ello. Incluso cuando el comportamiento de otro individuo parece que tiene que ver contigo, rara vez esto es así; cada uno actúa a causa de sí mismo, no de los demás. Es posible que no puedas controlar todo lo que te digan y hagan, pero puedes decidir no verte rebajado por ello. Toma esta decisión hoy. Haz lo que sea necesario para mantener la calma y abordar la situación desde dentro hacia fuera; en esto reside tu mayor poder.

6. Habla menos y aprende a valorar el silencio.

No digas cosas de las que te arrepentirás cinco minutos después por el solo hecho de contraatacar. Toma aire. Sácalo. Un momento de silencio puede salvarte de cientos de momentos de arrepentimiento. A decir verdad, uno suele tener más poder y capacidad de influencia en una discusión cuanto más callado está.

7. Crea un ritual matutino que te ayude a empezar bien el día.

No te apresures a empezar el día revisando tu teléfono o tu correo electrónico. No te pongas en un estado mental estresante que te incapacite para lidiar de forma positiva con la negatividad de otras personas. Busca tiempo y espacio para llevar a cabo un ritual matutino que fomente en ti un estado enfocado y apacible. Haz diez respiraciones profundas, haz estiramientos, medita. Cuando empezamos el día de forma consciente, sentamos las bases para permanecer tranquilos y centrados a lo largo de toda la jornada, independientemente de lo que esté sucediendo a nuestro alrededor.

8. Haz frente a las situaciones por medio de elecciones y alternativas saludables.

Cuando nos hallamos frente a situaciones estresantes, a menudo nos calmamos o tranquilizamos con elecciones que no son saludables: beber alcohol, comer refrigerios azucarados, fumar, etc. Es fácil responder al enojo con más enojo y con distracciones perjudiciales.

Observa cómo lidias con el estrés y sustituye los malos hábitos de afrontamiento por otros saludables. Da un paseo por un espacio verde. Prepara una taza de té y siéntate en silencio con tus pensamientos. Escucha música. Escribe en tu diario. Habla con un amigo íntimo. Los hábitos de afrontamiento saludables estimulan la felicidad.

9. Recuerda lo que es correcto y haz que haya más de ello en el mundo.

Tener en mente lo positivo nos ayuda a ir más allá de la negatividad que nos rodea.

Al final del día, reflexiona sobre tus pequeños logros de la jornada y todos los pequeños aspectos que están yendo bien en tu vida. Cuenta con los dedos tres pequeños sucesos que hayan ocurrido durante el día por los que sin duda estés agradecido.

Y sé bondadoso con los demás cuando tengas la oportunidad. Deja que tu espíritu positivo te conduzca a pensar bien de los demás, hablar bien de los demás y realizar actos bondadosos por los demás. La bondad siempre tiene un impacto. Sé el origen de situaciones por las que otras personas podrían estar agradecidas al final del día. Contribuye a lo que es correcto en este mundo.

20 COSAS que debes DEJAR de hacer a los demás

Hay un factor clave que puede dañar tus relaciones o volverlas más profundas: tu actitud. Si esperas tener más relaciones de carácter positivo en tu vida y conservarlas, sigue leyendo. A continuación encontrarás veinte consejos relativos a la actitud que, sin duda alguna, te ayudarán a lograr este objetivo.

1. Deja de albergar rencores.

Los resentimientos no permiten experimentar una felicidad perfecta.

2. Deja de quejarte.

En lugar de ello, usa tu tiempo y tu energía para hacer algo al respecto.

3. Deja de pretender que los demás adivinen lo que te callas.

La gente no puede leer las mentes. Comunícate de manera regular y eficaz.

4. Deja de pretender que todo tiene que ver contigo.

El mundo gira alrededor del Sol, no de ti. Tómate un momento, con regularidad, para reconocer esta verdad.

5. Deja de mentir.

A la larga, la verdad siempre sale a la luz. O eres dueño de tus actos o estos acabarán por poseerte.

6. Deja de culpar.

Cuando culpas a los demás de aquello por lo que estás pasando, niegas tu responsabilidad; renuncias a tu poder sobre esa parte de tu vida y molestas a todos quienes tienes alrededor en el proceso.

7. Deja de dudar.

No permitas que la falta de confianza en ti mismo interfiera en los sueños de otras personas. Apóyalas o quítate de en medio.

8. Deja de interrumpir.

Corregir a alguien cuando está claramente equivocado es una cosa, pero no parar de interponer las propias opiniones cuando es el turno del otro saca de quicio a cualquiera.

9. Deja de ser egoísta.

Obtenemos de una relación según lo que ponemos en ella, ni más ni menos.

10. Deja de juzgar.

Cada uno está librando su propia batalla. No sabes por lo que están pasando los demás, así como los demás no saben por lo que estás pasando tú.

11. Deja de cotillear.

Participar en chismes siempre es una estrategia perdedora. Hace daño a los demás y también a la propia reputación.

12. Deja de hacer promesas que no puedas cumplir.

No hagas demasiadas promesas. En lugar de ello, da mucho, a los demás y a ti mismo.

13. Deja de estar a la defensiva.

El hecho de que alguien vea algo de forma diferente a como lo ves tú no significa que uno de los dos tenga que estar equivocado. Mantén la mente abierta; de lo contrario, nunca descubrirás nada nuevo.

14. Deja de comparar a las personas entre sí.

No hay dos individuos iguales. Cada uno tiene sus propios puntos fuertes. Solo estamos compitiendo contra nosotros mismos.

15. Deja de esperar que los demás sean perfectos.

Lo perfecto es enemigo de lo bueno, y la verdadera bondad es difícil de encontrar en este mundo. No la pases por alto.

16. Deja de intentar serlo todo para todos.

Esto es imposible. Pero hacer sonreír a una persona puede cambiar su mundo. Por lo tanto, reduce tu campo de acción.

17. Deja de engañar a los demás para salirte con la tuya.

El hecho de que puedas salirte con la tuya no significa que debas hacerlo. Piensa más allá. Haz lo que en tu fuero interno sabes que es correcto.

18. Deja de hacer montañas de granos de arena.

La gente comete errores. No hay razón para que te estreses tú y estreses a todos quienes están a tu alrededor a causa de ello. Pregúntate si eso tendrá importancia dentro de un año; si no va a ser importante en ese plazo, déjalo estar.

19. Abandona el dramatismo.

Mantente alejado del dramatismo de los demás y no seas dramático tú mismo sin necesidad.

20. Deja de dar consejos y limítate a escuchar.

A menudo es aconsejable dar menos consejos. Las personas no necesitan mucho asesoramiento; lo que necesitan es un oído atento y un poco de respaldo. Lo que quieren saber ya está en algún lugar en su interior. Solo requieren tiempo para pensar, ser y respirar, y continuar explorando por su cuenta las opciones que las ayudarán a descubrir por dónde ir.

20 COMPORTAMIENTOS y ACTITUDES para empezar a aplicar en tus relaciones

LA FAMILIA NO solo tiene que ver con los lazos de sangre. Está compuesta por las personas que hay en tu vida que valoran el hecho de tenerte en la suya; estas personas te alientan a mejorar de maneras saludables y emocionantes y no aceptan solamente el individuo que eres ahora, sino también el que quieres llegar a ser. Son tu verdadera familia, y son las que realmente importan. Aquí tienes veinte consejos orientados a que encuentres y fomentes estas relaciones especiales:

1. Libérate de los individuos negativos.

Las relaciones deberían ayudarnos, no lastimarnos. Rodéate de individuos que reflejen la persona que quieres ser. Elige como amigos a gente a la que estés orgulloso de conocer, que admires y que te quieran y respeten. Estos individuos deberían hacer que tu día sea un poco más alegre por el solo hecho de estar en él.

2. Suelta a los que ya se han ido.

Casi nunca perdemos amigos y amantes; lo que suele ocurrir es que poco a poco vamos descubriendo cuáles son las personas realmente afines a nosotros. Cuando alguien se aleje de ti, olvídalo.

Tu destino nunca está vinculado a nadie que te abandone. Esto no significa que quien se ha ido sea una mala persona; solo significa que su papel en tu historia ha terminado.

3. Ofrece una oportunidad justa a quienes no conoces.

Todos han pasado por algo que los ha cambiado y los ha obligado a crecer. Si les das una oportunidad, encontrarás que todos tienen algo increíble que ofrecer. Por lo tanto, valora la posibilidad de establecer nuevas relaciones a medida que, de forma natural, vayas abandonando las que ya no funcionen. Confía en tu juicio. Prepárate para aprender, para afrontar un desafío y para conocer a alguien que podría cambiar tu vida para siempre.

4. Sé amable y respetuoso con todos.

Trata a todo el mundo con el mismo grado de respeto que le mostrarías a tu abuelo y el mismo grado de paciencia que tendrías con tu hermano pequeño. La gente percibirá tu amabilidad.

5. Acepta a las personas tal como son.

En la mayoría de los casos es imposible cambiarlas de todos modos, y es una grosería intentarlo. Así que ahórrate un estrés innecesario. En lugar de tratar de cambiar a los demás, bríndales tu apoyo y predica con el ejemplo.

6. Anima a los demás y alégrate por ellos.

Reconocer lo asombrosas que son las personas que nos rodean tiene buenas consecuencias en términos de productividad, satisfacción y apacibilidad. Por lo tanto, alégrate por quienes estén efectuando progresos. Muéstrate agradecido por los beneficios que están cosechando, sin reservas. Todo lo que va, regresa, y tarde o temprano aquellos a los que estás animando comenzarán a animarte a ti.

7. Está bien que seas perfectamente imperfecto.

No somos perfectos para todo el mundo; solo lo somos para el selecto conjunto de personas que realmente dedican tiempo a conocernos y amarnos tal como somos. Y lo que ama de nosotros este conjunto selecto es nuestra personalidad perfectamente imperfecta.

8. Perdona a los demás y sigue adelante.

El perdón no consiste en decir «lo que me hiciste está bien», sino en decir «no voy a dejar que lo que me hiciste arruine mi felicidad para siempre». El perdón es el remedio. No significa que estés borrando el pasado u olvidando lo que sucedió, sino que estás dejando de lado el resentimiento y el dolor para aprender del incidente y seguir adelante con tu vida.

9. Realiza pequeños actos por los demás todos los días.

No puedes serlo todo para todos, pero puedes serlo todo para unos pocos elegidos. Decide quiénes son estas personas y trátalas como a miembros de la realeza.

10. Presta atención a quiénes son tus verdaderos amigos.

Los verdaderos amigos tienen un corazón honesto y harán todo lo posible para ayudarte cuando más lo necesites. Los verdaderos amigos son los que te conocen tal como eres, saben lo que has vivido, aceptan en quién te has convertido y siguen animándote a crecer.

11. Sé siempre leal.

En el ámbito de las relaciones, permanecer fiel nunca es una opción; es una prioridad. La lealtad lo es todo.

12. Permanece más en contacto con las personas que te importan.

Mantén el contacto con los seres que te importan. No porque sea cómodo, sino porque merecen que hagas este esfuerzo extra. Recuerda que no necesitas una determinada cantidad de amigos; solo varios en los que puedas confiar. Prestar atención a estas personas debe ser prioritario.

13. Cumple tus promesas y di la verdad.

Mentir, engañar y jugar con los sentimientos y las emociones de los demás genera dolor. Nunca juegues con los sentimientos de alguien solamente porque no estés seguro de los tuyos.

14. Da lo que quieras recibir.

No esperes lo que no estés dispuesto a dar. Empieza a poner en práctica la regla de oro. Si quieres amor, da amor. Si quieres amigos, sé amigable. Si quieres dinero, aporta valor.

15. Di lo que quieres decir, y lo que digas, dilo en serio.

No intentes leer la mente de otras personas, y no hagas que otras personas intenten leer la tuya. La mayoría de los problemas, grandes y pequeños, que surgen en el seno de una relación familiar, de amistad o laboral empiezan con una mala comunicación.

16. Permite que los demás tomen sus propias decisiones.

No juzgues a los demás basándote en tu propio pasado. Lo que podría ser bueno para una persona podría no serlo para otra. Lo que podría ser malo para una persona podría cambiar la vida de otra para mejor.

17. Habla menos y escucha más.

Apoya a aquellos a quienes amas; no quieras dirigirlos. A menudo, lo que necesitan es espacio para oír su propia voz interior.

18. Deja atrás las discusiones triviales.

La verdad tiene muchas caras. Y la mayoría de las veces la materia de la discusión es irrelevante.

19. Ignora los comentarios no constructivos e hirientes.

Hagas lo que hagas, siempre habrá alguien que piense de manera diferente. Por lo tanto, enfócate en hacer lo que sabes, en tu fuero interno, que es correcto. Lo que la mayoría de la gente piense y diga sobre ti no es tan importante; lo relevante es cómo te sientes contigo mismo.

20. Presta atención a la relación que tienes contigo mismo.

Una de las circunstancias más dolorosas de la vida es perderse en el proceso de amar demasiado a los demás y olvidar que uno mismo también es especial.

15 cosas que los VERDADEROS AMIGOS hacen de forma diferente

A MEDIDA QUE maduramos, se va volviendo menos importante para nosotros tener muchos amigos y nos va pareciendo más importante tener amigos reales. Recuerda que la vida es como una fiesta: invitas a muchas personas y algunas se van temprano, otras se ríen contigo y algunas se quedan para ayudarte a limpiar el desorden. Las que se quedan son los verdaderos amigos que tienes en la vida; son las que más importan. Aquí tienes quince cosas que los amigos reales hacen de manera diferente:

1. Afrontan los problemas juntos.

Un verdadero amigo es alguien que ve el dolor en tus ojos mientras todos los demás dan crédito a la sonrisa que muestra tu cara. No busques a alguien que resuelva todos tus problemas; busca a alguien que los afronte contigo.

2. Dan lo que pueden porque realmente les importa el otro.

Una de las mayores dificultades que surgen en las relaciones proviene del hecho de que muchos de nosotros establecemos una relación para obtener algo. Intentamos encontrar a alguien que nos haga sentir bien. En realidad, lo único que hará que una relación perdure y nos proporcione alegrías a largo plazo es verla como una asociación en la que vamos a dar, y no solo a recibir. Por supuesto, es correcto tomar algo de la relación, pero ambas partes deben dar. Solo puede existir un «dar y recibir» si ambos están dando; esta es la clave.

3. Buscan tiempo el uno para el otro.

Es evidente que surgirán problemas en cualquier relación en que la comunicación no sea clara. De hecho, el mayor problema que presenta la comunicación es la ilusión de que ha tenido lugar.

4. Se ofrecen libertad mutuamente.

Una relación sana mantiene las puertas y ventanas abiertas de par en par. Circula mucho aire y nadie se siente atrapado. Las relaciones prosperan en este tipo de entorno. Mantén tus puertas y ventanas abiertas. Si la otra persona está destinada a permanecer en tu vida, todas las puertas y ventanas abiertas del mundo no harán que se vaya.

5. Se comunican de manera eficaz.

Se ha dicho muchas veces antes, pero es cierto: una buena comunicación es la piedra angular de una gran relación. Si albergas algún resentimiento, debes expresarlo en lugar de dejar que se haga grande. Si tienes celos, debes comunicarte de manera abierta y honesta para abordar tus inseguridades. Si esperas algo del otro, debes decírselo. Si hay algún tipo de problema, debéis comunicaros y resolverlo. Y no expongáis los problemas solamente; manifestad también las cuestiones agradables.

6. Se aceptan tal como son.

Intentar cambiar a alguien nunca funciona. Las personas saben cuándo no son aceptadas en su totalidad, y les duele. Un verdadero amigo es alguien que realmente nos conoce y nos ama de todos modos. No cambies para gustar a los demás. Sé tú mismo y las personas adecuadas te querrán tal como eres. Y si tienes ganas de cambiar algo de tu amigo, pregúntate qué cambio puedes efectuar en ti en lugar de pretender que cambie él.

7. Son auténticos y esperan autenticidad.

No juegues con la cabeza y el corazón de las personas. Recuerda que el amor y la amistad no duelen. Mentir, engañar y jugar con los sentimientos y las emociones de los demás sí que duele. Muéstrate siempre abierto, honesto y auténtico.

8. Llegan a acuerdos.

Los verdaderos amigos se encuentran en el medio. Cuando hay un desacuerdo, hallan una solución aceptable por ambas partes, un acuerdo, en lugar de necesitar que el otro cambie o ceda totalmente.

9. Apoyan los cambios que efectúa cada uno en su crecimiento personal.

Nuestras necesidades cambian con el tiempo. Cuando alguien te diga que has cambiado, ello no tiene por qué ser indicativo de algo malo; puede significar que has crecido como persona. No te disculpes por eso; muéstrate abierto y sincero, explica cómo te sientes y sigue haciendo lo que sabes, en tu fuero interno, que es correcto.

10. Creen el uno en el otro.

El solo hecho de creer en otra persona y mostrarlo con palabras y actos puede tener una gran repercusión en su vida. Los estudios centrados en individuos que crecieron en hogares disfuncionales pero que acabaron por ser felices y tener éxito muestran que lo que tenían en común era que hubo alguien que creyó en ellos.

Haz esto por las personas que te importan. Apoya sus sueños, pasiones y pasatiempos. Participa con ellas. Alégrate por ellas. No hagas nada distinto de alentarlas. Tanto si llegan a cumplir sus sueños como si no, tu fe tiene una importancia infinita para ellas.

11. Mantienen unas expectativas realistas en cuanto a su relación.

Toma conciencia de las ocasiones en las que proyectas sobre la otra persona algo que no tiene nada que ver con ella y haz un esfuerzo por abandonar esa proyección. Reconoce las ocasiones en las que buscas que esa persona haga por ti algo que necesitas hacer tú mismo, depón esas expectativas y mira en tu interior.

12. De manera habitual, se muestran reconocimiento con pequeños gestos.

Todos los días tienes la oportunidad de hacer que tu relación con el otro se vuelva más agradable y profunda mostrándole tu reconocimiento y afecto a través de pequeños gestos. Esfuérzate por escuchar realmente; no te limites a esperar tu turno para hablar. Mira a la otra persona como si fuera la primera vez que la vieras. Es muy fácil acostumbrarse a los demás; procura que no te pasen por alto todas las maravillas que llevan a cabo y hazles saber que las estás viendo.

13. Escuchan y no se pierden ninguna palabra.

Dejar que el otro exprese sus pensamientos y sentimientos y mostrarle que sus palabras son importantes tendrá un impacto duradero en esa persona y en la confianza que se está fomentando en el seno de la relación.

14. Cumplen sus promesas.

Tu palabra lo es todo. Los verdaderos amigos cumplen sus promesas y van con la verdad por delante.

15. Se quedan.

La triste realidad es que hay algunas personas que solo estarán ahí para ti siempre que tengas algo que necesiten. Cuando ya no seas útil para su propósito, se irán. La buena noticia es que, si eres fuerte, acabarás por eliminar a estos individuos de tu vida, y quedarán en ella algunas personas excelentes con las que podrás contar.

12 VERDADES relativas a las relaciones que solemos olvidar

Es fácil hacer que las relaciones sean más complicadas de lo que deberían ser. Aquí tienes doce recordatorios simples que te ayudarán a mantenerlas bien encaminadas:

1. Todas las relaciones excelentes requieren algo de trabajo.

Estas relaciones no se crean o se mantienen sin más. Existen y prosperan cuando las partes implicadas se arriesgan a hablar de lo que tienen en su mente y en su corazón.

2. La mayor parte de las veces cosechamos lo que sembramos.

Si quieres amor, da amor. Si deseas sentirte comprendido, intenta ser más comprensivo. Esta es una práctica simple que funciona.

3. No deberías tener que luchar por ocupar un lugar en la vida de alguien.

Nunca fuerces a alguien a que haga espacio en su vida para ti; si conoce tu valía, esa persona creará dicho espacio.

4. Todos los encuentros tienen un propósito.

Habrá personas que te pondrán a prueba, otras te utilizarán y otras te enseñarán. Pero lo más importante es que habrá algunas que sacarán lo mejor de ti. Aprende a ver y aceptar las diferencias que hay entre estas personas y procede en consecuencia.

5. Todos cambiamos, y está bien que sea así.

Nuestras necesidades cambian con el tiempo. Las relaciones saludables siempre fomentan el crecimiento de la relación en sí y de los individuos que la componen. Cuando conectas con un verdadero amigo o compañero, esa persona te ayuda a encontrar lo mejor de ti mismo; de esta manera, ambos evolucionáis hacia la mejor versión de vosotros mismos.

6. Tenemos el control de nuestra propia felicidad.

Si la relación que mantienes contigo mismo no funciona, no esperes que tus otras relaciones sean diferentes. No hay nadie en este mundo que pueda hacerte feliz; es algo que tienes que hacer por ti mismo. Y debes crear tu propia felicidad antes de poder compartirla con otra persona. Si sientes que la culpa la tiene el otro, piensa de nuevo en ello y mira dentro de ti para descubrir qué «pieza» falta. El anhelo de plenitud que sientes en tu interior tiene su origen en el hecho de que no estás en contacto con tu verdadero ser.

7. Perdonar a los demás nos ayuda.

Perdona a los demás, no porque merezcan el perdón, sino porque tú mereces la paz. Libérate de la carga de ser una víctima eterna. Al elegir perdonar a quienes te han hecho daño, les quitas el poder que han tenido sobre ti.

8. No podemos cambiar a los demás; cada uno solo puede cambiarse a sí mismo.

En lugar de tratar de cambiar a los demás, bríndales tu apoyo y predica con el ejemplo. Si alguien a quien quieres tiene un determinado comportamiento que esperas que desaparezca con el tiempo, acepta que probablemente no va a abandonar dicho comportamiento. Si realmente necesitas que alguien cambie en algún aspecto, sé honesto y pon todas las cartas sobre la mesa para que esa persona sepa lo que necesitas que haga.

9. Las discusiones acaloradas son una pérdida de tiempo.

Cuanto menos tiempo pases discutiendo con quienes te hicieron daño, más tiempo tendrás para amar a las personas que te quieren. Y si te encuentras discutiendo con alguien a quien amas, no dejes que la ira te domine. Tómate un tiempo para tranquilizarte y después hablad de la situación con calma.

10. Estamos mejor sin algunas personas.

Si tienes que empezar a actuar en contra de tus principios éticos y morales a causa de quienes te rodean, probablemente sea hora de que te rodees de otros. Si alguien te maltrata o te empuja en la dirección equivocada todo el rato, respétate lo suficiente como para alejarte. Estarás bien, y te sentirás mucho mejor a la larga.

11. Los pequeños gestos amables son muy importantes.

Nutre tus relaciones importantes de alguna manera siempre que tengas la ocasión. Todos los días tienes la oportunidad de hacer que alguna de tus relaciones se vuelva más agradable y profunda mostrando tu reconocimiento y tu afecto con pequeños gestos. Utiliza tu voz para expresar amabilidad, tus oídos para ejercer la compasión, tus manos para mostrar solidaridad, tu mente para fomentar la verdad y tu corazón para manifestar amor. Tienes el poder de mejorar el día de otra persona, tal vez incluso toda su vida, por el solo hecho de darle tu compasión y tu amabilidad. ¡Hazlo!

12. Incluso las mejores relaciones no duran para siempre.

Porque nada dura para siempre. Así que mira a tu alrededor y da gracias en este momento por tu familia, tus amigos y la salud que todos tenéis que os permite compartir nuevas experiencias en la vida.

15 verdades relativas a las RELACIONES para los tiempos difíciles

LAS SIGUIENTES VERDADES relativas a las relaciones pueden ser un poco difíciles de aceptar a veces, pero al final te ayudarán a prescindir de las relaciones inadecuadas, dejar espacio para las adecuadas y prestar atención a las personas que son más importantes para ti.

1. Algunas relaciones son bendiciones, mientras que otras aportan lecciones.

En cualquiera de los dos casos, nunca te arrepientas de haber conocido a alguien. Todas las personas con las que te encuentras te enseñan algo. Algunas te pondrán a prueba, otras te utilizarán y otras te enseñarán, pero lo más importante es que algunas sacarán lo mejor de ti.

2. Cuando las cosas se pongan difíciles, algunas personas te abandonarán.

Cuando estamos en un buen momento de nuestra vida, nuestros amigos saben quiénes somos. Cuando estamos pasando por un mal momento, somos nosotros quienes pasamos a saber quiénes son nuestros verdaderos amigos. Habrá muchas personas a tu alrededor en los buenos tiempos, pero toma nota de quién permanece en tu vida cuando las cosas se pongan difíciles; advierte sobre todo cuáles son aquellas que sacrifican sus recursos para ayudarte a mejorar los tuyos cuando más lo necesitas. Estas personas son tus verdaderos amigos.

3. La vida está llena de personas falsas.

No todos quienes nos rodean piensan en lo que es mejor para nosotros. Pero a veces tenemos que ser engañados por los amantes y amigos equivocados una o dos veces para encontrar y valorar a nuestra alma gemela y a nuestros verdaderos amigos cuando llegan.

4. Es fácil que las palabras de los demás no sean sinceras.

Si alguien te quiere de verdad, no es necesario que diga nada. Puedes saber que esto es así por la forma en que te trata a largo plazo. Recuerda que los actos hablan mucho más alto que las palabras. Una persona puede pedir perdón mil veces y decir «te quiero» en tantas ocasiones como quiera, pero si no demuestra que lo que dice es cierto, no vale la pena escucharla. Sus palabras no son sinceras.

5. Cuanto menos te relaciones con ciertas personas, más mejorará tu vida.

No te conformes con llenar el tiempo de inactividad, el tiempo libre o parte del tiempo de alguien. Si esa persona no puede estar ahí para ti en cualquier momento dado, sobre todo cuando más la necesitas, no vale la pena que le dediques tu tiempo.

6. Las palabras duras pueden herir más que el dolor físico.

Prueba el sabor de tus propias palabras antes de emitirlas. Las palabras duelen y marcan más de lo que crees, así que piénsatelo antes de hablar. Y recuerda que lo que dices de los demás también dice mucho de ti.

7. Un error es un accidente. Hacer trampa y mentir no son errores.

Son elecciones intencionadas. Deja de esconderte detrás de las palabras *error* y *lo siento* y deja de aguantar a quienes las utilizan.

8. Los celos excesivos no le dicen a alguien cuánto lo amas.

Le dicen cuánto te desagradas a ti mismo. Y por más amor, promesas o pruebas que te aporte esa persona, no serán suficientes para hacerte sentir mejor. Porque tus piezas rotas debes repararlas tú mismo. La felicidad depende de un trabajo interior.

9. Cuando alguien se muestra desagradable, lo mejor suele ser alejarse.

Si alguien te trata como si fueses basura, no hagas caso y no te lo tomes de forma personal. Ese individuo no está diciendo nada sobre ti y sí mucho, en cambio, sobre sí mismo. Y sea lo que sea lo que haga o diga, nunca te pongas a su nivel y contraataques. Basta con que sepas que eres mejor que eso y te alejes.

10. Los demás te tratarán de la manera en que dejes que te traten.

No puedes controlar a los demás, pero puedes controlar lo que estás dispuesto a tolerar. Suceden cosas maravillosas cuando nos alejamos de las personas negativas. Hacerlo no significa que las odiemos; solo significa que nos respetamos a nosotros mismos.

11. Una de las tareas más difíciles de la vida es sacar a alguien del propio corazón.

Pero recuerda que ninguna relación supone una pérdida de tiempo. Las que no son adecuadas nos enseñan las lecciones que nos preparan para las que sí serán adecuadas.

12. El resentimiento te daña a ti mismo, no al otro.

Susurra una pequeña oración de agradecimiento por las personas que se han quedado a tu lado y envía una oración de buena voluntad a las que no lo han hecho. Si estas personas oyen tus oraciones, las que han permanecido a tu lado sabrán cuánto las aprecias, y las que se han ido sabrán que valoras tu propia felicidad lo suficiente como para no permitir que el resentimiento destruya tu capacidad de vivir con un corazón compasivo.

13. El silencio y las medias sonrisas pueden ocultar mucho dolor.

Todas las personas a las que conoces tienen miedo de algo, aman algo y han perdido algo. Sé consciente de esto. No sabes o no sabes bien por qué situaciones ha pasado alguien o por qué dificultades está pasando hoy. No tiene sentido que las juzgues. Sé amable. Pregunta sobre sus historias. Escucha.

14. El verdadero amor llega cuando cesa la manipulación.

El auténtico amor viene cuando nos importa más quién es realmente la otra persona que quién creemos que debería ser y cuando nos atrevemos a mostrarnos honestamente y a permanecer abiertos y vulnerables. Hacen falta dos personas para crear una atmósfera de sinceridad. Si aún no has encontrado el verdadero amor, no te conformes. Hay alguien ahí fuera que compartirá el auténtico amor contigo, aunque tal vez no sea quien tú esperabas.

15. Ni siquiera las mejores relaciones duran para siempre.

Nadie pasa por la vida sin perder a alguien a quien ama. Valora lo que tienes, a quien te quiere y a quien se preocupa por ti. No sabrás cuánto significan para ti estas personas hasta el día en que ya no estén a tu lado. Y recuerda que el solo hecho de que algo no dure para siempre no significa que no valga la pena.

10 SEÑALES de que es HORA de soltar

AGUANTAR PUEDE SER un signo de valentía, pero soltar y seguir adelante es, a menudo, lo que nos hace más fuertes y felices. Aquí tienes diez señales de que es hora de soltar:

1. Alguien espera que seas quien no eres.

No cambies el tipo de persona que eres por nadie. Es más inteligente perder a alguien por ser quienes somos que conservar a esa persona siendo alguien que no somos. Es más fácil llenar un espacio vacío en el que había otra persona que llenar el espacio vacío en el que estaba uno mismo.

2. Los actos de alguien no se corresponden con sus palabras.

Todos merecemos contar con alguien que nos ayude a mirar con ilusión hacia delante. Si alguien tiene el efecto contrario en ti porque es incoherente de forma sistemática y sus actos no concuerdan con sus palabras, es hora de que sueltes a esa persona. Siempre es mejor estar solo que mal acompañado. No escuches lo que digan los demás; mira lo que hacen. Tus verdaderos amigos se irán revelando con el tiempo.

3. Te das cuenta de que estás tratando de forzar a alguien a amarte.

No debemos olvidar que no podemos obligar a nadie a que nos ame. No debemos rogarle a alguien que se quede si quiere irse. El amor es indisociable de la libertad. De todos modos, el final del amor no es el final de la vida. Esta circunstancia debería hacer que empezásemos a comprender que si bien el amor a veces se va por una razón, nunca se va sin dejarnos una lección. En ocasiones lleva un tiempo encontrar a la persona adecuada, pero siempre vale la pena aguardar su llegada.

4. Una relación íntima se basa exclusivamente en la atracción física.

La belleza no tiene que ver solamente con cómo nos perciben los demás a simple vista. Tiene que ver con aquello por lo que vivimos. Con aquello que nos define. Con la profundidad de nuestro corazón y lo que nos hace únicos. Quienes solo se sientan atraídos por ti por tu cara bonita o tu buen cuerpo no se quedarán a tu lado para siempre; pero los que puedan ver lo hermoso que es tu corazón no te dejarán nunca.

5. Alguien traiciona continuamente tu confianza.

El amor significa darle a alguien la oportunidad de herirnos a la vez que confiamos en que no lo haga. Al final descubrimos quién es falso, quién es verdadero y quién lo arriesgaría todo por nosotros.

6. Alguien pasa por alto continuamente tu valía.

Llega un punto en el que tenemos que soltar y dejar de ir detrás de ciertas personas. Si alguien quiere que estés en su vida, encontrará la manera de lograrlo. A veces solo es necesario soltar y aceptar el hecho de que al otro no le importamos de la misma manera que él o ella nos importa a nosotros. Creemos que es demasiado difícil soltar a esa persona, hasta que lo hacemos; entonces nos preguntamos por qué no lo hicimos antes.

7. Nunca tienes la oportunidad de decir lo que piensas.

A veces, una discusión salva una relación, mientras que el silencio la rompe. Habla desde tu corazón para no arrepentirte más adelante. La vida no consiste en hacer felices a los demás, sino en ser honesto y compartir la propia felicidad con ellos.

8. Te ves obligado a sacrificar tu felicidad a menudo.

Si permites que los demás efectúen más «extracciones» que «depósitos» en tu vida, el «saldo de tu cuenta» será negativo antes de que te enteres. Debes saber cuándo es el momento de cancelar la cuenta. Siempre es mejor estar solo con dignidad que en una relación que no deja de exigir que sacrifiquemos nuestra felicidad y nuestra autoestima.

9. No te gusta nada tu situación actual.

Demasiadas personas se pasan la vida trepando por la escalera del éxito solo para llegar a la cima y descubrir que la escalera estaba apoyada contra la pared equivocada. No seas una de estas personas. Siempre es mejor estar al pie de la escalera que realmente queremos subir que en la cima de la que no queremos subir.

10. Ves que estás obsesionado con el pasado y viviendo en él.

Con el tiempo superarás el dolor de tu corazón y olvidarás las razones por las que lloraste y quién te causó el dolor. Con el tiempo te darás cuenta de que el secreto de la felicidad y la libertad no es el control o la venganza, sino dejar que las cosas se desarrollen de forma natural e ir aprendiendo de tus experiencias. Por lo tanto, suelta el pasado, libérate y abre tu mente a la posibilidad de tener nuevas relaciones y unas experiencias de un valor incalculable.

20 mantras matutinos para comenzar el día AMANDO A LAS PERSONAS (y no JUZGÁNDOLAS o IGNORÁNDOLAS)

PUESTO QUE TODOS entendemos intelectualmente que no debemos ignorar ni juzgar con demasiada rapidez, pero aun así a veces lo olvidamos en el calor del momento, recomendamos leer (y releer) los siguientes mantras matutinos al menos un par de veces a la semana:

1. Lo más hermoso es ver a alguien sonreír. Y aún es más hermoso saber que somos la razón de ello.

2. Si tienes el poder de hacer que alguien sea más feliz hoy, haz que lo sea. El mundo necesita que hagamos esto en mayor medida.

3. Algunas personas construyen muchos muros en su vida y no suficientes puentes. No hay una buena razón para ser una de estas personas. Ábrete. Asume pequeños riesgos en relación con los demás.

4. Nunca dejes de realizar pequeños actos para quienes tienes alrededor. A veces estos pequeños actos ocupan la mayor parte de su corazón.

5. Con demasiada frecuencia subestimamos el poder del contacto físico, de una sonrisa, una palabra amable, un oído atento, un cumplido honesto o el más pequeño acto de amor, todo lo cual tiene el potencial de cambiar la vida de alguien.

6. Permanece presente. Sé considerado. Felicita a la gente. Pon el acento en sus puntos fuertes, no en sus puntos débiles. Así es como tendrás un impacto real y duradero en tus relaciones, las nuevas y las viejas.

7. No siempre necesitamos consejos. A veces, todo lo que necesitamos es una mano que nos apoye, un oído que nos escuche y un corazón que nos comprenda.

8. Hoy, solo debes estar presente al cien por cien con quienes tienes alrededor, estar ahí *todo tú*. Esto es suficiente.

9. En realidad, no te has «hecho a ti mismo». Alguien creyó en ti. Alguien te animó. Alguien invirtió en ti. Alguien rezó por ti. Alguien te motivó a tener esperanza. Sé ese alguien para otras personas.

10. Es prácticamente imposible amar al prójimo si no lo conocemos; sin embargo, a menudo es esto lo que ocurre. Vivimos en un mundo hiperconectado en que las conexiones son limitadas o inexistentes. Recuerda esto: las relaciones son importantes. Las historias importan.

11. En las relaciones humanas, la distancia no se mide en kilómetros sino en afecto. Dos personas pueden estar una al lado de la otra aunque se encuentren a kilómetros de distancia.

12. Mantente en contacto con aquellos que realmente te importan, no porque sea cómodo hacerlo, sino porque merecen este esfuerzo extra.

13. El mayor problema en la comunicación es la ilusión de que ha tenido lugar. Demasiado a menudo no escuchamos para entender, sino para responder. Toma conciencia de esto. Y escucha lo que hay realmente detrás de las palabras.

14. Da ejemplo. Trata a todos con respeto, incluso a quienes sean groseros contigo, no porque sean amables, sino porque *tú* lo eres. (Y haz todo lo que puedas por dar las gracias por la presencia de las personas groseras y difíciles, pues constituyen magníficos recordatorios de cómo no hay que ser).

15. A veces es mejor ser amable que tener la razón.

16. Las personas son mucho más agradables cuando son más felices, lo cual dice mucho sobre quienes no son muy agradables contigo. Triste pero cierto.

17. La auténtica prueba siempre llega cuando uno no obtiene lo que espera de los demás. ¿Reaccionarás con ira? ¿O será la calma el «superpoder» que vas a manifestar?

18. La forma en que tratamos a quienes no entendemos es un boletín de notas que refleja lo que hemos aprendido sobre el amor, la compasión y la bondad.

19. Sé más amable de lo necesario. Se cosecha lo que se siembra. Menospreciar a otros no te hará más grande.

20. Las mejores relaciones no tienen que ver solamente con los buenos momentos que se comparten, sino también con los obstáculos que se vencen juntos y con el hecho de que, al final, seguimos diciéndole al otro que lo amamos.

Reflexiones sobre el hecho de «amar» a las personas ofensivas

Algunos de los mantras matutinos anteriores (como los que van del número 14 al 19, por ejemplo) requieren, potencialmente, que estemos dispuestos a tratar cordialmente a las personas que nos gritan, nos interrumpen, nos cortan el paso en mitad del tráfico, hablan de cuestiones desagradables, etc.

Estas personas actúan de formas contrarias a la manera en que pensamos que la gente debería comportarse. Y a veces su comportamiento nos ofende profundamente.

Si dejamos que lleguen a nosotros una y otra vez, estaremos molestos y ofendidos con demasiada frecuencia.

Por tanto, ¿qué podemos hacer? No existe una solución única para todos los casos, pero aquí tienes dos estrategias que solemos recomendar a los alumnos de nuestro curso:

- **Sé más grande y piensa con mayor amplitud.** Imagina a una niña de dos años que no consigue lo que quiere en el momento. ¡Tiene un berrinche! Ese pequeño problema momentáneo es enorme en su pequeña mente, porque carece de perspectiva sobre la situación. Como adultos, gozamos de mayor comprensión. Sabemos que esa niña de dos años podría hacer docenas de otras cosas para ser más feliz. Para nosotros es fácil decirlo, ya que tenemos una perspectiva más amplia, ¿verdad? Ahora bien, cuando alguien nos ofende, nuestra mayor perspectiva vuelve a reducirse de repente: esa pequeña ofensa momentánea nos parece enorme y tenemos ganas de gritar. Tenemos un berrinche equivalente a la rabieta de un niño de dos años. Sin embargo, si pensamos con mayor amplitud, podremos ver que ese pequeño suceso tiene muy poca importancia en el gran orden de las cosas. No merece que le dediquemos nuestra energía. Por lo tanto, acuérdate siempre de ser más grande, pensar más allá y ampliar tu perspectiva.

- **Abraza mentalmente a estas personas y deséales que tengan un buen día.** Este pequeño truco puede cambiar en sentido positivo la forma en que vemos a aquellos que nos ofenden. Supongamos que alguien acaba de decir algo que nos ha parecido desagradable. ¡Cómo se ha atrevido! ¿Quién se ha creído que es? ¡No ha tenido nada en cuenta nuestros sentimientos! Pero, por supuesto, con una reacción acalorada como esta, nosotros tampoco estamos teniendo en cuenta los sentimientos de la otra persona, que puede ser que esté sufriendo por dentro de formas inimaginables. Al recordar esto, podemos tratar de mostrarnos empáticos y comprender que el comportamiento del otro se debe, probablemente, a algún tipo de dolor interior. Su descortesía es un mecanismo que activa para lidiar con su dolor. De ese modo, podemos abrazarla mentalmente. Podemos tener compasión por esa persona herida, porque todos hemos sido heridos y hemos sufrido dolor en algún momento. Somos iguales en muchos sentidos. A veces necesitamos un abrazo, un poco de compasión extra y una pizca de amor con la que no contábamos.

Prueba una de estas dos estrategias la próxima vez que alguien te ofenda. Y después sonríe con serenidad, armado con el reconfortante conocimiento de que no hay ninguna razón para que permitas que el comportamiento de otra persona te convierta en alguien que no eres.

PREGUNTAS SOBRE LAS RELACIONES PARA HACERTE PENSAR

¿Has sido el TIPO de amigo que quieres como amigo?

¿Qué es PEOR, que un buen amigo se mude lejos o perder el contacto con un buen amigo que vive cerca?

¿Qué puedes hacer HOY para convertirte en una persona con la que otros quieran estar?

¿Cuáles son las tres CUALIDADES principales que buscas en un amigo?

¿Por qué aspectos te conocen tus AMIGOS y tu familia?

¿Alguna vez has estado con alguien, sin decir nada, y te has ido sintiendo que acababas de tener la MEJOR *conversación* de tu vida?

¿A quién AMAS? ¿Qué estás haciendo al respecto?

¿Es POSIBLE mentir sin decir una palabra?

¿Violarías la ley para SALVAR a un ser querido?

Si supieras que todas las personas que conoces fuesen a morir mañana, ¿A QUIÉN visitarías hoy?

• • • •

Cuarta parte

Amarse a uno mismo

No olvides nunca que TÚ mereces
TU amor y TU afecto tanto o más que cualquier
otro ser que haya en el universo.

TODOS SOMOS RAROS

DURANTE LOS COMPETITIVOS días en los que participaba en carreras a campo traviesa, no era raro que corriera ocho kilómetros a las cinco de la mañana y otros ocho a las diez de la noche, seis días a la semana. Tenía espíritu competitivo. Quería ganar carreras. Y era lo bastante inteligente como para saber que si me dedicaba a efectuar entrenamientos extras mientras mis oponentes dormían o socializaban, estaría un paso por delante de ellos cuando cruzáramos la línea de meta.

Con el tiempo, dominé bastante esta estrategia, hasta el punto de que me entusiasmaba correr. Porque en esos momentos mi mente estaba despejada y en paz con el mundo, especialmente cuando no había nadie cerca. En medio de lo que parecía ser un ejercicio extenuante, mi mente se encontraba en un estado muy relajado, similar al que se obtiene en el contexto de una meditación profunda.

Ya no compito en carreras, pero sigo corriendo casi todos los días. Aunque ya no tengo que hacerlo, normalmente aún corro en las primeras horas de la mañana o tarde por la noche. Y dado que mis amigos saben que tengo un horario laboral flexible, la mayoría piensan que soy un poco raro por correr en esas horas «extrañas». He tratado de explicarles por qué lo hago y cómo calma mi mente, pero no pueden entenderlo. Así que sigo siendo un bicho raro a sus ojos.

Un encuentro memorable

Hace poco salí a correr por el paseo marítimo de Pacific Beach a las once de la noche. El entorno estaba tranquilo y silencioso, tal como me gusta. Había recorrido casi cinco kilómetros cuando una mujer de aspecto peculiar que estaba sentada en el murete del paseo gritó «¡eh, tú!» y me saludó con la mano. Mi primera intención fue ignorarla y seguir corriendo, pero la curiosidad me venció. Así que me detuve.

La mujer tenía unas largas rastas rubias, varios *piercings* en las orejas y la nariz, tatuajes en ambos brazos y una camiseta que mostraba una representación de la Muerte. Estaba tocando una guitarra acústica y al lado tenía un porro grueso y blanco que estaba quemándose en un pequeño cenicero. Dejó de tocar la guitarra y comenzó a reírse tan pronto como me vio mirando el porro.

—No te preocupes —dijo—, soy legal. Lo tomo por prescripción médica.

—No es asunto mío —me apresuré a responder.

—Bueno —continuó—, tal vez no te has dado cuenta, pero es muy tarde para hacer ejercicio. Te he visto por aquí varias veces antes, corriendo después de la medianoche.

—Y ¿qué quieres decirme? —le pregunté.

—Bueno, miles de personas corren por este paseo marítimo todos los días, pero me parece que eres la única que veo correr en mitad de la noche. Y me parece extraño. Entonces, ¿qué pasa contigo?

Le expliqué mi amor por los paisajes tranquilos y la forma en que correr me calma la mente, «como una meditación profunda», le dije. Ella sonrió, pasó los dedos una vez por las cuerdas de su guitarra y le dio una calada a su porro.

—Bueno, entonces, estoy haciendo lo mismo que tú en este momento —comentó—. Solo que a mi manera, de una forma que a mí me funciona. ¿Puedes entenderlo?

La miré un segundo y después me reí, porque sabía que tenía razón.

—Sí, lo puedo entender —respondí.

Me guiñó un ojo y comenzó a tocar la guitarra de nuevo. Yo le guiñé un ojo y retomé mi carrera.

Mirando más profundamente

Algunos de nosotros corremos en mitad de la noche. Algunos de nosotros tocamos guitarras acústicas y fumamos porros. Y otros vamos a la iglesia. O bebemos vino caro. O surfeamos olas peligrosas. O saltamos en paracaídas. Cuando tratamos de entender a los demás evaluando desde nuestra personalidad lo que hacen, es fácil que no podamos comprender sus comportamientos. Porque es más sencillo ver rareza en un mar de normalidad que averiguar la lógica que hay detrás de un comportamiento que nos parece extravagante.

Pero cuando miramos un poco más profundamente, es decir, cuando realizamos un esfuerzo noble por comprender a los demás escuchando realmente por qué hacen lo que hacen, dejan de parecernos tan raros. De hecho, nos empiezan a parecer...

Casi normales.

10 VERDADES que cambiarán la forma EN QUE TE VES A TI MISMO hoy

ME SENTÉ EN la mesa de la cocina mirándola con los ojos llenos de lágrimas.

—Me siento desquiciado —le dije—. ¡No sé qué me pasa!

—¿Por qué te sientes desquiciado? —preguntó ella.

—Porque soy un neurótico y me siento cohibido y avergonzado, y muchas más cosas, todo a la vez —dije—. Siento que ya no soy lo bastante bueno para nada ni para nadie.

—¿Y no crees que todo el mundo se siente así a veces? —preguntó.

—No así —respondí entre dientes.

—Bien, pues te equivocas —dijo—. Si crees que conoces a alguien que nunca se siente un poco roto y desquiciado, es solo porque no sabes lo suficiente sobre esa persona. Cada uno de nosotros contenemos un grado de «locura» que nos impulsa de formas extrañas, a menudo desconcertantes. Este lado de nosotros es necesario; forma parte de la capacidad que tenemos, como humanos, de pensar, llorar, adaptarnos y crecer. Forma parte del hecho de estar vivo y ser inteligente.

Permanecí ahí sentado en silencio por un momento. Mis ojos miraron los suyos, después miraron el suelo y a continuación volvieron a centrarse en sus ojos.

—Entonces, ¿estás diciendo que debería *querer* sentirme así?

—Hasta cierto punto —dijo—. Déjame decirlo de esta manera: tomarte en serio todas tus emociones todo el tiempo y dejar que te lleven a sentirte desgraciado es una forma de desaprovechar tu increíble espíritu. Debes saber que a veces lo que sientes no se corresponde con lo que es verdadero y correcto en este mundo; es solo la forma en que tu mente subconsciente te permite mirar las cosas desde otra perspectiva. Estas emociones vendrán y se irán siempre que las dejes irse, siempre que las veas conscientemente como lo que son.

Compartimos otro momento de silencio, y a continuación mis labios se curvaron ligeramente y esbozaron una sonrisa.

—Gracias, abuela —le dije.

¿Por qué nos menospreciamos?

Esa conversación con mi abuela tuvo lugar en una cálida tarde de septiembre hace más de dos décadas. La recuerdo vívidamente porque fui lo bastante inteligente como para escribir una entrada de diario de cinco páginas sobre ella inmediatamente después. Y lo que escribí continúa recordándome lo fácil que es caer en el estado mental de la autocrítica, es decir, subestimarse inconscientemente cuando las cosas se ponen difíciles. Por ejemplo, no puedo hacerme una idea de cuántas veces, a lo largo de los años, me he sorprendido pensando que no era lo bastante bueno por el solo hecho de que no estaba teniendo un buen día.

¿Puedes identificarte aunque sea un poco con lo que estoy diciendo?

Hasta cierto punto, apuesto a que puedes. Porque todos nos hacemos esto a nosotros mismos en ocasiones...

Tienes una historia sobre ti, o quizá una serie de ellas, que te recitas a diario. Es tu película mental, un largometraje que se reproduce en tu mente. Tu película trata sobre quién eres: tienes un poco de barriga, tu piel es demasiado oscura, no eres inteligente, no eres digno de ser amado..., no eres lo bastante bueno. Comienza a prestar atención cuando se proyecte tu película, cuando sientas ansiedad por ser quien eres, porque esto afectará a todo lo que hagas. Date cuenta de que esta película no es real, no cuenta la verdad y no explica quién eres tú. Es solo una sucesión de pensamientos que se puede detener, un guion que se puede reescribir.

¿Estás listo para escribir una nueva versión del guion? ¡Bien! Elige recordarte la verdad...

1. **No eres lo que te sucedió.** No eres tus experiencias pasadas. No eres tus cicatrices. No eres lo que alguien dijo sobre ti en una ocasión. Eres lo que eliges ser en este momento. Suelta esa carga, respira y comienza de nuevo hoy.

2. **Eres más que la parte rota de ti.** Todos tenemos una imagen de nosotros mismos en nuestra mente, una idea de quiénes somos. Y cuando esta idea se rompe aunque sea un poco, tendemos a dramatizar la situación. Es fácil que sintamos que la totalidad de nosotros está rota junto con esa pequeña parte. Pero esto no es cierto. Porque somos más de un aspecto; ¡somos muchos aspectos! Recordar esto puede ayudarte a expandir tu identidad para que no sea tan frágil, para que no se venga abajo cuando se rompa un pequeño trozo.

3. **Las opiniones que otro tienen de ti rara vez son precisas.** Es posible que haya personas que hayan escuchado tus historias, pero no por eso pueden sentir aquello por lo que estás pasando hoy. ¡No están viviendo tu vida! Por lo tanto, no hagas caso a lo que digan de ti. Da mucha libertad dejar que los demás tengan sus opiniones, y nos quitamos un gran peso de encima cuando no nos tomamos nada de forma personal.

4. **Eres tan digno como creas que eres.** No encontrarás nunca tu valía en otro ser humano; la encontrarás en ti mismo, y luego atraerás a quienes sean dignos de tu energía. Acepta y reconoce

tu propia valía hoy. Deja de esperar a que otros te digan lo importante que eres. Dítelo ahora mismo, y créetelo.

5. **El mejor momento para ser más amable contigo mismo es cuando no tienes ganas de serlo.** Es entonces cuando esta actitud puede tener el mayor impacto. Realmente, no es lo que les dices a todos los demás lo que determina tu vida; es lo que te susurras a ti mismo todos los días lo que tiene el mayor poder.

6. **No es demasiado tarde.** No te estás quedando atrás; estás exactamente donde debes estar. Cada paso es necesario. No te juzgues ni reprendas por el tiempo que está durando tu viaje; todos necesitamos nuestro propio tiempo para recorrer nuestra propia distancia.

7. **Has recorrido un largo camino.** El truco es abrazar la vida hoy. No pospongas esta acogida esperando que lleguen mejores tiempos. Dale valor al punto en el que te encuentras. Has recorrido un largo camino y todavía estás aprendiendo y creciendo. Agradece las lecciones. Felicítate por tu capacidad de recuperación y vuelve a dar un paso adelante con elegancia.

8. **Está bien no sentirse bien a veces.** En ocasiones, la sensación de no estar bien es todo lo que uno puede registrar dentro de su mente cansada y su corazón dolorido. Este sentimiento es humano, y aceptarlo puede implicar quitarse un pequeño peso de encima. La verdad es que no nos sienta bien que alguien que nos importa deje de respirar y de proporcionar sus increíbles dones al mundo. No nos sienta bien que alguien en quien confiamos nos traicione y nos rompa el corazón. Y no estamos bien cuando nos sentimos emocionalmente agotados. No estamos bien cuando somos presa de un dolor desconocido por nosotros hasta la fecha. Sea cual sea el último episodio doloroso que haya dispuesto la vida, a veces no nos sentimos bien en un momento dado. Y no pasa nada por admitirlo. Respira...

9. **Necesitas tomar distancia para ver tu situación con claridad.** Da un paso atrás. Date espacio. A veces, lo más importante que podrás hacer en un día dado será descansar un poco entre dos respiraciones profundas. Haz esas respiraciones y tómate ese descanso cuando lo necesites. Déjate llevar por un momento y recuerda que la señal más fuerte de tu crecimiento es saber que estás un poco menos estresado por las duras realidades que antes te abrumaban totalmente.

10. **Eres una obra en construcción.** Cuando sientas que estás corriendo en círculos, recuerda que todos nos sentimos así a veces, sobre todo cuando las exigencias de la vida son elevadas y la labor es desafiante. Esto no significa que debas rendirte. Efectúa los ajustes necesarios, pero sigue poniendo un pie delante del otro. En realidad no estás corriendo en círculos; estás corriendo hacia arriba, subiendo poco a poco. El camino avanza en espiral, y ya has llegado más arriba de lo que crees. Por lo tanto, concíbete hoy como una obra en construcción y felicítate por lo lejos que has llegado.

Tu verdadera historia te ha fortalecido

Deja que la verdad cale en ti. Y después recuérdatela (lee los recordatorios anteriores) una y otra vez, siempre que te descubras menospreciándote. Toma conciencia de la historia falsa y autocrítica (esa película mental) que estás tan acostumbrado a reproducir. A continuación, reescribe el guion... día tras día, recordatorio tras recordatorio. Cambia la forma en que te ves a ti mismo.

12 MENTIRAS que debes DEJAR de decirte

LAS PEORES MENTIRAS son las que inconscientemente nos decimos a nosotros mismos. Han arraigado en nuestra mente a causa de las malas influencias externas y la propia dinámica mental negativa. La próxima vez que decidas poner orden en tu vida y limpiar tu espacio, empieza por tu espacio emocional y líbrate de las viejas mentiras y del diálogo interno negativo que sueles mantener contigo mismo. Aquí tienes doce mentiras que debes dejar de decirte:

1. Aún no tengo suficiente para ser feliz.

Las personas más felices no son las que tienen más suerte y, por lo general, no tienen lo mejor en todos los aspectos; eso sí, aprovechan al máximo todo lo que se les presenta. La razón por la que muchos se dan por vencidos es que tienden a mirar lo que les falta y lo lejos que está aún su meta, en lugar de fijarse en lo que tienen y lo lejos que han llegado.

2. Mis sueños son imposibles de realizar.

No dejes que alguien que renunció a sus sueños te convenza de que no persigas los tuyos. Lo mejor que puedes hacer en la vida es proceder según lo que te dicte el corazón. Asume riesgos. Deja que tus sueños sean más grandes que tus miedos y que tus actos hablen

149

más fuerte que tus palabras. Todos los días, haz algo que tu futuro yo vaya a agradecerte.

3. Estoy bien en una relación insana.

Si alguien te maltrata continuamente, respétate lo suficiente como para dejar a esa persona. Te podrá doler durante un tiempo, pero no pasa nada. Estarás bien. A menudo, alejarse no es un signo de debilidad, sino de fortaleza.

4. Mis relaciones fallidas fueron una pérdida de tiempo.

Hay ciertas personas que no están destinadas a encajar en tu vida. Pero ninguna relación supone una pérdida de tiempo: si no nos trae lo que queremos, nos enseña lo que *no* queremos. Solo hace falta un poco de tiempo para ver cómo encaja todo.

5. Las cosas nunca mejorarán.

Vivir significa afrontar problemas, aprender, adaptarse y resolverlos a lo largo del tiempo. Esto es lo que finalmente nos moldea como la persona que llegamos a ser. Cuando te encuentres aislado y no puedas salir de la oscuridad, recuerda que ese espacio es similar al capullo en el que se encierran las orugas para desarrollar sus alas.

6. El fracaso es malo.

A veces es necesario fallar mil veces para tener éxito. Por más errores que cometas o por más despacio que avances, sigues estando muy por delante de todos quienes no lo intentan. No te obsesiones tanto con un intento fallido que te pierdas la aparición de muchas más oportunidades. Y recuerda que el fracaso no consiste en caerse; consiste en permanecer en el suelo cuando existe la opción de levantarse.

7. Me sucederán cosas maravillosas sin que tenga que esforzarme.

Nunca dejes la llave de tu felicidad en el bolsillo de otra persona y no esperes a que otro ser humano construya la vida de tus sueños para ti. Sé el arquitecto y el guardián de tu propia felicidad. Cuanto más te responsabilices de tu pasado y tu presente, más podrás crear el futuro que estás buscando.

8. Mi pasado me indica totalmente cómo será mi futuro.

En algún momento, todos hemos cometido errores y hemos sido abandonados, utilizados y olvidados. Pero no deberíamos lamentarlo en absoluto, porque hemos aprendido mucho de nuestras malas decisiones. Y a pesar de que habrá algunas cosas que nunca podremos recuperar y personas que nunca lamentarán lo que hicieron, ahora estamos en disposición de tomar mejores decisiones la próxima vez.

9. No necesito conocer a nadie más.

Suena duro, pero no vas a conservar todos los amigos que hayas hecho. Las personas y las prioridades cambian. Y así como algunas relaciones se marchitan, surgen otras. Valora la posibilidad de tener nuevas relaciones mientras, de forma natural, abandonas las viejas que ya no funcionan. Prepárate para aprender, prepárate para un desafío y prepárate para conocer a alguien que podría cambiar tu vida para siempre.

10. No puedo vivir sin ciertas personas que se han ido.

La vida es cambio. Las personas vienen y se van. Algunas regresan, otras no, y eso está bien. Y el solo hecho de que alguien se vaya no significa que debas olvidarte de todos los demás que continúan a tu lado. Sigue valorando lo que tienes y sonríe mientras acoges los recuerdos.

11. No estoy listo porque todavía no soy lo bastante bueno.

Nadie se siente preparado al cien por cien cuando surge una oportunidad. La mayoría de las grandes oportunidades de la vida nos obligan a salir de nuestra zona de confort, lo cual significa que no nos sentiremos totalmente cómodos al principio. Deja de regañarte por estar construyéndote todavía. ¡Empieza a aceptarlo! Estás listo. Solo necesitas comenzar.

12. Tengo demasiado que perder.

Al final, no te arrepentirás tanto de lo que hayas hecho como de lo que hayas dejado de hacer, con diferencia. Es mejor pensar «oh, vaya» que «¿y si...?».

10 COSAS para DECIRTE hoy

Ríe cuando puedas. Llora cuando necesites hacerlo. Céntrate en tus prioridades. Toma decisiones en lugar de poner excusas. Y permanece siempre fiel a tus valores. Sí, hoy es el día perfecto para ponerte en pie y decir:

1. Estoy luchando mucho por lo que más quiero.

Cuanto más difícil te resulte luchar por algo, más sentirás que habrá valido la pena una vez que lo hayas conseguido. La mayoría de las cosas geniales no son fáciles, pero vale la pena esperar y luchar por ellas.

2. Estoy emprendiendo la acción ahora.

Se pueden llevar a cabo muchas acciones maravillosas en un día si no hacemos que ese día sea siempre mañana. No permitas que tu miedo a cometer un error te impida comenzar.

3. Me estoy centrando en el siguiente paso positivo.

A veces nos encontramos con situaciones que pueden detenernos en seco y hacer que nos quedemos paralizados por el miedo. Podemos quedarnos atrapados ahí o podemos retirar suavemente la atención de lo que sea que esté sucediendo y concentrarnos en nuestro próximo paso, en lo que es posible ahora.

4. Estoy orgulloso de vivir con mi verdad.

La forma en que te ves a ti mismo lo es todo. Ser bello significa vivir con confianza en la propia piel. Dilo y vuélvelo a decir: «Es mi vida y son mis elecciones, mis equivocaciones y mis lecciones. No las tuyas».

5. Tengo mucho por lo que sonreír.

La felicidad no es el resultado de obtener algo que no tenemos, sino de reconocer y apreciar lo que tenemos. Creas felicidad con tu actitud, tu comportamiento y tus actos. Depende totalmente de ti.

6. Le estoy sacando el mejor partido posible a esta situación.

Todo aquello por lo que pasamos nos lleva a crecer. Permite que cada día sea una búsqueda del tesoro en la que debes encontrar al menos una de estas cosas: una risa sincera, un acto de bondad, una comprensión o una lección que te acercará al cumplimiento de tus sueños.

7. Estoy soltando el estrés de ayer.

A veces, la razón por la que nos es tan difícil ser felices es que nos negamos a soltar aquello que nos disgusta. Cuando el sol se ponga hoy, suelta eso. Deja atrás el estrés, los dramas y las preocupaciones. El día de mañana te traerá esperanza, nuevas posibilidades y la oportunidad de construir un mejor día.

8. El día de hoy contiene suficiente tiempo para que pueda hacer algo que amo.

¿Dónde dejaste tu felicidad? ¿Con un viejo amante? ¿En una ciudad en la que viviste? ¿En una historia que nunca terminaste de escribir? ¿En un sueño al que renunciaste? ¿En una esperanza que te cansaste de albergar? La dejaras donde la dejases, regresa y recupérala. Si no recuerdas dónde la dejaste, dedica un poco de tiempo hoy a hacer algo que te encante hacer, y encontrarás tu felicidad en algún lugar cercano.

9. Tengo un valor incalculable a los ojos de alguien.

Estar con alguien que no reconoce tu valía no es lealtad, sino un despilfarro total. Enfócate en quienes te quieren y aceptan tal como eres, y llénalos con el amor y la bondad que se merecen. Y, sobre todo, valora a las personas que te vieron cuando eras invisible para todas las demás.

10. No es demasiado tarde.

Seas quien seas, hayas hecho lo que hayas hecho y vengas de donde vengas, siempre puedes cambiar y convertirte en una mejor versión de ti mismo. La paz, la fuerza y la dirección vendrán a ti cuando consigas desconectar de los ruidosos juicios de los demás en un esfuerzo por oír mejor el zumbido suave y constante de tu propia fuerza interior. Cuando escuches este zumbido, te darás cuenta de que no es demasiado tarde para que seas quien puedes ser.

17 decisiones LETALES que tal vez estés tomando

CUANDO LA PARTE más profunda de nosotros se implica en lo que estamos haciendo, cuando lo que hacemos nos es útil tanto a nosotros como a los demás, estamos viviendo la vida como hay que vivirla. Pero es fácil desviarse. Y a veces son las decisiones más pequeñas las que pueden cambiar nuestra vida para siempre. Estas son algunas decisiones aparentemente pequeñas pero perjudiciales que te conviene evitar:

1. No amar las cosas tal como son.

Ama lo que haces hasta que puedas hacer lo que amas. Ama el lugar en el que te encuentras hasta que puedas ir adonde quieres encontrarte. Ama a las personas con las que estás hasta que puedas estar con las personas que más amas. Así es como encontramos la felicidad.

2. No dejar de esperar.

Lo bueno no llega a quienes esperan. Lo bueno les llega a quienes persiguen las metas y los sueños en los que creen. «Podría haber...», «tendría que haber...», «debería haber...»... ¡Para! No culpes a tu pasado por lo que no tienes. En lugar de ello, mira tu presente y pregúntate qué puedes hacer ahora que te acerque al punto en el que quieres estar.

3. Cambiar tu forma de ser porque otros han cambiado.

Las personas cambian. Acéptalo. Deséales lo mejor y sé feliz de todos modos. Si eres sincero contigo mismo y esto no es suficiente para quienes tienes alrededor, rodéate de otras personas.

4. Dejar que la angustia te defina.

No permitas que tus heridas temporales te transformen para siempre en alguien que no eres. La persona fuerte no es la que no llora. La persona fuerte es la que llora sin reprimirse por un momento, y después se levanta y vuelve a luchar por aquello en lo que cree.

5. Huir de los problemas.

No importa quién eras; lo importante es quién eres hoy. Lo que hagas hoy puede mejorar todo tu futuro. Así que no te apresures; en lugar de ello, haz algo que suponga un cambio positivo.

6. Ser desagradecido.

El corazón desagradecido encuentra problemas incluso en los entornos más apacibles. El corazón agradecido encuentra la paz incluso en los entornos más problemáticos. Elige ver el mundo con ojos agradecidos y nunca volverá a parecerte el mismo.

7. Permitir que un enojo persistente ocupe tu corazón.

La mejor medicina es una fuerte dosis de amor, risas y desprendimiento. No permitas que ni una pizca de ira more en tu corazón.

8. Creer que la belleza tiene cierto aspecto.

Nos enseñan a creer que las cinturas de avispa y los bronceados perfectos son hermosos. Pero la verdad es que lo hermoso es la originalidad: tu voz, tu risa y tu personalidad; cada centímetro de ti que brilla con tu esencia única. Eres realmente hermoso, como el resto de nosotros.

9. No poner freno a tus expectativas.

Cada uno tiene sus propios retos y su propio viaje. No tiene sentido comparar unos con otros. Ama y acepta siempre a las personas reales que tienes delante, no la fantasía de quienes esperas y deseas que puedan llegar a ser estas personas.

10. Faltar al respeto a los demás.

Independientemente de lo que ocurra en tu vida, sé amable con las personas que tienes alrededor. Si lo eres, dejarás un gran legado, sean cuales sean los sueños e ideales que elijas perseguir.

11. Faltarte al respeto a ti mismo.

Ser amable con uno mismo a través de los pensamientos, las palabras y los actos es tan importante como ser amable con los demás. Lo más doloroso es perderte a ti mismo en el proceso de amar a los demás y olvidar que tú también eres especial.

12. Permitir que te abrumen las expectativas que tienes respecto a los demás.

No rebajes tus criterios, pero recuerda que dejar de tener expectativas respecto a los demás es la mejor manera de evitar que nos decepcionen. La verdad es que habrá personas que no siempre harán por nosotros lo mismo que nosotros hacemos por ellas.

13. Apresurarte con el amor.

No te conformes. Encuentra a alguien que no tenga miedo de admitir que te echa de menos. Alguien que, aun sabiendo que no eres perfecto, te trate como si lo fueras. Alguien que te entregue todo su corazón. Alguien que te diga «te amo» y a continuación lo demuestre. Encuentra a alguien a quien no le importaría despertarse contigo por la mañana, ver tus arrugas y tus canas, y volver a enamorarse de ti.

14. Descuidar tus relaciones más importantes.

Las relaciones basadas en el amor y el respeto pueden soportar muchas tormentas. Esta base puede comprobarse, mantenerse y conservarse saludable con dosis generosas de aceptación, perdón, escucha, gratitud y actos que reflejen atención y respeto.

15. Intentar controlarlo todo al detalle.

A veces es mejor no suponer, no preguntarse, no imaginar y no obsesionarse. Respira, haz lo que puedas y ten fe en que todo saldrá bien.

16. No asumir nunca riesgos.

La vida es inherentemente peligrosa. Solo hay un riesgo que debes evitar a toda costa, y es el de no hacer nada. Sal y haz que ocurra algo, aunque lo que hagas solo sea dar un pequeño paso en la dirección correcta.

17. Darte por vencido.

Por más veces que te hundas, hay una pequeña voz en tu interior que te dice que aún no estás acabado y que vuelvas a levantarte. Es la voz de la pasión y el coraje. Estás bien equipado para el viaje de la vida siempre que acudas a tus dones y talentos y les permitas florecer.

12 ELECCIONES que tu yo FUTURO te agradecerá

CUANDO LA VIDA te empuje, levántate y empújala aún más fuerte a ella. Siempre que haya una bifurcación en el camino y elecciones que efectuar, opta por aquellas que tu yo futuro va a agradecerte. Hoy, empieza a hacer lo siguiente:

1. Elegirte a ti.

La actividad más agotadora es fingir ser quienes sabemos que no somos. Por más que hagan oír sus opiniones, los demás no eligen quiénes somos. Elígete *a ti* aunque nadie más lo haga.

2. Valorar lo que tienes.

A veces, cuando sacamos el máximo provecho de lo que tenemos, conseguimos mucho más de lo que jamás imaginamos. Cuando te despiertes, tómate un momento para pensar en el privilegio que supone el solo hecho de estar vivo y saludable. En el momento en que comiences a actuar como si la vida fuera una bendición, empezará a parecerte que lo es.

3. Creer en ti mismo y en tus sueños.

Cree en ti. Escucha a tu alma. Confía en tu instinto. Reconoce tus puntos fuertes. Ten sueños y atrévete a perseguirlos. Haz aquello que temes y de lo que eres capaz. Procede según tu visión. Ten la certeza de que todo es posible. Ten la seguridad de que *puedes*.

4. Tener una actitud positiva.

No es posible vivir una vida positiva con una actitud negativa. Deja que cada día sea un sueño que puedas tocar, un amor que puedas sentir, una razón por la cual vivir. La vida es demasiado corta para ser cualquier cosa menos positiva.

5. Actuar.

Las personas más felices y que tienen más éxito suelen ser las que han roto las cadenas de la postergación y encuentran satisfacción en realizar el trabajo que tienen entre manos. Estas personas están imbuidas por el entusiasmo, la pasión y la productividad. Tú también puedes estarlo. El éxito en la vida tiene que ver con la acción perseverante.

6. Soltar.

El paso más grande que podemos dar para cambiar el mundo que nos rodea es cambiar nuestro mundo interior. Vive en el presente, céntrate en aquello que puedas controlar y avanza pasito a pasito.

7. Volver a levantarte.

A veces las cosas salen mal porque las consecuencias habrían sido peores si hubieran salido bien. El único paso que importa es el siguiente que vamos a dar.

8. Ignorar a las personas negativas.

No eres una alfombra; tal vez algunos tratarán de caminar sobre ti, pero no tienes que permanecer en el suelo y aceptarlo. Hay siete mil quinientos millones de personas en el mundo; no pierdas el tiempo dejando que una de ellas arruine tu felicidad. Sigue adelante; tú lo vales.

9. Mantenerte en contacto con los amigos y familiares cercanos.

Llegará un momento en la vida en el que tendrás que dejar todo atrás por un tiempo y comenzar algo nuevo, pero no olvides nunca a las personas que estuvieron a tu lado, especialmente los amigos y familiares cercanos que nunca perdieron la fe en ti.

10. Encontrar tiempo para divertirte.

La diversión está muy subestimada. Con todas las responsabilidades que tenemos en la vida, la diversión a veces nos parece una especie de indulgencia. Pero debería ser obligatoria. Déjate llevar y juega. Te sentirás más feliz, ahora y a la larga.

11. Expandir el amor y la bondad.

La felicidad que nos rodea se ve muy afectada por las elecciones que efectuamos a diario. Por lo tanto, elige ofrecer amor y amabilidad a una persona al día por lo menos. Imagina la cantidad de felicidad que puedes fomentar a lo largo de tu vida, día a día.

12. Ser el cambio que quieres ver en el mundo.

No les digas a los demás cómo vivir; *vive* y deja que te observen. Predica con el ejemplo. Las personas que te admiren probablemente emularán tus actos; por lo tanto, sé como quieres que sean.

10 MANERAS de ESCRIBIR una historia de vida que valga la pena vivir

AL ESCRIBIR LA historia de tu vida, no dejes que otra persona sostenga el bolígrafo. Todos los días, toma decisiones conscientes que hagan que tus actos sean coherentes con tus valores y tus sueños. La forma en que vives cada día es una oración en la historia de tu vida, y a diario eliges si la oración termina con un punto, un signo de interrogación o un signo de exclamación. Aquí tienes diez ideas para escribir una historia de vida que valga la pena vivir:

1. Encuentra una pasión que te haga sentir vivo.

No preguntes qué necesita el mundo. Pregunta qué te hace sentir vivo, y hazlo. Porque lo que el mundo necesita (y lo que contiene toda gran historia) son personajes que pasen a sentirse vivos haciendo algo que los inspire.

2. Trabaja duro por esa pasión.

Un sueño es la visión creativa que tenemos de nuestra propia vida en el futuro. Debes salir de tu zona de confort actual y sentirte cómodo con lo nuevo y desconocido. Así que sueña a lo grande, haz lo que te apasiona y date permiso para trabajar por un futuro que sabes que eres capaz de crear.

3. Vive feliz a tu manera.

No estás en este mundo para cumplir las expectativas de los demás, ni debes sentir que los demás están aquí para cumplir las tuyas. Allana tu propio camino, que es único. Cada uno de nosotros concebimos el éxito de una forma totalmente diferente. En definitiva, el éxito consiste en vivir la vida felices a nuestra manera.

4. Cambia de camino cuando sea necesario, pero sigue avanzando.

Hay millones de caminos que es posible tomar para subir la montaña de la vida. Puedes elegir por cuál ir, y puedes saltar de un camino a otro si te encuentras con un obstáculo. El único error que podrías cometer es quedarte quieto.

5. Cuando las cosas se pongan difíciles, sigue luchando.

Las personas más sabias, amorosas y completas con las que probablemente te hayas encontrado son aquellas que han conocido el fracaso, la derrota y el sufrimiento, y han hallado la manera de salir de las profundidades de su propia desesperación. Estas personas han obtenido compasión, comprensión y un profundo sentimiento de gratitud. Este tipo de individuos no nacen; se forjan lentamente en el transcurso de la vida.

6. Deja correr el pasado y vive conscientemente en el presente.

La vida solo puede entenderse mirando hacia atrás, pero debe vivirse hacia delante. El pasado es un buen lugar para visitar en ocasiones, pero no es un magnífico lugar en el que quedarse. No pierdas el tiempo tratando de revivir o cambiar tu pasado cuando se están desplegando unos momentos de una importancia inestimable delante de ti justo ahora.

7. Acoge ideas, lecciones y retos nuevos.

No hay nada más maravilloso que ver la vida como una aventura. Prueba a hacer cosas que te den miedo. Mira profundamente en lo desconocido y disfrútalo. Porque cuando afrontamos nuevos desafíos, estamos aprendiendo, creciendo y viviendo realmente.

8. Valora las pequeñas cosas de la vida que significan mucho.

Piensa en toda la belleza que te rodea y sé feliz. Agradece todas las pequeñas cosas que hay en tu vida, porque cuando las reúnas todas verás lo importantes que son. Recuerda que no es la felicidad lo que nos hace sentir agradecidos, sino que es la gratitud lo que nos hace ser felices.

9. Vive noblemente y sé bondadoso.

Si vives con nobleza, la vida siempre será hermosa para ti, y tú también lo serás, tengas la edad que tengas. Y recuerda que no hay mejor ejercicio para el corazón que acercarse a alguien que esté en situación de necesidad y tomar su mano.

10. Pasa tiempo de calidad con las personas a las que amas.

Valora a las personas que más te quieren y se preocupan por ti. Pasa tiempo con ellas. Algún día o bien te arrepentirás de no haberlo hecho o bien te alegrarás de haberlo hecho.

11 COSAS que OLVIDAS que estás haciendo mal

CUANDO DEJAMOS DE hacer lo inadecuado, lo apropiado acaba por darnos alcance. Por lo tanto, asegúrate de no estar...

1. Efectuando juicios injustificados.

Demasiado a menudo nos apresuramos a sacar conclusiones y nos ocasionamos a nosotros mismos, e inducimos en los demás, unas preocupaciones, un dolor y una ira innecesarios. Por lo tanto, contente, sé amable y apresúrate solamente a experimentar alegría (y no a criticar a los demás).

2. Esperando que las personas sean perfectas.

Cuando nos abrimos al amor, también debemos estar abiertos a que nos hagan daño. Cuando dejamos de esperar que las personas sean perfectas, podemos comenzar a valorarlas tal como son.

3. Centrándote en todo y en todos excepto en ti mismo.

Haz del mundo un lugar mejor ocupándote de una persona cada vez, y empieza por ti. Si estás mirando el mundo para descubrir dónde reside tu propósito, detente y mira en tu interior. Observa quién eres, el estilo de vida que eliges llevar y lo que te hace sentir vivo. Lleva eso al mundo con coraje y con el sentimiento de propósito que acabas de descubrir.

4. Aferrándote a lo que no es conveniente durante demasiado tiempo.

Soltar no es olvidar. Soltar implica apreciar los recuerdos, superar los obstáculos y seguir adelante. Se trata de encontrar la fuerza para aceptar los cambios de la vida y continuar dando pasos positivos hacia delante.

5. Negando tus errores.

Los errores casi siempre son perdonables si tenemos el valor de admitirlos. A veces, caer de bruces es exactamente lo que necesitamos para ver las cosas desde una perspectiva totalmente diferente y volver al buen camino.

6. Evitando tus miedos.

Acércate a tus miedos, siéntate con ellos y conócelos. Tus miedos son tus amigos; su única función es mostrarte partes no desarrolladas de ti mismo que necesitas cultivar para vivir una vida feliz. Cuanto más hagas aquello que más temes hacer, más se expandirá tu vida.

7. Aceptando menos de lo que sabes que mereces.

No sacrifiques tu corazón o tu dignidad. Ámate a ti mismo lo suficiente como para no rebajar nunca tus criterios por las razones equivocadas. Estate dispuesto a alejarte, con la cabeza bien alta.

8. Albergando un caos mental.

Sé selectivo: desecha los remordimientos y los viejos dolores, y quédate solamente con los tesoros que vale la pena conservar, es decir, las lecciones, el amor y lo mejor de lo que has vivido.

9. Preocupándote por cuestiones que no se pueden cambiar.

Uno de los momentos más felices deriva de reunir el coraje que nos permite soltar lo que no podemos cambiar. El pasado no se puede cambiar, olvidar o borrar, pero las lecciones que hemos aprendido pueden prepararnos para un mañana mejor.

10. Perdiendo poco a poco la esperanza.

Podemos vivir sin muchas cosas, pero la esperanza no es una de ellas. Cultiva la esperanza aferrándote a las historias de éxito y las palabras que te inspiren. Pero, sobre todo, escucha el susurro silencioso de tu fuerza interior cuando te dice que saldrás de tu situación actual más fuerte de como eras antes.

11. Pensando que es demasiado tarde.

Tanto si lo sabes como si no, el resto de tu vida está tomando forma en este momento. Puedes elegir culpar a tus circunstancias, al destino, a la mala suerte o a tus malas decisiones, o puedes seguir adelante. El resto de tu vida está siendo moldeado por las metas que persigues, las elecciones que efectúas y las acciones que emprendes. El resto de tu vida comienza ahora mismo.

14 REGLAS para ser tú mismo

ACOGE AL INDIVIDUO que hay dentro de ti que tiene unas ideas, unos puntos fuertes y una belleza que no tiene nadie más. Sé la persona que sabes que eres, la mejor versión de ti, en tus propios términos. Y, sobre todo, sé sincero contigo mismo: si no puedes poner tu corazón en algo, no lo hagas. A partir de hoy...

1. Ten claras cuáles son tus prioridades.

Dentro de veinte años, no importará qué zapatos usaste, qué aspecto tenía tu cabello o qué marca de tejanos compraste. Lo que importará será cómo amaste, qué aprendiste y cómo aplicaste este conocimiento.

2. Responsabilízate plenamente de tus objetivos.

Si realmente quieres que sucedan cosas buenas en tu vida, tú mismo debes hacer que ocurran. Tienes que labrar tu propio futuro y no pensar que tu destino está atado a los actos y las elecciones de los demás.

3. Conoce tu valía.

Cuando alguien te trate como si fueras una de muchas opciones, ayúdalo a reducir su abanico de posibilidades saliendo de la ecuación. No por orgullo, sino por respeto a ti mismo. Sé consciente de tu valía y de lo que tienes por ofrecer, y nunca te conformes con menos de lo que mereces.

4. Elige la perspectiva correcta.

La perspectiva lo es todo. Cuando te encuentres con una larga cola para pagar o en medio de un atasco de tráfico, puedes sentirte frustrado y enfurecido, o puedes pasar ese tiempo soñando despierto, conversando o mirando las nubes. La primera opción aumentará tu presión arterial; la segunda elevará tu conciencia.

5. No dejes que tus viejos problemas repriman tus sueños.

La próxima vez que tengas la tentación de despotricar sobre una situación que creas que terminó injustamente, recuérdate esto: nunca acabarás con tu ira usando la ira. Así que cierra la boca, abre los puños y redirige tus pensamientos. Si dejas de hacerle caso a tu ira, se irá desvaneciendo poco a poco, y podrás vivir en paz mientras avanzas, gracias a tu crecimiento interior, hacia un futuro mejor.

6. Elige lo que sea realmente importante.

Algunas cosas no importan mucho. ¿Y levantar el corazón de una persona? Esto sí es importante. Antepón lo principal. La forma más dura pero también inteligente de vivir es elegir lo que realmente importa y dedicarse a ello con pasión.

7. Ámate.

Deja que alguien te ame tal como eres: tan defectuoso como puedas ser, tan poco atractivo como a veces puedas sentirte y tan incomprendido como creas que eres. Sí, deja que alguien te ame a pesar de todo esto, y deja que este alguien seas tú.

8. Acepta tus puntos fuertes y débiles.

Todos tenemos nuestros propios puntos fuertes y débiles, y es solo cuando aceptamos todo lo que somos y todo lo que no somos cuando podemos convertirnos en quienes somos capaces de ser.

9. Defiéndete.

Estás aquí para ser *tú*, no para ser lo que otras personas quieren que seas. Míralas a los ojos y diles: «No me juzgues hasta conocerme, no me subestimes hasta haberme desafiado y no hables de mí hasta haber hablado conmigo».

10. Aprende de los demás y sigue adelante sin ellos cuando sea necesario.

No puedes esperar cambiar a los demás, así que tienes dos opciones: aceptar su forma de ser o empezar a vivir tu vida sin ellos. Algunos vienen a nuestra vida como bendiciones, mientras que otros lo hacen para que aprendamos alguna lección.

11. Sé honesto en tus relaciones.

Si no eres feliz, sé honesto y sigue adelante sin la otra persona si es necesario. Cuando uno está realmente enamorado, ser fiel no representa un sacrificio, sino una alegría.

12. Siéntete cómodo en medio de la incomodidad.

La vida puede cambiar en un abrir y cerrar de ojos. Puede parecer un poco incómoda a veces, pero debes saber que nuestra vida comienza donde termina nuestra zona de confort. Si no te sientes a gusto en este momento, debes saber que el cambio que tiene lugar en tu vida no es un final, sino un nuevo comienzo.

13. Naciste para ser alguien. Sé esa persona.

No llegues al final de tu vida y descubras entonces que solo la has vivido a lo largo; vívela también a lo ancho. Cuando te sientas realmente cómodo en tu propia piel, no les gustarás a todos, pero no te importará en absoluto.

14. No te des nunca por vencido.

Esta es tu vida; dale forma, o alguien lo hará por ti. La fuerza no reside solamente en la capacidad de aferrarnos, sino también en la capacidad de comenzar de nuevo cuando debemos hacerlo. Sigue aprendiendo, adaptándote y creciendo. Tal vez aún no has llegado a tu meta, pero hoy estás más cerca de ella que ayer.

11 FORMAS de llegar a AMARTE a ti mismo

CUANDO CREES EN ti mismo, eres poderoso. Cuando tu fuerza y tu determinación brillan mientras sigues tu propio camino, eres hermoso. Cuando sabes que puedes caerte, levantarte y avanzar, eres imparable. Aquí tienes once formas de llegar a amarte a ti mismo:

1. Deja de juzgar y aprecia tu belleza interior.

Cuando se trata de ser compasivo y no juzgar, el único reto mayor que aprender a caminar con los zapatos de otra persona es aprender a caminar cómodamente toda la vida con los propios zapatos. En cada ser humano hay un alma, valía y belleza. En ti también.

2. Trátate de la forma en que quieres que te traten los demás.

¡Acéptate! Lo feo es la inseguridad, no el aspecto que tienes a ojos de los demás o lo que les pareces.

3. Haz que te importe menos quién eres para los demás.

No te pierdas *a ti* en tu búsqueda de la aceptación exterior. No tienes nada que demostrarle a ninguna otra persona. Haz que te importe menos quién eres para los demás y más quién eres para ti mismo.

4. Conoce tu valía.

Solemos aceptar el amor que creemos que merecemos. No tiene sentido que ocupes el segundo lugar en la vida de alguien cuando sabes que eres lo suficientemente bueno para ocupar el primer lugar.

5. No tengas prisa con las relaciones íntimas.

El amor no tiene que ver con el sexo, tener citas sofisticadas o presumir. Tiene que ver con estar con alguien que nos haga felices como ninguna otra persona podría hacernos felices. Si aún no has encontrado el auténtico amor, no te conformes. Hay alguien ahí fuera que te amará incondicionalmente; solo ocurre que aún no has encontrado a esa persona.

6. Suelta a quienes realmente no están ahí.

Hay ciertas personas que no están destinadas a encajar en tu vida por más que lo desees. Y quizá un final feliz no incluye a nadie más en estos momentos. Tal vez debas estar solo, recomponiéndote y comenzando de nuevo, liberándote para recibir algo mejor en el futuro. Quizá el final feliz consiste solo en soltar.

7. Perdónate a ti mismo y perdona a los demás.

La vida comienza donde terminan el miedo y el resentimiento. Cuando te perdones a ti mismo, perdones a los demás y dejes de vivir en tu propia cárcel, serás libre para vivir con amor y propósito, mirando hacia delante, no hacia atrás.

8. Enfócate en lo positivo.

Nuestros pensamientos son los creadores de nuestros estados de ánimo, los inventores de nuestros sueños y los creadores de nuestra voluntad. Es por eso por lo que debemos clasificarlos cuidadosamente y elegir responder solo a aquellos que nos ayudarán a construir la vida que queremos y la perspectiva que desearemos mantener mientras la vivamos.

9. Cree en la persona que eres capaz de ser.

El verdadero propósito de tu vida es evolucionar y convertirte en la persona completa que eres capaz de ser. El cambio siempre es posible; no existe ninguna habilidad que no se pueda desarrollar por medio de la experiencia. No dejes nunca que tus creencias negativas se interpongan en el camino de tu propia mejora.

10. Trabaja por objetivos en los que creas.

Nunca pospongas o abandones un objetivo que sea importante para ti. Tal vez pienses que puedes empezar o volverlo a intentar mañana, pero es posible que este mañana no exista. La vida es más corta de lo que a veces parece. Procede según tu corazón hoy mismo.

11. Sigue mirando adelante y avanzando.

Seguir adelante no significa haber olvidado; significa haber aceptado lo que sucedió en el pasado y elegir continuar viviendo en el presente. No significa darse por vencido; significa darse otra oportunidad eligiendo ser feliz en lugar de mantener el dolor. Después de todas las dificultades que has afrontado, ahora puedes decir: «Sobreviví y he aprendido para la próxima vez».

En definitiva, amarse a uno mismo tiene que ver con disfrutar de la vida, confiar en los propios sentimientos, arriesgarse, perder la felicidad y volver a encontrarla, valorar los recuerdos y aprender del pasado. A veces uno tiene que dejar de preocuparse, de hacerse preguntas y de dudar. Ten fe en que las cosas saldrán bien; tal vez no exactamente como habías planeado, sino como deben ser.

PREGUNTAS Y PLANTEAMIENTOS
SOBRE EL AMOR A UNO MISMO
PARA HACERTE PENSAR

Si tuvieras un amigo que te hablase de la misma manera en que a veces te hablas a ti mismo, ¿durante CUÁNTO TIEMPO lo seguirías considerando tu amigo?

¿Qué es lo que hace que tú seas TÚ?

En una frase, ¿qué DESEAS para tu futuro yo?

Indica algo que tengas que TODO EL MUNDO quiera.

Indica algo que tengas que NADIE podría robarte.

¿Qué ha estado diciendo últimamente la pequeña VOZ que hay dentro de tu cabeza?

¿Qué es lo que te hace SENTIR incompleto?

¿Qué más VERÍAS sobre ti si eliminaras el pensamiento que te ha estado preocupando?

Indica algo NUEVO que hayas aprendido sobre ti mismo en los últimos tiempos.

¿Qué PROMESA que te has hecho a ti mismo estás pendiente de cumplir?

····

Quinta parte

Pasión y crecimiento personal

*Sé fiel a ti mismo. Si no puedes poner
tu corazón en ello, déjalo.*

PREFIERO PARECER ESTÚPIDO

Se produce la magia

Siempre he creído en la belleza de un gran viaje: descubrir nuevos lugares, buscar experiencias vitales, fomentar las relaciones y perseguir mis sueños. De hecho, esto es todo lo que siempre he querido hacer. Solo quiero creer en algo en lo que valga la pena creer y después dedicarme a ello con cada parte de mi ser.

He descubierto que este tipo de viajes son mejores cuando los compartimos con otras personas que, como uno mismo, están lo bastante «locas» como para dar por sentado que nuestros sueños más salvajes están a escasa distancia de la realidad. Estas personas comprenden que la idea de *imposible* no es más que eso, una idea, que incorporamos cuando no hemos entrenado la mente y el corazón para ver, más allá de los sistemas que existen actualmente, otros que aún no existen. Porque cuando la mente, el corazón y las manos trabajan juntos, se produce la magia.

Miedo

Solo una cosa me ha impedido hacer que esta magia opere con más frecuencia: el miedo. El miedo a lo que pudiesen pensar los demás. El miedo a las repercusiones que pudiese tener el hecho de exponer mis ideas alocadas para que el mundo las viese y juzgase. El miedo a salir de mi zona de confort e ir a por ello. Porque... ¿y si fallaba? ¿Y si...? ¿Y si...?

Ahora, en la mayoría de las situaciones, el miedo ya no se interpone en mi camino. Pero esto no significa que no exista. Ciertamente, está ahí. Solo ocurre que he aprendido a controlar mis miedos y a adaptarme a los cambios con un poco más de soltura que antes. Pero los nervios del miedo siguen presentándose, sigilosamente. Y cuanto más importante es para mí algo o alguien, más nervioso me pongo, más vacilo al hablar y más parezco un tonto incoherente.

Hace unos años, cuando comencé a explicarles a mis amigos y familiares mi objetivo de escribir e iniciar el blog que acabaría por convertirse en Marc and Angel Hack Life, lo que más obtuve fueron medias sonrisas, asentimientos y reacciones faciales burlonas. Y cuando traté de decirle algo significativo a Angel cuando nos conocimos en septiembre de 2000, se rio de mí, pues tuvo que esforzarse para descifrar mis frases confusas y temblorosas.

Claridad

Uno de los hechos más destacables de nuestra vida es que la claridad y el avance se obtienen gracias a la continuidad del amor, la pasión y la paciencia. Actualmente me resulta fácil hablar de este libro... e incluso les resulta fácil a otras personas, como mis amigos y familiares. Y aunque puede llevarle uno o dos segundos, Angel ahora entiende la esencia de mis frases confusas y temblorosas casi de inmediato.

Y esto me hace sonreír. Porque quiero seguir evolucionando y creciendo con las personas y los sueños que me inspiran. Después de todo, solo tengo una oportunidad, como todo el mundo, de hacer que esta vida tenga sentido. Y sé con certeza, después de hacer frente a mis temores en múltiples andaduras, que prefiero parecer estúpido... a ser estúpido y no hacer nada en absoluto.

31 entradas de DIARIO matutinas que cambiarán tu forma de PENSAR

LA MAÑANA ES tremendamente importante. Es la base sobre la que se construye el día. La forma en que elegimos pasar nuestras mañanas nos puede servir para predecir los tipos de días que tendremos.

Cuando me despierto por la mañana, mi mente se va enfocando en la realidad y empiezo a moverme cuando la luz del día apenas comienza a filtrarse por las ventanas. Mi familia todavía está durmiendo. Es un comienzo apacible.

Me estiro, bebo un vaso de agua, preparo la tetera y escribo en mi diario durante diez minutos (según una práctica estipulada). A continuación disfruto de una taza de té mientras leo un capítulo de un buen libro. Y finalmente escribo en mi ordenador portátil, diligentemente (desconectado de las distracciones en línea), durante una hora antes de que comience el ajetreo del día.

Cuando mi familia se despierta, hago una pausa para unirme a ellos un rato, y disfrutamos la plena presencia de nuestra mutua compañía.

Así son más o menos mis mañanas, y me hacen feliz.

Sin embargo, no siempre fue así. Antes me despertaba a toda prisa, precipitadamente y de mal humor antes de tropezar con el trabajo, los recados y las reuniones. Era desagradable, pero era mi vida. No conocía nada mejor, por lo que no pensaba que pudiese cambiar. Afortunadamente, estaba equivocado.

He cambiado la dinámica de mis mañanas para que vayan a mi favor y no en mi contra. Y aunque los diversos cambios se produjeron de forma gradual, todos comenzaron con un sencillo ritual que seguí durante un mes. Este ritual me proporcionó el don de la autorreflexión en un momento crucial de mi vida y una base sólida para tomar decisiones que acabaron por cambiar mi forma de pensar acerca de casi todo. He compartido esta parte de mi andadura, este ritual, con miles de los alumnos de nuestro curso y de asistentes a nuestra conferencia a lo largo de los años, y aunque se trata de algo muy simple, muchos de ellos se dirigen a mí al cabo de un mes, aproximadamente, para darme las gracias. Espero que tú también lo encuentres útil.

Un mes escribiendo en un diario por las mañanas

Llevar un diario es una herramienta de un valor incalculable para la autorreflexión y la superación personal.

J. K. Rowling lleva un diario. Eminem lleva un diario. Oprah Winfrey lleva un diario. En todo el mundo, las personas que tienen éxito (las que constantemente efectúan cambios positivos en su vida) reflexionan diariamente y aprenden de sus experiencias. Y a menudo usan algún tipo de diario para hacerlo. Durante mucho tiempo, supe lo útil que era escribir un diario, pues había oído las historias de éxito de otras personas, y sin embargo nunca me había puesto manos a la obra. ¿Por qué? Porque pensaba que no tenía tiempo. Estaba «demasiado ocupado». Esto fue así hasta que mi negligencia continua me condujo a experimentar unos niveles de estrés elevados que me llevaron al hospital (mi vida estaba tan desorganizada y era tan agitada que empecé a sufrir ataques de pánico). Aprendí por las malas, pero no tiene por qué ser tu caso.

Si quieres llegar a algún lugar en la vida, necesitas un mapa, y tu diario es ese mapa. Puedes escribir lo que has hecho hoy, lo que has tratado de lograr, qué errores has cometido y mucho más. Es un espacio para reflexionar, para reflejar pensamientos importantes, para aclararnos respecto a dónde hemos estado y adónde tenemos la intención de ir. Y es una de las herramientas más infrautilizadas pero increíblemente efectivas disponibles para la gran masa de población.

Si estás interesado en comenzar a llevar un diario, o si quieres algunas ideas nuevas para incorporar a tu práctica actual de escribir un diario, siguen a continuación treinta y un apuntes que Angel y yo hemos usado personalmente en el pasado para impulsarnos a reflexionar. Aportarán conciencia a las creencias y suposiciones inconscientes que albergas; también te ayudarán a pensar en todo tipo de situaciones, importantes y menos importantes, y a tomar mejores decisiones.

Ponte el reto de leer un mensaje cada día y responder a lo que plantea durante cinco minutos cada mañana al menos durante el próximo mes. Observa cómo el hecho de hacer esto te va cambiando la vida poco a poco.

Día 1

Perdónate por las malas decisiones que tomaste, por las veces que no entendiste, por las elecciones que efectuaste que hicieron daño a los demás y te hirieron a ti mismo. Perdónate por ser joven e imprudente. Todo esto son lecciones vitales, y lo más importante en este momento es tu disposición a aprender de ellas.

En concreto, ¿por qué necesitas perdonarte? ¿Qué te han enseñado tus errores de juicio?

Día 2

La mente es tu campo de batalla. Es el lugar donde residen los conflictos más feroces. Es el lugar donde la mitad de las cosas que temiste que sucedieran nunca llegaron a ocurrir. Es el lugar en el que albergas expectativas y en el que eres víctima de tu propio proceso de pensamiento una y otra vez.

Anota un pensamiento que te haya estado embargando últimamente. ¿Cómo ha influido en tu comportamiento?

Día 3

Aquello en lo que nos enfocamos se hace más grande. Deja de administrar tu tiempo y empieza a administrar tu enfoque. Vuelve a llevar la atención a lo que es importante.

¿En qué vale la pena que te centres hoy? Y ¿qué es aquello que no merece tu atención?

Día 4

La felicidad consiste en renunciar a nuestra idea de cómo se supone que debería ser nuestra vida en este momento y, en lugar de ello, valorarla sinceramente por todo lo que es. *Relájate.* Eres suficiente. Tienes suficiente. Haces lo suficiente. Respira hondo... Suelta y vive ahora mismo, en este momento.

¿Qué es lo que más aprecias de tu vida justo ahora? ¿Por qué?

Día 5

Una pequeña parte de tu vida la deciden unas circunstancias incontrolables, mientras que la inmensa mayor parte de ella la deciden tus respuestas internas. Deja que esta verdad cale en ti. Independientemente de lo que esté sucediendo a tu alrededor, conseguirás la paz mental en el momento en que hagas las paces con lo que tienes en la mente.

Anota una realidad con la que necesites hacer las paces y explica por qué esto es así.

Día 6

Como mencionábamos en la introducción, es curioso el hecho de que superamos lo que una vez pensamos que nos era imprescindible para vivir, y después nos enamoramos de lo que ni siquiera sabíamos que queríamos. La vida no para de llevarnos por caminos por los que nunca iríamos si dependiese de nosotros. No tengas miedo. Ten fe. Descubre las lecciones. Confía en el viaje.

Apunta algo que soltaste que una vez lo significó todo para ti. Anota también algo que actualmente amas que ni siquiera sabías que necesitabas en tu vida.

Día 7

La mayoría de las veces tienes elección. Si no te gusta un aspecto de tu vida susceptible de ser cambiado, es hora de que empieces a efectuar cambios y considerar nuevas opciones. Y no pasa nada por ser discreto al respecto; no hay que ponerlo todo en las redes sociales. Avanza en silencio y deja que tus actos hablen por sí solos.

Durante el último mes, ¿qué han estado diciendo tus actos sobre tus prioridades? ¿Quieres realizar algún cambio? Si es así, explícalo.

Día 8

Perdemos el tiempo esperando que aparezca el camino ideal, pero nunca lo hace. Porque olvidamos que los caminos se hacen caminando, no esperando. Y no, no tienes por qué sentirte más confiado antes de dar el próximo paso. Es dar el siguiente paso lo que fortalece la confianza.

¿Cuál es el siguiente paso que hace demasiado tiempo que estás pensando en dar?

Día 9

El próximo paso no significa nada si estás enamorado de tu zona de confort y no paras de andar en círculos. ¡No vivas el mismo día treinta mil veces y lo llames vida! El crecimiento personal empieza hoy, donde acaba tu zona de confort. Sueña. Prueba. Explora. Este momento es la puerta de entrada a todo lo que quieres.

¿Cómo has salido de tu zona de confort en el último mes, aunque haya sido solo un poco? ¿Qué has aprendido de esta experiencia? Anota un nuevo reto que te gustaría afrontar en relación con tu zona de confort.

Día 10

Tu capacidad de ser feliz está directamente relacionada con la calidad de las personas que tienes más cerca. Por lo tanto, convive con gente que sea beneficiosa para tu salud mental, que te traiga paz interior, que cuestione tus malos hábitos pero a la vez apoye tu capacidad de cambiar y crecer.

¿Con qué personas has pasado más tiempo el último mes y cómo han afectado a tu vida?

Día 11

Demasiado a menudo decimos que «la vida no es justa» mientras estamos tomando nuestra comida, sorbiendo una bebida y leyendo tuits en nuestro teléfono inteligente. Piénsatelo dos veces y da las gracias. Al final del día, antes de cerrar los ojos, respira hondo, valora el lugar en el que estás y date cuenta del valor de lo que tienes.

Escribe un privilegio del que gozas que acostumbres a dar por sentado.

Día 12

Cuando algo no aporta nada a nuestra vida, comienza a perjudicarla. La vida se vuelve mucho más simple cuando le quitamos los elementos superfluos que hacen que sea complicada. Llena tu vida con muchas experiencias, no con muchas cosas. Ten unas historias increíbles para contar, no los armarios atestados de artículos.

¿Qué tipos de excesos físicos han estado complicando tu vida y desviándote de unas experiencias vitales significativas?

Día 13

Incluso cuando los demás parecen mostrar comportamientos que tienen que ver con nosotros, rara vez hacen algo por causa nuestra; lo hacen a causa de sí mismos. Sabes que esto es así. Es posible que no puedas controlar todo aquello que los demás te dicen y te hacen, pero puedes decidir no sentirte acomplejado por ello. Toma esta decisión hoy.

Anota algo que acostumbres a tomarte de forma demasiado personal aunque, lógicamente, tú sabes mejor que nadie si está justificado o no. ¿Cómo ha afectado a tu vida este hábito?

Día 14

No puedes controlar la forma en que reciben tu energía las otras personas. Los demás filtran todo lo que haces o dices a través de la lente de lo que sea que los esté afectando en ese momento, lo cual no tiene nada que ver contigo. Tú sigue con lo tuyo con la actitud más amorosa e íntegra posible.

Escribe un buen ejemplo reciente de alguien que, con su mala actitud, te haya juzgado de forma totalmente errónea.

Día 15

No siempre serás prioritario para los demás, y es por eso por lo que te debes dar prioridad a ti mismo. Aprende a respetarte, cuídate y conviértete en tu propio sistema de apoyo. Tus necesidades son importantes; empieza a satisfacerlas. No esperes a que otros te elijan. ¡Elígete a ti mismo, hoy!

¿Cómo te has elegido recientemente? ¿Cómo te elegirás hoy?

Día 16

Respira, sé y presta atención a lo que es ser *tú*. Sin que haya nada que arreglar. Nada que cambiar. Ningún otro lugar al que ir. Solo estás tú, respirando, siendo, con presencia, sin emitir juicios.

Eres bienvenido a este espacio. Perteneces a él. En el espacio que eres tú, no tienes que ser nada más. Cierra los ojos. Respira...

Escribe algo que te caracterice que debas aceptar con mayor amor y apertura.

Día 17

Es probable que las personas más sabias, amorosas y completas que hayas conocido sean aquellas que más han sufrido. Sí, la vida crea los mejores seres humanos rompiéndolos primero. El hecho de quedar hechos pedazos les permite afinarse y reconstruirse como una obra maestra.

¿Cómo te ha convertido en alguien más fuerte, sabio y amoroso tu último sufrimiento? Sé concreto.

Día 18

Hay una gran diferencia entre rendirse y comenzar de nuevo en la dirección correcta. Reconoce cuándo ya basta y respétate por sentirte así. A veces tenemos que decir adiós antes de poder decir hola. A veces tenemos que soltar para seguir adelante con nuestra vida.

Anota algo de tu pasado que agradezcas haber abandonado y explica por qué te alegras de haber tomado esa decisión.

Día 19

Date espacio para escuchar tu propia voz, tu propia alma. Muchos de nosotros escuchamos el ruido del mundo y nos perdemos entre la multitud. ¡Mantente firme! Vive a partir de tus elecciones, no del azar. Trabaja para crecer, no para competir. Elige escucharte a ti mismo, no las opiniones confusas de todos los demás.

¿Qué ha estado tratando de decirte tu voz interior últimamente? ¿Qué significa eso?

Día 20

Olvida la popularidad. Sigue con lo tuyo con pasión, humildad y honestidad. Haz lo que haces no en busca de aprobación, sino porque es lo correcto. Hazlo un poco cada día, independientemente de lo que piensen los demás. Así es como se cumplen los sueños.

¿En qué vale la pena que trabajes hoy, sea lo que sea lo que piensen otras personas? ¿Por qué es tan importante para ti?

Día 21

Si algo te entretiene ahora pero te perjudicará o aburrirá algún día, es una distracción. No cedas. No intercambies lo que más quieres por lo que quieres en este momento. Estudia tus hábitos. Averigua qué haces con tu tiempo y elimina las distracciones. Es hora de que te enfoques en lo que te importa.

¿Qué distracciones te han estado despistando últimamente? ¿Con qué frecuencia? ¿Por qué?

Día 22

No vuelvas a caer en tus viejos patrones de vida solo porque sean más cómodos y más fácil acceder a ellos. Recuerda que dejaste atrás ciertos hábitos y situaciones por una razón: para mejorar tu vida. Y en este momento no puedes avanzar si estás retrocediendo.

Anota un viejo patrón de comportamiento que reaparezca en ocasiones. ¿Qué alternativa concibes que sea mejor, y por qué lo es?

Día 23

Tu mente y tu cuerpo necesitan que los ejercites para fortalecerse. Deben ser desafiados constantemente. Si no te has esforzado de muchas maneras con el tiempo, si siempre has evitado hacer lo difícil, te vendrás abajo en los días inevitables que sean más arduos de lo que esperabas.

¿Cómo puedes proporcionarles unos retos saludables a tu mente y tu cuerpo a diario? ¿Qué harás hoy para pasar del dicho al hecho?

Día 24

Con el paso de los años, aprenderás a valorar mucho más tu tiempo, las relaciones auténticas, el trabajo significativo y la tranquilidad interior. Habrá pocas cosas más que te importen. Por lo tanto, el indicio más fuerte de tu crecimiento personal será la evidencia de que ya no te preocupan o estresan las cuestiones triviales que anteriormente te agotaban.

Apunta algo que tiempo atrás te volvía loco pero que ya no te molesta y explica la razón de este cambio de actitud.

Día 25

Recuerda que todas las personas que conoces tienen miedo de algo, aman algo y han perdido algo. Respeta esto. Y sé extraordinariamente amable. Tómate tiempo para escuchar de verdad. Tómate tiempo para aprender algo nuevo. Tómate tiempo para decir gracias. Hoy.

¿Qué puedes hacer para ser un poco más amable de lo habitual hoy? Y ¿quién fue la última persona que fue amable contigo sin que lo esperases?

Día 26

Los demás rara vez pensarán y actuarán exactamente como querrías que lo hicieran. Ten la esperanza de que lo hagan de la mejor manera, pero pocas expectativas al respecto. Acepta estar en desacuerdo cuando sea necesario. Y ten cuidado de no menospreciar a aquellos con quienes no estés de acuerdo. Con nuestro sentido de la justicia, es fácil que encarnemos los mismos rasgos que no nos gustan en los demás.

¿Cómo han hecho mella en ti las expectativas que has albergado recientemente en relación con otras personas? ¿Qué sucedió y qué has aprendido?

Día 27

Ama lo que haces hasta que puedas hacer lo que amas. Ama el lugar en el que te encuentras hasta que puedas ir adonde quieres encontrarte. Ama a las personas con las que estás hasta que puedas estar con las personas que más amas. Esta es la forma de encontrar la felicidad, las oportunidades y la paz.

¿Cómo encarnarás el *amor* hoy? ¿Qué harás, concretamente?

Día 28

Con el paso de los años nos volvemos más apacibles. La vida nos va volviendo más humildes. Nos damos cuenta de que hemos perdido el tiempo con muchas tonterías. Por lo tanto, haz todo lo que puedas ahora mismo para sentir la paz que emana de tu decisión de superar los pequeños dramas carentes de importancia.

¿En qué tipo de dramas te encuentras atrapado a veces? ¿Qué puedes hacer para salir de ahí?

Día 29

No es demasiado tarde. No vas retrasado. Estás exactamente donde debes estar. Cada paso es necesario. No te juzgues ni reprendas por la cantidad de tiempo que está durando tu viaje. Todos necesitamos nuestro propio tiempo para recorrer nuestra propia distancia. Reconoce tus propios méritos. Y agradece haber llegado hasta aquí.

¿Cómo de lejos has llegado? ¿Cuánto has crecido? Piensa en los detalles de tu desarrollo personal reciente y a largo plazo. ¿En relación con qué no has reconocido lo suficiente tus propios méritos?

Día 30

No eres la misma persona que eras hace un año, hace un mes o hace una semana. Siempre estás creciendo. Las experiencias no se detienen. Así es la vida. Y las mismas experiencias que te parecen tan duras cuando estás pasando por ellas son las que recordarás con gratitud cuando veas lo lejos que has llegado.

¿Qué es lo más difícil que estás tratando de lograr o afrontar en este momento? Anota algo que sea pequeño y a la vez necesario.

Día 31

Llegará un momento en el que creerás que todo ha terminado, que has llegado al final del camino. Pero esta es la línea de salida. Sé humilde. Permítete seguir aprendiendo. El mundo es más grande que la visión que tienes de él. Siempre hay espacio para una nueva idea, un nuevo paso, un nuevo comienzo.

¿Qué significa un nuevo comienzo para ti ahora? ¿Qué es lo primero que harás al respecto?

La constancia lo es todo

Estas prácticas matutinas no significan casi nada si no se practican con constancia. Si escribes en tu diario una mañana, no será suficiente. Es el efecto acumulativo de unos actos simples y aparentemente mundanos a lo largo del tiempo lo que conduce a unos resultados positivos que nos pueden cambiar la vida.

No nos imbuye de una emoción inmediata el hecho de poner un pie delante del otro todos los días durante semanas, pero al proceder así, muchos seres humanos normales han subido casi nueve mil metros, hasta la cima de la montaña más alta del mundo, el monte Everest.

¡Puedes elegir! Elige poner un pie delante del otro desde el primer momento cuando sería más fácil no hacerlo. Elige abrir tu diario al amanecer cuando sería más fácil seguir durmiendo. Demuéstrate a ti mismo, con pequeños actos cada mañana, que tienes el poder de tomar el control de tu día y de tu vida.

18 VERDADES que me dijo mi PADRE

Hace casi veinticinco años, cuando era estudiante de primero de secundaria, mi profesora de inglés nos dio una tarea titulada «Consejos para una generación más joven». El concepto era simple: cada alumno tenía que entrevistar a una persona que tuviese más de veinticinco años, reunir suficiente información para escribir una biografía básica de su vida y averiguar cuáles serían los mejores consejos que le daría a una generación más joven. Elegí entrevistar a mi padre. Tenía cincuenta y tres años en ese momento y me dio dieciocho consejos.

Había olvidado por completo todo esto hasta hace poco, cuando fui a visitar a mis padres y saqué algunas cajas viejas que había en el desván. En una de ellas encontré la tarea mencionada, fechada el 22 de abril de 1996. La leí y me quedé totalmente impresionado.

Aunque los consejos de mi padre son relevantes para la gente de todas las edades, mi personalidad adulta puede identificarse con ellos de una manera que mi personalidad de catorce años no pudo hacer en ese momento. De hecho, el primer pensamiento que tuve al leer esa lista fue que mi padre tenía razón.

Aquí están sus dieciocho consejos para una generación más joven, transcritos con su permiso:

1. No vivirás la treintena, la cuarentena y la cincuentena como si tuvieses esos años realmente.

Los adultos no son más que niños mayores. En general, seguirás sintiéndote exactamente igual que como te sientes en este momento, pero un poco más sabio y seguro de ti mismo. Has tenido tiempo de determinar tu lugar en el mundo y descubrir lo que es importante para ti. No tengas miedo de crecer; espéralo con ilusión. Es impresionante.

2. Tanto tú como tus amigos experimentaréis infortunios.

Experimentar problemas inesperados forma parte de la vida y el crecimiento personal. Recuerda que las tragedias rara vez son tan malas como parecen, e incluso cuando lo son, nos dan la oportunidad de volvernos más fuertes.

3. Cualquier persona puede tener un gran impacto.

Es fácil sentirse pequeño y desesperanzado. Pero cada gesto amable eleva el espíritu, y las elecciones que efectuamos todos los días son importantes, para nosotros y para quienes tenemos alrededor.

4. Las primeras impresiones no lo dicen todo.

Todas las personas y cosas parecen normales contempladas desde la distancia, o a primera vista. Es cuando recibimos la décima, la vigésima o incluso la quincuagésima impresión cuando empezamos a entender cómo es realmente una persona.

5. Obtenemos grandes resultados cuando reducimos nuestro radio de acción.

Concentra tus esfuerzos en áreas cada vez más pequeñas. Si los expandes por un área extensa, no tendrán un gran impacto. Piensa a pequeña escala, y los efectos serán grandes.

6. Ámate a ti mismo. Conviértete en tu prioridad.

Esfuérzate por ser como quieres ser. Nutre tu mente y tu cuerpo. Aprende todos los días, hasta el mismísimo día de tu muerte.

7. A veces hay que seguir yendo a por ello.

En raras ocasiones hacemos bien las cosas la primera vez. De hecho, por lo general, las únicas personas a las que las cosas les salen bien son las que siguen insistiendo incluso cuando lo han intentado varias veces antes.

8. Para obtener, tenemos que dar.

Apoyar, guiar y dar a otras personas es una de las mayores recompensas de la vida. Todo lo que hacemos vuelve.

9. No hay mucho por lo que valga la pena luchar.

No dejes que un solo malentendido venenoso te haga olvidar los innumerables momentos amorosos que has pasado con otra persona. Si estás enojado con alguien a quien amas, abrázalo a propósito. Es posible que no tengas ganas de abrazar a esa persona, lo cual es una razón más para hacerlo.

10. No intentes impresionar a todo el mundo.

En lugar de ello, sé tú mismo frente a los demás. Conecta con menos personas en un nivel más profundo.

11. No abandones la diversión.

La diversión puede parecer una indulgencia, pero debería ser una obligación. Encuentra tiempo para divertirte.

12. No te compliques la vida.

Elige los cinco temas que sean más importantes en tu vida ahora y enfócate en ellos. Olvídate de cualquier otra cuestión. No estés tan superocupado y disfruta de lo que es importante para ti.

13. Las cosas pequeñas no se olvidan.

Por lo tanto, préstales atención. Estoy hablando de cosas como ver dormir a tu hijo. Preparar una comida con tu familia. Compartir unas risas con un viejo amigo. Estas son las cosas reales de las que está hecha la vida.

14. Guárdate tus opiniones.

Sé una caja de resonancia, no un director de escena. Las personas que hay en tu vida te lo agradecerán, y encontrarán su propio camino.

15. Administra tu tiempo.

Ten cuidado de no confundir lo urgente con lo importante.

16. Administra tu dinero.

No dejes que tu dinero te administre a ti.

17. Lo que estás aprendiendo en la escuela sí es importante.

Si bien es posible que no utilices lo aprendido en cada clase, con el tiempo desarrollarás unas habilidades para la resolución de problemas universalmente aplicables.

18. Los sueños seguirán siendo sueños para siempre si no te pones en marcha.

No sueñes más con eso. Comienza a hacerlo. Dentro de cuarenta años, ¿qué es lo que lamentarás no haber logrado, valorado o intentado? ¡Hazlo, valóralo e inténtalo *ahora*!

10 MENTIRAS que OIRÁS antes de empezar a perseguir tus sueños

DESAFORTUNADAMENTE, JUSTO ANTES de que des el primer paso en el camino que conduce al cumplimiento de tus sueños, gran parte de las personas que tienes alrededor, incluidas las que se preocupan mucho por ti, te darán unos consejos terribles. No porque tengan malas intenciones, sino porque no entienden el panorama general, es decir, lo que significan para ti tus sueños, tus pasiones y tus objetivos vitales. No entienden que, desde tu punto de vista, la recompensa bien merece el riesgo.

Por lo tanto, intentan salvaguardarte protegiéndote de la posibilidad del fracaso, lo cual, en efecto, también te «protege» de la posibilidad de hacer realidad tus sueños.

Siguen a continuación diez malos consejos (diez mentiras) que los demás probablemente te dirán cuando decidas perseguir tus sueños; te explicamos también por qué son consejos tremendamente equivocados.

1. Podrás perseguir tus sueños algún día, pero en este momento necesitas trabajar en serio y ser responsable.

¿Cuándo es «algún día»? Es una generalización nebulosa de un tiempo que probablemente no llegará nunca. Hoy es el único día en que puedes comenzar a provocar un cambio en tu vida. Y todo el sentido de la vida consiste en perseguir los propios sueños. No esperes hasta «algún día». Haz que hoy sea el primer día del resto de tu nueva vida.

2. Estás totalmente acabado si no funciona.

¡Incorrecto! De hecho, el peor de los escenarios posibles es que las cosas no funcionen y tengas que volver a hacer exactamente lo que estás haciendo en este momento.

3. Es más seguro que no dejes tu trabajo actual.

Evitar riesgos puede ser el camino más peligroso de todos. Recuerda que *más seguro* no siempre significa *mejor*.

4. ¡Eso es imposible!

Solo es imposible si nunca haces nada al respecto. Si realmente te dedicas a perseguir un resultado final, casi todo es posible. Solo debes desearlo lo suficiente.

5. Solo unos pocos afortunados lo logran.

¡Esto es así porque esos pocos afortunados hicieron algo al respecto! Tenían el impulso, la determinación y la fuerza de voluntad que tú tienes ahora. De manera que puedes ser uno de ellos. Depende de ti y solo de ti.

6. Podrías fracasar. Y el fracaso es malo.

Los fracasos no son más que peldaños hacia el éxito. O tendrás éxito o aprenderás algo, de manera que solo podrás salir ganando. El mayor error que podrías cometer es no hacer nada por tener demasiado miedo de cometer un error.

7. Sacrificarás demasiado por muy poco.

A la hora de trabajar duro para realizar un sueño (obtener un título, levantar un negocio o materializar cualquier otro logro personal que requiera tiempo y compromiso), algo que debes preguntarte es si estás dispuesto a vivir algunos años de tu vida como muchas personas no harán para poder pasar el resto de tu vida viviendo como muchas personas no pueden hacerlo.

8. Necesitas tener más dinero ahorrado antes de poder dar el primer paso.

No necesitas más dinero. Necesitas un plan. Estudiar a quienes han tenido éxito con emprendimientos similares puede ayudarte. Pero, sobre todo, da pequeños pasos. No seas ingenuo y supongas que debes tener una cierta cantidad de dinero ahorrado en este momento, o que debes dejar tu empleo hoy para perseguir tus sueños. En lugar de ello, pregúntate qué acciones puedes emprender ahora mismo con el dinero y los recursos de los que dispones para empezar a avanzar hacia tu meta.

9. No necesitas ayuda. Es más inteligente que persigas tu sueño solo.

Rodearte de personas positivas aumentará tu efectividad y tus posibilidades de éxito; por lo tanto, pasa tiempo con gente que respalde tus objetivos. Si estás rodeado de individuos cínicos y negativos todo el tiempo, te volverás cínico y negativo. ¿Reflejan aquellos con los que estás el tipo de persona que eres y que quieres ser?

10. Creo que vas a tener que trabajar duro.

¡Esto es así!, pero no significa que no valga la pena. Nosotros dos* creemos que el éxito en la vida radica en un punto clave: encontrar el trabajo duro que nos encanta hacer. Siempre y cuando te

---

* Los coautores de este libro (N. del T.).

mantengas fiel a ti mismo y a tus intereses, tus valores y tus sueños, podrás encontrar el éxito a través de la pasión. Y quizá lo más importante es que dentro de unos años no te encontrarás trabajando en un ámbito que aborreces preguntándote cómo diablos vas a hacer eso durante los próximos treinta años. Por ello, si estás trabajando duro y saboreando cada minuto de ese trabajo, no te detengas. Estás yendo tras algo grande. Haz caso omiso de estas tonterías equivocadas y estarás en camino de cumplir tus sueños.

    ¡Ahora sal y triunfa!

8 RAZONES por las que DEJAR de esperar la aprobación de los demás

No **puedes ser** libre si te preocupa lo que los demás piensen de ti. No aceptes las opciones seguras y fáciles por miedo a las opiniones ajenas o a lo que pueda ocurrir. Si te quedas con dichas opciones, nunca sucederá nada. No dejes que las mentes pequeñas te convenzan de que tus sueños son demasiado grandes. A partir de hoy, deja de esperar la aprobación de los demás. Estas son las razones por las que te conviene prescindir de dicha aprobación:

1. Solo tienes una vida para perseguir los sueños que te hacen sentir vivo.

Es mejor que falles (y aprendas) haciendo algo que amas que no que tengas éxito haciendo algo que detestas. Por lo tanto, asume riesgos en nombre de aquello en lo que crees. Falla hasta que tengas éxito. Afronta tus miedos con coraje y pasión. Cumple con tu palabra y mantente fiel a tu visión hasta que cobre vida.

2. La aprobación de otra persona solo es una opinión más.

Nunca sacrifiques quién eres o quién aspiras a ser por el hecho de que alguien tenga un problema con eso. Ámate por dentro y por fuera, y sigue adelante. Nadie tiene el poder de hacerte sentir pequeño a menos que le des ese poder. Eres la única persona que puede crear tus sueños y tu felicidad.

3. La única opinión de ti que realmente importa es la tuya.

Abandona el deseo de ser perfecto a ojos de los demás y emprende la andadura que te llevará a convertirte en la versión más auténtica de ti mismo. Lo que amamos determina nuestros sueños, nuestros sueños determinan nuestros actos y nuestros actos determinan nuestro destino.

4. Algunas personas nunca te darán su aprobación de todos modos.

Hay dos tipos de personas: las que agotan nuestra energía y nuestra fuerza creativa, y las que nos dan energía y apoyan nuestra creatividad, aunque sea con el gesto más simple, como una sonrisa. Evita el primer tipo de personas. Sé quien quieres ser. Si a otros no les gusta, déjalos estar. La felicidad es una elección, *tu* elección.

5. La andadura y la perspectiva de la vida de cada persona es diferente.

No cambies tu perspectiva única por nadie. Lo que se avecina siempre será un misterio. No tengas miedo de explorar, aprender y crecer. Nunca estará claro por qué suceden algunas cosas. Tómatelo con calma y sigue adelante.

6. La experiencia de primera mano a menudo es necesaria para el crecimiento personal.

Algunas lecciones de la vida solo se pueden entender si uno mismo las vive. Estas experiencias nos aportan la capacidad de pensar de manera más lógica y dar pasos sensatos en una dirección positiva.

7. Tu intuición no requiere la aprobación de nadie.

A la hora de ejercitar tu genio interior, debes probar lo que quieras probar, ir adonde quieras ir y seguir tu propia intuición. No dejes que otras personas pongan barrotes alrededor de tus ideas. Si sientes que algo es correcto, arriésgate por ello. Porque nunca se sabe lo extraordinario que puede ser el resultado que obtengas.

8. La vida es demasiado corta para esperar más.

En el gran orden de las cosas, no tienes mucho tiempo; nadie lo tiene. Así que contempla este regalo que te han dado y elige ser feliz, sin requerir la aprobación de nadie. ¿Qué puedes perder?

PUEDES CAMBIAR EL MUNDO

Una revelación

Imagina que es el año 2000 antes de Cristo y eres un pescador que vive en la costa de lo que hoy es el sur de Europa. Como cualquier otra mañana, estás pescando cuando de pronto un potente aluvión de energía entra en tu cuerpo. Te provoca una sensación de cosquilleo en la punta de los dedos, una vibración en el corazón y calor en el vientre. Sabes que no es un ataque de ansiedad ni un infarto porque la sensación es reconfortante y gratificante.

Bajas la caña de pescar y te sientas junto al agua. Te agachas y te salpicas un poco de agua fría en la cara. Y es entonces, en ese momento apacible, cuando tienes una revelación. Y aunque no puedes explicar cómo o por qué estás recibiendo esa comprensión en ese momento, pues no has hecho nada fuera de lo común para obtenerla, su mensaje es claro como el cristal: la Tierra no es plana. La Tierra es una esfera. Puedes visualizarla girando alrededor del Sol en un patrón orbital predecible. En tu visualización también se muestra que la Tierra forma parte de un sistema solar compuesto por ocho planetas que está separado de las estrellas que se ven en el cielo nocturno, las cuales siguen unos patrones de movimiento predecibles similares a los del Sol. Hay todo un universo inexplorado ahí fuera del que nadie más es consciente.

Cuando la magnitud de esta revelación se asienta en tu mente, comienzas a sudar presa del nerviosismo. Porque si bien el pequeño pueblo costero en el que vives es pacífico, no tolera bien las ideas y teorías extravagantes como las que acaban de sacudir tu cerebro. Si se las contaras a alguien, los nobles y los líderes del pueblo podrían interpretarlas como una amenaza directa a la estabilidad cultural de la comunidad, y el resto de los aldeanos probablemente pensarían que te has vuelto loco. ¡Podrían exiliarte!

Decides que debes ocuparte de tu negocio como de costumbre y dejar las visiones y revelaciones profundas a los brujos y nómadas que habitan en los bosques que rodean la civilización. Estos individuos ya decidieron que el mundo en el que crecieron no tenía las respuestas que estaban buscando, y son ellos quienes deberían transmitir estas ideas extravagantes al mundo. Porque no tienen nada que perder, al menos no tanto como tú.

Por lo tanto, no le comunicas a nadie tu revelación. Los días se convierten en semanas. Las semanas se convierten en meses. Y te imaginas, cada día, que estás mejor por haber mantenido la boca cerrada. Pero también eres consciente de que mantener el secreto te está carcomiendo y está afectando a tu vida. Te has distanciado de la gente y cada vez duermes menos. Tu mente no deja de estar agitada.

Palabras de sabiduría

Una noche, después de estar horas dando vueltas en tu lecho, finalmente te duermes y comienzas a soñar. Sueñas que estás sentado ante una mesa redonda en una habitación escasamente iluminada. Hay una mujer sentada al otro lado de la mesa. Apenas eres capaz de distinguir su rostro, pero puedes ver que su cabello es plateado y su piel está gastada. Parece vieja y sabia, y sientes que su mirada puede llegar hasta tu alma. Pero también te sientes aliviado, porque no hay nada que puedas ocultarle. Ella ya sabe lo que tú sabes.

—¿Sabes por qué estás sentado aquí conmigo? —pregunta en voz baja y con tono suave.

—No lo sé —respondes—. Supongo que es porque no tengo a nadie más con quien poder hablar.

Ella sonríe y dice:

—Estás aquí porque tienes algo que decir. Algo que sabes que tiene una importancia inconmensurable; algo que cambiará el mundo cuando finalmente lo digas. Pero tienes miedo de decirlo porque no crees que la gente esté lista para escucharlo.

Permaneces en silencio por un momento, mirándola a los ojos. Sientes que de su corazón emana una energía que suaviza el tuyo, aliviando su tensión. Le hace saber que puede latir con fuerza y orgullo al ritmo que quiera sin tener que preocuparse. Porque se está a salvo en ese espacio; es un santuario en el que no hay juicios. Y todo el miedo que albergabas en tu interior va remitiendo poco a poco. Respiras hondo y dices:

—Estoy aquí porque tuve una revelación en la que vi, claramente, que la Tierra no es plana. Es una esfera que gira alrededor del Sol como parte de un sistema solar en el que hay ocho planetas. Y también hay otras estrellas por ahí, tal vez rigiendo otros sistemas solares, en lo que probablemente sea un universo vasto e inexplorado. —Te detienes un momento, haces dos respiraciones profundas más y continúas—: No sé de dónde vino esa revelación ni por qué llegó a mí. Pero he hecho algunas pruebas preliminares y los resultados parecen demostrar que el contenido de la revelación es correcto. De hecho, a estas alturas estoy seguro de que lo es. Y estoy seguro, también, de que la gente de este mundo no está lista para algo así. Ya he recibido el castigo de tener esta revelación, y no quiero ser castigado de nuevo por transmitir lo que sé a los demás.

La mujer vuelve a sonreír y, al hacerlo, te sientes más aliviado que en ningún otro momento desde que tuviste la revelación. Y te dice estas palabras:

—En todos los ámbitos de la vida, nunca sabrás cuándo está listo el mundo. Solo sabrás cuándo estás listo tú. Y sabrás que lo estás porque tomarás medidas y harás algo al respecto. Y cuando hayas hecho algo, sabrás cuándo hay más por hacer porque harás más. —Sus palabras de sabiduría son muy claras y simples. Pero tú recuerdas que el mundo real es mucho más retorcido y complicado. En el mundo real, hay que lidiar con culturas y costumbres que han estado vigentes durante generaciones. La mujer sigue hablando—: Lo más importante que debes recordar es que aunque te parezca que estás a merced del mundo, no lo estás. Porque el mundo que te rodea no es más que un reflejo de lo que hay en tu interior: tus pensamientos. Lo que crees que es un mundo entero que no está listo no es un mundo en absoluto. Eres tú. Y cuando cambies notarás que el mundo exterior también ha cambiado.

Has cambiado

Tus ojos se abren poco a poco. Te sientas en tu lecho y meditas en silencio sobre tu sueño. Al cabo de unos momentos, te levantas y sales por la puerta de tu cabaña para tomar aire fresco. Y mientras estás ahí mirando cómo amanece en el pueblo, percibes que algo es diferente. Todo el pueblo parece más brillante y vivo de lo que recuerdas. ¿Ha cambiado el lugar? ¿Han cambiado sus habitantes? ¿O solo son imaginaciones tuyas? No estás seguro.

De lo que estás seguro es de que tienes peces que pescar hoy. Y de que tienes algo importante que decir. Y aunque todavía no sabes cómo vas a decirlo, cada vez confías más en que no tardarás en saberlo. Y cuando te des cuenta de que lo sabes, ya habrás comenzado a decir lo que debes decir.

Y el mundo que te rodea ya habrá empezado a cambiar.

Porque tú has cambiado.

10 COSAS que conviene que HAGAS aunque los demás te juzguen

¿Qué harías de otra manera si supieras que nadie te va a juzgar? Los demás pueden haber escuchado tus historias, pero no están viviendo tu vida. Así que olvida lo que digan. Enfócate en cómo te sientes y haz lo que en tu fuero interno sabes que es correcto. Aquí tienes diez cosas que conviene que hagas aunque los demás te juzguen por ello:

1. Cuídate.

Si no cuidas bien de ti mismo, tampoco podrás cuidar bien de los demás. Esta es la razón por la que ocuparte de ti mismo es el mejor comportamiento «egoísta» que puedes tener.

2. Haz lo que sabes que es adecuado para ti.

No dejes que la ignorancia, el dramatismo o la negatividad de nadie te impidan ser la mejor versión de ti mismo. Porque si estás totalmente en paz contigo mismo, nada puede alterarte.

3. Sigue tu propio camino, que es único.

Cada nuevo día tienes una oportunidad de cambiar tu vida. Trabaja para hacer de la vida todo lo que quieres que sea. Y mientras estás ahí tomando decisiones en lugar de fabricando excusas, aprendiendo cosas nuevas y acercándote cada vez más a tus objetivos, sé consciente de que hay otras personas que admiran tus esfuerzos y también se están esforzando por lograr algo importante.

4. Enfócate todos los días en alcanzar tus metas.

La forma en que pasamos nuestro tiempo define quiénes somos. Las personas que tienen éxito no paran de avanzar realizando cada día pequeñas acciones que las acercan un par de pasos a su sueño. Cometen errores por el camino, pero no se rinden; aprenden y continúan.

**5. Adapta tus metas y sueños a medida
que la vida va cambiando.**

La vida es impredecible, pero ofrece muchas oportunidades de hacer realidad los sueños. Ahora bien, no olvides que, a veces, dar un paso positivo hacia delante requiere adaptar ligeramente los sueños o planear otros nuevos. No hay ningún problema en cambiar de opinión y de rumbo si es necesario.

6. Perdona a quienes te han hecho daño.

El perdón es un regalo que nos hacemos a nosotros mismos. Nos permite enfocarnos en el futuro sin combatir el pasado. En ausencia del perdón, las heridas nunca se pueden curar, y nunca se puede hacer borrón y cuenta nueva. Lo que sucedió en el pasado no es más que un capítulo. No cierres el libro; pasa la página.

7. Muéstrate amoroso y amable con todo el mundo.

Si estás reservando tu amor para aquellas personas que has decidido que lo merecen, entre las cuales no hay ningún desconocido, tal vez te sorprenda saber que esto no es amor en absoluto, sino *juicio*. Así como la luz del sol y el viento no discriminan, el verdadero amor tampoco efectúa ninguna distinción. El amor y la amabilidad son formas de vivir. Donde hay amor, no hay juicio. Donde hay juicio, no hay amor.

8. Defiende a los demás, aunque sea un comportamiento impopular.

A veces dirás algo simple y sin importancia, pero encajará en un espacio vacío del corazón de alguien. Atrévete a meterte en la oscuridad para tirar de alguien hacia la luz. Recuerda que las personas fuertes se defienden por sí mismas pero que las más fuertes también defienden a los demás y echan una mano cuando pueden.

9. Lucha en medio de tus fracasos.

Cuando te sientas abatido o estés lidiando con contratiempos, no te avergüences. Estás atravesando un momento difícil, pero sigues avanzando. Debes estar orgulloso de seguir luchando en medio de las dificultades e ir superándolas poco a poco. Sé consciente de que hoy eres mucho más fuerte que ayer y de que lo seguirás siendo.

10. Mantén la cabeza alta y no dejes de sonreír.

No llores por el pasado; llora para superar el pasado. No sonrías para ocultar el dolor; sonríe para curarlo. No pienses en toda la tristeza que hay en el mundo; piensa en toda la belleza que aún te rodea.

15 MANERAS de VIVIR (en lugar de limitarte a existir)

DEMASIADO A MENUDO vamos por la vida en piloto automático, pasando por las circunstancias, aceptando las cosas tal como son y dejando que cada día pase como pasó el anterior. Todo parece relativamente normal y cómodo, excepto por esa sensación que habita en el fondo de nuestra mente que nos dice que es hora de efectuar algunos cambios.

Siguen a continuación quince consejos simples para quienes quieren liberarse de los patrones habituales y vivir más su vida (experimentarla y disfrutarla al máximo en lugar de conformarse con existir).

1. Valora todo lo maravilloso que hay en tu vida.

A veces no advertimos lo que hacen por nosotros los demás hasta que dejan de hacerlo. Da las gracias por lo que tienes, por quienes te aman y por quienes se preocupan por ti. Aprecia verdaderamente la vida, y descubrirás que la vives más.

2. Desconecta de la negatividad de los demás.

Ignora los comentarios no constructivos e hirientes. Nadie tiene derecho a juzgarte, y solo tú puedes impedir que las palabras venenosas de otras personas entren en tu corazón y en tu mente.

3. Perdona a quienes te han hecho daño.

El primero en disculparse es el más valiente. El primero en perdonar es el más fuerte. El primero en seguir adelante es el más feliz. Sé valiente. Sé fuerte. Sé feliz. Sé libre.

4. Sé quien realmente eres.

En este mundo que intenta hacer que seas como todos los demás, encuentra el valor para seguir siendo extraordinario. Y cuando se rían de ti por ser diferente, ríete de ellos por ser iguales. Se necesita mucho coraje para ser único, pero vale la pena. Vale la pena que tú seas *tú*.

5. Elige escuchar tu voz interior.

La vida o bien es un viaje valiente o bien no es nada en absoluto. Tu camino es tuyo y solo tuyo. Tal vez haya personas que caminen contigo, pero nadie puede caminar por ti.

6. Acepta el cambio y disfruta tu vida a medida que se va desplegando.

La parte más difícil del crecimiento personal es dejar aquello a lo que estábamos acostumbrados y seguir adelante con algo a lo que no estamos nada habituados. Es posible que no termines exactamente donde pretendías ir, pero acabarás por llegar exactamente adonde debes estar.

7. Elige tus relaciones de forma inteligente.

Las mejores relaciones no se construyen solo compartiendo buenos momentos, sino también atravesando obstáculos juntos y reiterando que nos queremos al final. No permitas que la soledad haga que vuelvas a estar en compañía de alguien que sabes que no es compatible contigo. Vale la pena tener paciencia y esperar a que llegue la oportunidad de tener una relación genial.

8. Muestra tu reconocimiento a quienes te aman.

Las personas que más recordarás serán aquellas que te amaron cuando no era muy fácil amarte. Presta atención a quiénes son estas personas y ámalas tú ahora, aunque no estén actuando de formas que inspiren amor.

9. Ámate a ti mismo también.

Si puedes amar a los niños a pesar del desorden que generan, a tu madre a pesar de su tendencia a regañar, a tu padre a pesar de que es demasiado obstinado, a tu hermana aunque siempre llega tarde o a tu amigo aunque a menudo se olvida de devolver lo que pide prestado, sabes cómo amar a las personas imperfectas, y sin duda puedes amarte a ti mismo.

10. Realiza actos que tu futuro yo te agradecerá.

Lo que haces todos los días es más importante que lo que haces de vez en cuando. Lo que haces hoy es importante porque estás intercambiando un día de tu vida por ello. Asegúrate de que valga la pena.

11. Agradece todos los problemas que no tienes.

Hay dos formas de ser rico: una es tener todo lo que uno quiere; la otra es estar satisfecho con lo que uno tiene. Acepta y valora las cosas ahora, y encontrarás más felicidad en cada momento que vivas. Y recuerda que tienes que luchar durante algunos días malos para obtener los mejores días de tu vida.

12. Resérvate suficiente tiempo para divertirte.

A veces es necesario retroceder unos pasos para ver las cosas con claridad. No dejes nunca que tu vida esté tan llena de trabajo, tu mente tan repleta de preocupaciones o tu corazón tan saturado de viejas heridas o enojo que no quede espacio en ellos para la diversión.

13. Disfruta de las cosas sencillas.

Los momentos más simples contienen gozo y magia; hablamos de momentos como contemplar una puesta de sol en el horizonte o pasar tiempo con un miembro de la familia. Disfruta las pequeñas situaciones, porque tal vez un día mirarás atrás y descubrirás que fueron las más grandes.

14. Acepta el hecho de que el pasado no es hoy.

No dejes que el pasado te robe el presente y el futuro. Todos cometemos errores, tenemos problemas e incluso lamentamos situaciones de nuestro pasado. Pero no eres tus errores, no eres tus dificultades y ahora estás *aquí* con el poder de dar forma a tu día y tu futuro.

15. Suelta cuando debas hacerlo.

No siempre hay que intentar arreglar lo que está roto. Algunas relaciones y situaciones no se pueden componer. Si intentas forzar su arreglo, las cosas solo irán peor. A veces hay que comenzar de nuevo y crear algo mejor. La fuerza no solo se muestra en la capacidad de persistir, sino también en la capacidad de volver a empezar con una sonrisa en la cara y pasión en el corazón.

PREGUNTAS Y PLANTEAMIENTOS SOBRE LA PASIÓN PARA HACERTE PENSAR

¿Qué es aquello de lo que NUNCA te cansarás?

¿Qué actividades te hacen PERDER la noción del tiempo?

¿Qué te FASCINA?

Indica algo que harías TODOS LOS DÍAS si pudieras.

¿En qué momento de tu pasado reciente te has sentido más APASIONADO y vivo?

¿Estás haciendo aquello en lo que CREES o te estás conformando con lo que estás haciendo?

¿QUÉ cosa no has hecho que realmente quieres hacer? ¿Qué te detiene?

Indica algo de lo que no querrías PRESCINDIR ni un solo día.

¿Preferirías tener MENOS trabajo que hacer o más trabajo del que realmente te gusta?

¿Qué harías de forma DIFERENTE si supieras que nadie te va a juzgar?

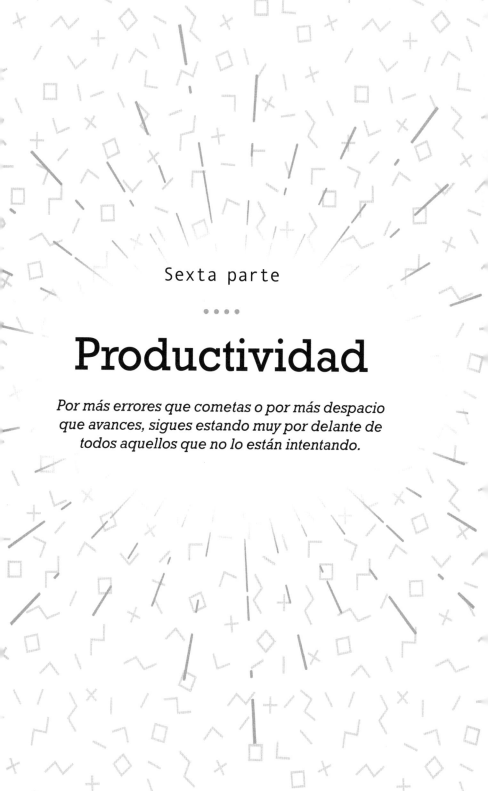

Sexta parte

· · · ·

Productividad

Por más errores que cometas o por más despacio que avances, sigues estando muy por delante de todos aquellos que no lo están intentando.

MENOS QUE PERFECTO ES UN COMIENZO PERFECTO

Su primer suscriptor

—¿Cómo lo hiciste? —me preguntó ella—. En un mar de blogs que nunca logran destacar, ¿cómo iniciaste un blog personal que atrajo la atención de diez mil suscriptores?

Me reí.

—Yo mismo he estado dándole vueltas a esto intentando entenderlo, ¿sabes?

—¡Vamos, Marc! —insistió—. Estoy hablando en serio. Me estoy preparando para empezar mi propio blog y tengo miedo de fallar. Quiero tenerlo todo controlado; no quiero comenzar hasta saber cómo hacerlo bien.

La miré un momento.

—Bueno, un domingo por la noche, hace unos años, tomé la decisión de escribir un artículo sobre algo que me inspiró, y después lo publiqué en mi blog. Y, desde entonces, todos los domingos por la noche he tomado una decisión similar.

—¿Eso es todo? —preguntó—. ¿Sin ningún plan de lanzamiento? ¿Sin ajustes de diseño? ¿Sin ninguna estrategia de *marketing*?

—No, al menos al principio —respondí—. Hice unos pequeños ajustes por el camino, pero para entonces mi blog ya contenía una serie de artículos. Y la mayoría de los ajustes se basaron en los comentarios de los lectores y en el análisis de las estadísticas de los visitantes para ver qué artículos estaban atrayendo más la atención.

—Por lo tanto, ¿crees que todo lo que debo hacer es empezar a escribir ahora mismo sobre aquello que me inspira?

—Sí —contesté—. La única forma en que puedes fallar es no escribiendo, esperando hasta tener el plan perfecto antes de comenzar. Porque lo «perfecto» no existe. No es humano. No eres tú.

Sonrió y me dio las gracias. Esa misma tarde me envió un correo electrónico con un enlace al primer artículo que había publicado en su blog. Y me convertí en su primer suscriptor.

¿Cuál es el propósito central?

Angel y yo hemos descubierto que la parte más difícil de la creación de algo nuevo (un sitio web, un producto, una herramienta tecnológica) es el acto de empezar. Dejamos que nuestra mente creativa se vea tan atrapada por la planificación y el diseño de los requisitos y prerrequisitos ideales para nuestra nueva creación que obstaculizamos drásticamente el mismísimo proceso creativo.

Lo que impide que la mayoría de las personas comiencen con un plan o producto menos que perfecto es el miedo al fracaso. Existe la idea errónea de que si no lo hacemos perfectamente bien la primera vez, nuestra creación fallará y se habrán echado a perder todos nuestros esfuerzos. Pensamos que sin esa característica o ese ajuste no tiene ningún sentido que lo hagamos. Todo esto es absurdo.

La verdad es que toda creación o innovación que tiene éxito contiene un propósito de base central, una pequeña esencia que justifica su existencia. Cualquier ajuste o característica que esté más allá del ámbito de este propósito central es opcional. Cuando mi amiga decidió que quería iniciar un blog, gastó toda su energía en trazar el plan y el diseño perfectos en lugar de limitarse a escribir sus primeros artículos, que son la razón de ser de un blog.

La próxima vez que decidas crear algo nuevo, recuéstate en un rincón, prescinde de lo superfluo y libera tu creación central lo antes posible para que otros la experimenten. Menos que perfecto es un comienzo perfecto. La necesidad de retoques y ajustes inteligentes surgirá de forma natural en el transcurso del tiempo.

20 COSAS que te importarán mucho MENOS dentro de veinte años

DEMASIADO A MENUDO dejamos que las pequeñas frustraciones de cada día no nos dejen ver la belleza que tenemos delante. Nos quedamos atrapados en nuestra propia cabeza y no concebimos que nuestra vida sea algo mejor que las pocas cosas que no nos están yendo bien. Llamamos a alguien para quejarnos o vomitamos nuestras quejas en las redes sociales. «¡La vida es muy injusta!», gritamos. Y todo el mundo está de acuerdo y efectúa su pequeña contribución a este argumento.

Otras veces hablamos mucho sobre cosas que en realidad no son tan importantes. Escudriñamos lo insignificante y dramatizamos sobre ello hasta la saciedad, y después nos sentamos y nos rascamos la cabeza con desconcierto por lo insatisfactoria que nos parece la vida.

Pero con la edad nos vamos volviendo más callados y nos vamos implicando menos en los dramas y caos absurdos. Y es que la vida nos va volviendo más humildes. Nos damos cuenta de que hemos perdido el tiempo con muchas tonterías. Aquí tienes veinte cosas que acabarás por comprender que son mucho menos importantes de lo que pensaste en su momento:

1. **Las frustraciones inevitables de un día promedio.** El noventa y nueve por ciento de lo que te estresa hoy no tendrá ninguna importancia dentro de un mes. Tarde o temprano lo sabrás con certeza. Por lo tanto, haz todo lo que puedas por dejar de lado las tonterías, mantener una actitud positiva y seguir adelante con tu vida.

2. **Los pequeños fracasos que a menudo te hacen sentir cohibido.** Cuando establecemos metas y asumimos riesgos calculados en la vida, acabamos por comprender que hay momentos en los que triunfamos y momentos en los que fracasamos, y que ambos son igualmente importantes a largo plazo.

3. **Lo «perfecto» que podría o debería ser todo.** Comprender la diferencia entre el esfuerzo razonable y el perfeccionismo es fundamental para seguir adelante en la vida. El perfeccionismo no solo nos causa un estrés y una ansiedad innecesarios debido al anhelo superficial de hacerlo siempre bien, sino que también evita que hagamos cualquier cosa que valga la pena.

4. **Tener una confianza total antes de dar el primer paso.** La confianza es ese impulso interior que nos impele a pasar por alto nuestros temores y dudas injustificados. A veces precede a la acción, pero con mayor frecuencia la sigue. Comienza de todos modos. Tienes que salir de tu zona de confort y arriesgar tu orgullo para obtener la recompensa de encontrar tu confianza.

5. **Todo lo que das vuelve a ti, aunque tenga que recorrer un intrincado laberinto.** El tiempo nos enseña que no conservamos nada en esta vida hasta que lo damos. Esto es aplicable al conocimiento, el perdón, el servicio, el amor, la tolerancia, la aceptación, etc. Hay que dar para recibir. Es una idea muy simple, y sin embargo nos es muy fácil olvidar que darnos desinteresadamente a nosotros mismos es el primer paso.

6. **Apoyar causas nobles solamente en Internet.** Está muy bien apoyar una buena causa en Internet, pero tarde o temprano uno se da cuenta de que si realmente quiere tener un

impacto, también tiene que predicar con el ejemplo. Así que no te ciñas a Internet si quieres contribuir a un mundo mejor. Ama a tu familia. Sé un buen vecino. Practica la amabilidad. Construye puentes. Encarna lo que predicas.

7. **La presión para tener un gran impacto repentino.** Cuando somos jóvenes, nos parece que más rápido es mejor, pero con el tiempo somos testigos del poder que tiene proceder con lentitud pero con constancia para obtener resultados. Acabamos por comprender que ningún acto de amor, bondad o generosidad, por pequeño que sea, se desperdicia. Cualquier cosa que valga la pena requiere un esfuerzo y una dedicación diarios. Con el tiempo, mirarás atrás y te maravillarás por los resultados que has obtenido.

8. **La tentación de las soluciones rápidas.** Cuanto más viejos sean tus ojos, más claramente podrán ver lo ilusorias que son las soluciones rápidas. Cualquier cosa que valga la pena requiere un esfuerzo y una dedicación diarios. ¡Punto! Honestamente, yo antes creía que el solo hecho de formular deseos y decir oraciones cambiaba las cosas, pero ahora sé que los deseos y las oraciones nos cambian a nosotros, y que nosotros cambiamos las cosas. Dejando de lado todos los detalles, cuando te plantees efectuar un cambio sustancial en tu vida (levantar un negocio, obtener un título, fomentar una nueva relación, crear una familia, volverte más consciente o acometer cualquier otro emprendimiento personal que requiera tiempo y compromiso), hazte la siguiente pregunta: «¿Estoy dispuesto a pasar un poco de tiempo cada día como muchas personas no harán para poder pasar la mejor parte de mi vida como muchas personas no pueden hacerlo?». Piensa en esto un momento. Acabamos por convertirnos en lo que hacemos una y otra vez. La adquisición de conocimiento no significa que estés creciendo; el crecimiento personal tiene lugar cuando lo que sabemos cambia la forma en que vivimos a diario.

9. **Tener un calendario repleto de planes emocionantes y elaborados.** No llenes tu vida de planes. Deja espacio. Con el tiempo descubrirás que muchas cosas fantásticas ocurren sin una planificación previa y que algunos grandes pesares se deben a no haber obtenido exactamente lo que habíamos planeado. Por lo tanto, mantén tu vida ordenada y tu agenda poco apretada. Concédete un amplio margen de error y espacio para pensar y respirar en cada paso del camino.

10. **Controlarlo todo constantemente.** Con el paso de los años, nos vamos dando cuenta cada vez más de lo poco que controlamos en realidad. Aprende a confiar en el viaje, incluso cuando no lo entiendas del todo. A veces, lo que nunca quisimos o esperamos resulta ser exactamente lo que necesitamos.

11. **Culpar a los demás.** ¿Alguna vez has conocido a una persona feliz que eluda regularmente su responsabilidad, culpe y señale con el dedo, y ponga excusas por su vida insatisfactoria? Nosotros tampoco. Las personas felices aceptan su responsabilidad por cómo va su vida. Saben que su felicidad es una consecuencia de su forma de pensar, sus creencias, sus actitudes, su carácter y su comportamiento.

12. **Ganarte la aprobación de todos.** Es la fuerza de la propia convicción lo que determina el grado de éxito personal a largo plazo, no la cantidad de individuos que están de acuerdo con cada pequeño acto que realizamos. En última instancia, sabrás que has tomado las decisiones correctas y has seguido el camino adecuado cuando haya verdadera paz en tu corazón, no en el de los demás.

13. **Salvar de sí mismas a personas demasiado dramáticas.** Honestamente, no puedes salvar a algunas personas de sí mismas, así que no te dejes atrapar demasiado por su dramatismo. De todos modos, quienes originan un caos perpetuo en su vida no sabrán apreciar el hecho de que interfieras en la confusión que están creando. Desean tu empatía, pero no quieren

cambiar. Y no es asunto tuyo decirles a estos individuos qué es lo apropiado para ellos.

14. **Las palabras y los comportamientos egoístas y despectivos de los demás.** Si te lo tomas todo de forma personal, será inevitable que te sientas ofendido el resto de tu vida. En algún momento comprendemos que la forma en que nos trata la gente es su problema y que la forma en que reaccionamos es el nuestro. Empieza a gozar al máximo de la increíble libertad que aporta el hecho de no identificarse con las estupideces de los demás.

15. **Ganar en las discusiones.** No definas tu inteligencia o autoestima por la cantidad de discusiones que has ganado, sino por la cantidad de veces que te has dicho en silencio que esas tonterías no valían la pena.

16. **Juzgar a los demás por sus defectos.** Con el paso de los años, nos vamos percatando de lo importante que es darles a los demás el respiro que esperamos que el mundo nos dé cuando nosotros mismos tenemos un día malo. La verdad es que no sabemos por qué situaciones ha pasado alguien en su vida o qué problemas puede tener hoy. Por lo tanto sé amable, generoso y respetuoso... y después sigue con lo tuyo.

17. **La obsesión de la sociedad con la belleza exterior.** Con el paso de los años cada vez nos preocupa menos nuestro aspecto exterior y nos va interesando más cómo somos por dentro. Al final nos damos cuenta de que la belleza no tiene casi nada que ver con la apariencia y sí, en cambio, con quiénes somos como personas, cómo hacemos que los demás se sientan consigo mismos y, lo más importante, cómo nos sentimos con nosotros mismos.

18. **Las posesiones físicas lujosas y caras.** Con el paso de los años, nuestra lista de deseos en cuanto a las posesiones físicas caras tiende a ser cada vez más corta, porque aquello que

realmente queremos y necesitamos son las pequeñas cosas que no se pueden comprar.

19. **Todas las relaciones superficiales que solo te hacen sentir más popular.** Es bueno tener conocidos, pero no te dejes llevar e intentes abarcar demasiado. Asegúrate de tener mucho tiempo para quienes más te importan. Tu tiempo es extremadamente limitado, y tarde o temprano solo querrás estar cerca de las pocas personas que te hacen sonreír por las razones correctas.

20. **Las posibilidades futuras distantes.** A medida que pasa el tiempo, cada vez tienes más detrás de ti y menos delante de ti. Pero esto no importa en realidad, porque la buena vida siempre comienza en este momento, cuando dejamos de esperar otra mejor. Algunas personas esperan todo el día a que llegue la hora de salir del trabajo, toda la semana a que llegue el viernes, todo el año a que lleguen las vacaciones, toda la vida a que llegue la felicidad. El secreto de la felicidad y la paz es dejar que este momento sea como es en lugar de empeñarnos en que debería ser de otra manera, y a continuación aprovecharlo al máximo.

Pensamientos para sacar el máximo partido a los próximos veinte años

A medida que sigas avanzando por el camino de la vida, haz todo lo posible por evitar que alguien o algo se interponga en tu experiencia de la alegría. Vive una vida que chisporrotee y te haga reír a carcajadas todos los días. Porque no querrás llegar al final de tu vida, ni tan siquiera al día de mañana, observando que no es o no ha sido más que un conjunto de reuniones, días que nunca llegaron, trámites y promesas vacías.

Anímate y canta en voz alta en el coche con las ventanas bajadas, baila en tu sala de estar, quédate levantado hasta tarde riendo, pinta tus paredes del color que quieras y disfruta un poco de vino dulce y un trocito de pastel de chocolate. Sí, y duerme entre sábanas blancas limpias, organiza fiestas, pinta, escribe poesía y lee libros tan buenos que te hagan perder la noción del tiempo. Y sigue viviendo y haciendo que Dios se alegre de haberle dado la vida a alguien que ama y aprecia el regalo.

Piensa profundamente.

Habla con gentileza.

Ama mucho.

Ríete a menudo.

Trabaja duro.

Da a quienes te han dado.

Espera menos.

Permanece presente.

Sé amable.

Sé honesto.

Sé sincero contigo mismo.

10 MANERAS en que las personas que tienen ÉXITO empiezan la mañana

EL DÍA TIENE veinticuatro horas de idéntica duración, pero no todas son iguales. Comenzar el día con un propósito y un plan aumenta las posibilidades de éxito. Aquí tienes diez formas inteligentes de comenzar la jornada:

1. Empieza temprano.

Tanto si trabajas desde casa como si tienes que desplazarte para ir al trabajo, cuanto más tiempo hayas tenido para asimilar las últimas noticias y los obstáculos que tienes por delante, mayores serán las probabilidades que tendrás de aprovechar el día al máximo.

2. Determina y revisa tus prioridades.

¿Cuál es tu objetivo número uno en este momento? ¿Qué es lo más importante para ti? ¿Qué te hace feliz? Organiza tu tiempo enfocándote en estas cuestiones. Recuerda que el tiempo es tu mayor recurso limitado, porque por más que lo intentes, no puedes trabajar veinticinco horas ocho días a la semana.

3. Descarta cualquier compromiso no esencial.

El rasgo definitorio de las personas con éxito es la capacidad que tienen de dejar de lado las cosas «algo importantes» para ocuparse primero de las que son vitales. Cuando tengas claras tus prioridades, podrás organizarlas sin problemas en el orden correcto y descartar las actividades y los compromisos que no apoyen a los que están en la parte superior de tu lista.

4. Haz ejercicio.

Además de los beneficios obvios que presenta para la salud, el movimiento mejora el funcionamiento cerebral y reduce el grado de estrés. Desarrollar el hábito de hacer ejercicio de forma constante es una disciplina que se trasladará a tu jornada laboral. Por ejemplo, el actual director ejecutivo de Apple, Tim Cook, está en el gimnasio a las cinco de la mañana todos los días. Si puedes, sal a caminar o súbete a la cinta de correr y empieza poco a poco. Esto impulsará tu metabolismo y tu día.

5. Toma un desayuno saludable.

La velocidad de nuestro cerebro y el resto de nuestro cuerpo depende de lo que ingerimos. Las rosquillas, las magdalenas y los azúcares tienden a volvernos más lentos. En cambio, las frutas, las proteínas y los cereales ayudan a estimular un flujo constante de energía; esta no se viene abajo de forma repentina.

6. Dale un beso a tu pareja para decirle adiós antes de salir de casa por la mañana.

Suena cursi, pero ofrecer este reconocimiento a nuestra pareja (y a nuestros hijos) nos relaja mentalmente, lo cual nos permite enfocarnos en el día que tenemos por delante. No pierdas de vista el hecho de que te esfuerzas por tener éxito para que tu familia próxima también pueda beneficiarse de ello.

7. Practica la visualización positiva durante quince minutos.

Dedica unos minutos a pensar en todo aquello por lo que estás agradecido: tú mismo, tu familia, tus amigos, tu carrera. A continuación, visualiza todo lo que quieres en tu vida como si ya lo tuvieras.

8. Trágate esa rana.

El clásico libro de gestión del tiempo de Brian Tracy que lleva por título *¡Trágate ese sapo!*, se titula así a partir de una cita de Mark Twain que dice que si te comes una rana viva a primera hora de la mañana, todo lo que venga después durante la jornada te parecerá mucho más sencillo. En otras palabras: haz lo más difícil primero.

9. Conecta con las personas adecuadas.

Las personas que tienen éxito se asocian con las de ideas afines, enfocadas y solidarias. Estos individuos aportan energía cuando entran en la sala, mientras que en el caso de otros pasa a haber más energía cuando se van. Conectar con estas personas positivas por la mañana puede predisponerte a tener un día positivo.

10. Mantente informado.

Tanto si prefieres escuchar la radio como si lo tuyo es leer la prensa, dedica unos minutos cada mañana a enterarte de lo que está ocurriendo en el mundo. No solo te mantendrás informado, sino que es posible que lo que escuches o leas cambie tu perspectiva o inspire tus actos del día.

12 ELECCIONES que efectúan los GANADORES todos los días

Al FIN Y al cabo, la vida sigue su curso, ya sea que elijamos dejarnos llevar, fluir con ella, resistirnos a ella, escondernos de ella o cambiarla. Si lo que has hecho hoy no ha salido como esperabas, mañana tienes una nueva oportunidad de hacerlo de otra manera, o de no hacer nada. Lo importante es que te des cuenta de que puedes elegir. Aquí tienes doce elecciones que los ganadores efectúan todos los días:

1. No desisten de aquello en lo que creen.

Si J. K. Rowling se hubiera detenido tras haber sido rechazada por multitud de editores durante años, no existiría Harry Potter. Si Howard Schultz se hubiera rendido tras ser rechazado por los bancos más de doscientas veces, no existiría Starbucks. Algo es seguro: si abandonas tus sueños demasiado pronto, no podrás ver cómo se convierten en realidad.

2. Trabajan y pasan tiempo con las personas adecuadas.

Los días que pasamos con las personas adecuadas siempre están bien empleados. A veces, las ideas y los proyectos más ordinarios pueden volverse extraordinarios si se debaten y ejecutan con las personas apropiadas.

3. Se enfocan en el presente.

Hoy es un nuevo día. No permitas que tu historia interfiera en tu destino. No importa lo que hiciste o dónde estabas; lo que importa es dónde estás y qué estás haciendo ahora. No te des nunca por vencido y no abandones nunca tus valores y tus sueños. Mientras cometas errores, seguirás siendo humano. Y mientras sigas intentándolo, hay esperanza.

4. Mantienen una actitud positiva.

Solo tú puedes cambiar tu vida; nadie puede hacerlo por ti. La felicidad siempre viene de dentro, y se encuentra en el momento presente haciendo las paces con el pasado y mirando al futuro. Cada mañana, cuando abras los ojos, piensa estas tres cosas antes que ninguna otra: gracias, gracias y gracias. A continuación, procura aprovechar tanto como puedas el regalo que es ese día.

5. Aguantan el dolor.

Tal vez hay algo que tienes miedo de decir, o alguien a quien tienes miedo de amar, o algún lugar al que tienes miedo de ir. Porque tal vez eso te va a doler. Quizá te va a doler porque te importa y porque expande tu horizonte. Recuerda que el dolor no siempre es malo; a veces es solo un paso más hacia el crecimiento personal.

6. Ignoran a los detractores.

Todos tenemos unos dones únicos. La opinión que tenga alguien de ti no significa nada a largo plazo, a menos que ese alguien seas tú.

7. Viven desde el amor.

Cada pensamiento, palabra o acción humana se basa en el miedo o el amor. El miedo es la energía que contrae, cierra, atrae, oculta, atesora y daña. El amor es la energía que expande, abre, envía, revela, comparte y sana. La única pregunta es: ¿por cuál de los dos optarás hoy?

8. Aceptan el cien por cien de la responsabilidad por su situación actual.

Los próximos cinco años pueden ser los mejores cinco años de tu vida, o cinco años más. La decisión es tuya. La mejor parte de tu vida comenzará el día en que decidas que esta te pertenece y que no debes apoyarte en nadie, depender de nadie ni culpar a nadie.

9. Emprenden la acción y siembran las semillas adecuadas.

Toma medidas positivas y siembra las semillas correctas en tu vida ahora mismo. Sé muy consciente de cuáles son las semillas que vas a sembrar, ya que se convertirán en el cultivo que cosecharás en el futuro.

10. No se pierden en la confusión.

Hay dos cuestiones con las que no debes perder el tiempo: las cosas que no importan y las personas que no piensan que tú importas. Sea cual sea la situación, no te pierdas. Mantente fiel a tu camino y sigue avanzando.

11. Valoran lo que tienen.

A veces, las personas desechan algo bueno por algo mejor solo para descubrir más tarde que lo bueno en realidad era lo suficientemente bueno y que lo «mejor» ni siquiera se le acercaba. Cuando valoramos lo que tenemos, aumenta su valor. Cuando valores realmente tu vida, encontrarás que tienes más vida para vivir.

12. Tienen un impacto positivo.

Ser el hombre o la mujer más ricos del cementerio no importa. Lo importante es que nos acostemos todas las noches sabiendo que estamos teniendo un impacto positivo en el mundo.

12 COSAS que las personas muy PRODUCTIVAS hacen de manera diferente

SER MUY PRODUCTIVO no es un talento innato; solo se trata de organizar la propia vida para poder hacer eficazmente lo correcto. ¿Qué pasos puedes dar para incrementar tu productividad? Aquí tienes algunas ideas para que puedas empezar:

1. Haz una lista de cosas que no debes hacer... y no las hagas.

Puede parecer divertido hacer una lista de estas características, pero es una herramienta increíblemente útil para efectuar un seguimiento de los hábitos improductivos, como comprobar Facebook y Twitter, navegar aleatoriamente por sitios web de noticias, etc. Pon esta lista en tu espacio de trabajo, donde puedas verla.

2. Organiza tu espacio y tus datos.

Las personas muy productivas cuentan con sistemas que las ayudan a encontrar lo que necesitan cuando lo necesitan; pueden localizar rápidamente la información que les permitirá realizar sus actividades. Cuando uno está desorganizado, el tiempo extra que debe dedicar a buscar un número de teléfono, una dirección de correo electrónico o un determinado archivo hace que se reduzca su concentración. Es fundamental que mantengas el orden tanto en los espacios en los que vives como en tu lugar de trabajo.

3. Prescinde de todas las distracciones mientras estás trabajando, sin contemplaciones.

Eliminar todas las distracciones durante un tiempo establecido mientras trabajamos es una de las formas más efectivas de lograr hacer las cosas. Por lo tanto, cierra la puerta, coloca un cartel, apaga el teléfono, cierra la aplicación de correo electrónico y desconecta la conexión a Internet. No puedes permanecer escondido todo el rato, pero podrás ser el doble de productivo cuando lo estés. Haz lo que sea necesario para crearte un entorno tranquilo y desprovisto de distracciones en el que puedas concentrarte en tu trabajo.

4. Establece y persigue objetivos *SMART.*

La palabra inglesa *smart* ('inteligente') es también el acrónimo de *specific* ('específico'), *measurable* ('medible'), *attainable* ('alcanzable'), *relevant* ('relevante') y *timely* ('oportuno'). Procura que tus objetivos reúnan estas características.

5. Divide tus objetivos en tareas realistas y de alto impacto.

Toma tu objetivo principal y divídelo en partes cada vez más pequeñas, hasta obtener una lista de tareas realistas; debes poder abordar cada una de ellas en unas pocas horas o menos tiempo. Después, trabaja en la siguiente tarea inacabada y asumible que tendrá el mayor impacto en el momento actual. A su vez, cada uno de estos objetivos menores debe estar respaldado por unos objetivos secundarios y unas tareas diarias aún más pequeños. Son estas pequeñas tareas diarias las que, con el tiempo, conducen a los logros más grandes.

6. Trabaja cuando tu mente esté despejada y haz primero lo que sea prioritario.

Las personas muy productivas reconocen que no todas las horas son iguales, y lo tienen en cuenta estratégicamente cuando planifican su día. En el caso de la mayoría de nosotros, nuestra mente funciona al máximo rendimiento en las horas de la mañana cuando hemos descansado bien. Obviamente, sería una tontería usar este tiempo para una tarea trivial como leer correos electrónicos. Estas horas de máximo rendimiento deberías dedicarlas al cien por cien a trabajar en aquellas tareas que te acerquen al cumplimiento de tus objetivos.

7. Enfócate en ser productivo, no en estar ocupado.

No te limites a hacer cosas; haz las cosas *adecuadas*. Los resultados son siempre más importantes que el tiempo que lleva alcanzarlos. Detente y pregúntate si aquello en lo que estás trabajando merece el esfuerzo. ¿Te está llevando en la misma dirección que tus objetivos? No te quedes atrapado en las tareas ocasionales, aunque parezcan urgentes, a menos que sean importantes.

8. Dedica toda tu atención a una sola cosa cada vez.

Deja de estar multitareado y empieza a hacer bien lo que es importante. Hacer una sola tarea te ayuda a concentrarte más intensamente en una actividad para poder terminarla correctamente, en lugar de empezar a hacer muchas y no acabar ninguna. Pasar rápidamente de una tarea a otra hace que la mente sea menos eficiente.

9. Trabaja en intervalos de noventa minutos.

En su libro *The Way We're Working Isn't Working*[*] (que aparece en la lista de los más vendidos que publica periódicamente *The New*

---

[*] Publicado en castellano por Ediciones Granica con el título de *La anti-productividad*.

York Times), Tony Schwartz defiende no trabajar más de noventa minutos consecutivos antes de tomar un breve descanso. Hazlo por el bien de tu mente, de tu cuerpo y de tu productividad.

10. Responde a los correos electrónicos, los mensajes de voz y los mensajes de texto en momentos preestablecidos.

Esta recomendación enlaza con la idea de la tarea única y con la de evitar las distracciones. Establece unos intervalos de tiempo concretos dos o tres veces al día para responder a los mensajes recibidos y una duración máxima razonable para cada uno de estos intervalos. A menos que surja una emergencia, sujétate estrictamente a esta práctica.

11. Invierte un poco de tiempo para ahorrar mucho tiempo.

Piensa en las tareas que realizas una y otra vez durante una semana laboral. ¿Hay alguna forma más eficiente de proceder? ¿Hay una manera más rápida de poder ejecutarlas? ¿Hay algún modo de automatizarlas o delegarlas? Tal vez estés tardando veinte minutos en hacer una determinada tarea y te llevaría dos horas implementar un método más eficiente. En pocas palabras: cuanto más automatices y delegues, más podrás hacer con la misma cantidad de esfuerzo.

12. Reduce el número de actividades en las que estás implicado.

Dicho de otra manera: di «no» cuando debas decirlo. Trabajar simultáneamente en demasiados frentes a la vez hace que todas las actividades se ralenticen, se detengan y, a veces, incluso experimenten un retroceso. Enfócate en lo más importante y niégate a asumir más compromisos.

PREGUNTAS SOBRE LA PRODUCTIVIDAD PARA HACERTE PENSAR

¿Qué podrías EVITAR para ser más productivo?

¿Qué es PEOR, fallar o no intentarlo nunca?

Cuando todo esté DICHO y HECHO, ¿habrás dicho más de lo que habrás hecho?

Si no es AHORA, ¿cuándo?

¿Qué ha sido aquello en lo que te has ENFOCADO predominantemente en los últimos tiempos?

¿Qué HACES cuando tienes ganas de rendirte?

¿De qué estás hoy un paso más CERCA que ayer?

¿Qué PERSONAS y ACTIVIDADES te aportan energía?

¿Qué te ALEGRAS de haber dejado?

• • • •

Séptima parte

Objetivos y éxito

*Al final, vas a tener éxito porque estás lo bastante
loco como para pensar que puedes tenerlo.*

CÓMO CAMINAR SOBRE EL AGUA

HACE POCOS DÍAS estaba relajándome al borde del agua en una playa de mi localidad cuando un niño pasó corriendo a toda velocidad por mi lado en dirección a las aguas poco profundas. Cuando estuvo entre las olas, no paró de saltar mientras corría hacia delante, moviendo con rapidez sus pequeñas piernas en el aire antes de caer de cara sobre las olas. Volvía a levantarse y a hacer lo mismo, y así llevó a cabo varios intentos, cada vez con más ahínco que en el intento anterior. Era evidente que estaba tratando de correr sobre la superficie del agua. No pude evitar reírme. Su determinación y su esfuerzo ofrecían un espectáculo impagable. Finalmente, se dio cuenta de que me estaba riendo y se acercó a mí.

—¿Qué es lo que te hace tanta gracia? –preguntó.

—Me recuerdas a mí, y esto me hace sonreír –dije.

—¿Sabes cómo caminar sobre el agua? –preguntó–. ¿Como un superhéroe?

—Bueno, creo que puedo ayudarte –le dije–. Déjame darte algunos consejos.

Presa de la curiosidad, el niño se sentó en la arena a mi lado. Su madre llegó corriendo, preocupada, pero le aseguré que su hijo no me estaba molestando. Aliviada, tal vez, de tener a su hijo sentado de forma segura en la arena en lugar de volando y cayéndose de boca, regresó a su silla de playa, que estaba a seis metros de distancia, y retomó la conversación que estaba manteniendo con otra mujer.

—De modo que quieres caminar sobre el agua, ¿eh?

Asintió con la cabeza ansiosamente.

Un resumen aproximado de lo que le dije

1. **Asegúrate de haber nacido para caminar sobre el agua.** Debes seguir a tu corazón y hacer aquello para lo que has nacido. Algunos de nosotros nacimos para ser músicos, para comunicar pensamientos intrincados y sentimientos conmovedores con las cuerdas de una guitarra. Algunos de nosotros nacimos para ser poetas, para tocar el corazón de las personas con palabras exquisitas. Algunos de nosotros nacimos para ser emprendedores, para crear crecimiento y oportunidades donde otros no vieron nada útil. Y algunos de nosotros nacimos para caminar sobre el agua, es decir, para inventar la capacidad de hacerlo. Si vas a caminar sobre el agua, será mejor que lo sientas con cada fibra de tu ser. ¡Será mejor que hayas nacido para hacerlo!

2. **Decide que nada puede detenerte.** Nacer para caminar sobre el agua no es suficiente por sí solo. Cada uno de nosotros debemos decidir aceptar nuestra vocación. Desafortunadamente, la mayoría ponemos excusas en lugar de hacerlo. «Pero podría ahogarme en el intento», decimos, o «tengo una familia en la que debo pensar antes que nada». Caminar sobre el agua o hacer cualquier cosa que no se haya hecho antes requiere una dedicación absoluta e incondicional. Y la única persona que puede controlar tu grado de dedicación eres tú. Si te tomas en serio caminar sobre el agua, debes decidir que nada, ni la gravedad, ni un grupo de detractores, *nada*, puede detenerte.

3. **Trabaja en ello de verdad.** Si bien muchos de nosotros decidimos en algún momento en el transcurso de nuestra vida que queremos responder a la llamada de nuestra vocación (es

decir, hacer realidad nuestra propia versión de caminar sobre el agua), solo unos pocos diligentes trabajamos realmente en ello, es decir, nos dedicamos verdaderamente a perseguir el resultado final. El resto de nosotros nunca actuamos a partir de nuestra decisión, o, en el mejor de los casos, lo hacemos esforzándonos solo a medias y carentes de inspiración. Ten en cuenta que para caminar realmente sobre el agua tendrás que estudiar física, reología, las sustancias hidrófobas, etc., y después definir y redefinir teorías de vanguardia e hipótesis complejas, que deberás poner a prueba sin descanso. Cuando las pruebas fallen, deberás estar dispuesto a modificar tus teorías y volver a comprobarlas. Este tipo de trabajo, el trabajo real, es lo que nos permite hacer posible lo imposible.

4. **Deja que todo el mundo sepa lo que estás haciendo.**
Cuando uno intenta caminar sobre el agua o hacer alguna otra cosa que nadie ha hecho antes, puede encontrarse solo bastante rápido. Para mantener tu motivación, es importante que los demás sepan que estás intentando hacer realidad lo que antes era imposible. ¡No seas tímido! Deja que todo el mundo sepa que estás tratando de caminar sobre el agua. Sin duda, esto hará que experimentes un poco más de presión, y seguramente oirás algunas risas entre la multitud. Pero este tipo de presión nutre la motivación, y esto es exactamente lo que necesitarás para culminar un emprendimiento tan colosal. Y cuando finalmente tengas éxito, la última carcajada que oirás será la tuya.

5. **Valora a las personas que valoran tus ambiciones.** Cuando la mayoría de la gente se entere de tus aspiraciones del tipo «misión imposible», su reacción natural será tal vez girar los ojos hacia arriba, llamarte loco y decirte que te dejes de tonterías. Pero por suerte el mundo también está habitado por pioneros y creyentes que verán el valor que tienen tus sueños. Estas personas entienden que lograr lo que antes era imposible es uno de los mayores talentos que poseen los seres humanos.

Probablemente te darán consejos, un poco de ayuda y el empuje adicional que necesitas para tener éxito. Este tipo de personas son extraordinarias, y querrás rodearte de ellas porque te ayudarán a superar los obstáculos. Piensa en ellas como un equipo influyente de apoyo personal. Sin su concurso, caminar sobre el agua será una hazaña mucho más difícil, si no completamente imposible.

6. **Ignora a los detractores.** Por más progresos que realices, siempre habrá individuos que insistirán en que caminar sobre el agua es imposible, a partir del argumento de que nadie lo ha hecho antes. O tal vez no pararán de sugerir que la idea en sí es completamente ridícula, porque a nadie le interesa caminar sobre el agua de todos modos. Cuando te encuentres con estas personas, no intentes razonar con ellas. Olvida que existen, o solo te harán perder tiempo y energía.

7. **Prepárate para experimentar dolor.** Aunque ya no estés corriendo descuidadamente entre las olas oceánicas que van viniendo, sino elaborando teorías complejas basadas en los estudios de reología y sobre la viscosidad de fluidos, esto no significa que no experimentarás una buena cantidad de dolor. Estás metido en el emprendimiento de caminar sobre el agua, algo que nadie ha hecho hasta el momento. Es probable que se te anegue un pulmón con frecuencia. Pero el dolor te parecerá un pequeño precio que debes pagar cuando te conviertas en la primera persona en correr sobre los rápidos del río Mississippi.

8. **Disfruta el dolor que te provoca tu mayor desafío.** Los superhéroes no son reales. En la vida real, nadie ha caminado sobre el agua. Pero muchas personas han logrado hazañas que antes eran imposibles, y continúan disfrutando la posibilidad de afrontar nuevos desafíos. Todas estas personas te dirán que no hay nada más gratificante que la emoción de tu mayor reto. Los dolores inherentes a la andadura no son más que hitos

kilométricos en tu viaje hasta la línea de meta. Cuando por fin llegues, es posible que te encuentres con que echas de menos la rutina diaria. Al final, te darás cuenta de que el placer y el dolor pueden ser lo mismo.

9. **No te rindas nunca. No renuncies nunca.** La razón por la que nadie ha caminado sobre el agua no es que nadie lo haya intentado. Recuerda que tú lo acabas de intentar varias veces seguidas, y estoy seguro de que muchos otros también lo han hecho. La razón por la que nadie ha tenido éxito es que dentro del alcance de la ciencia y la física modernas actualmente es imposible. Pero esto no significa que con tu contribución no sea posible en el futuro. Si naciste para hacerlo y realmente te dedicas a perseguir el resultado final, cualquier cosa, incluso caminar sobre el agua, es completamente factible.

Solo una oportunidad

Cuando terminamos de hablar, el niño se levantó y corrió hacia su madre. Me señaló, yo sonreí y le devolví el saludo. A continuación le dijo: «¡Mami, mami! ¡Ese hombre me acaba de enseñar a caminar sobre el agua!». Unos momentos después, la madre se acercó para regañarme por haberle dado a su hijo, supuestamente, unos consejos imprudentes. Me dijo que le había dado a su hijo una falsa sensación de esperanza. Le respondí que todo lo que le había dado era una oportunidad.

12 COSAS que las personas que tienen ÉXITO hacen de manera diferente

Nosotros dos* siempre nos hemos sentido fascinados por las personas que tienen éxito en todo lo que hacen, especialmente aquellas que experimentan éxitos repetidos en muchas áreas de su vida a lo largo de su existencia. En el mundo del entretenimiento, pensamos en Clint Eastwood y Oprah Winfrey. En el mundo de los negocios, nos vienen a la mente Steve Jobs y Warren Buffett. Todos tenemos nuestros propios ejemplos de personas supertriunfadoras como estas a las que admiramos. Pero ¿cómo lo hacen?

Con los años hemos estudiado la vida de mucha gente de éxito. Hemos leído sus libros, hemos visto las entrevistas que les han hecho, hemos buscado información en Internet, etc. Y hemos descubierto que la mayoría no nacieron en un entorno de éxito, sino que hicieron, y continúan haciendo, ciertas cosas que los ayudan a expresar su máximo potencial. Aquí tienes doce comportamientos que tienen, distintos a los de la mayoría, pero que podemos emular con facilidad:

---

* Los coautores de este libro (N. del T.).

1. Crean y persiguen objetivos *SMART.*

Las personas de éxito son objetivas. Tienen objetivos realistas en mente. Saben lo que están buscando y por qué están luchando por ello. Las personas triunfadoras crean y persiguen objetivos *SMART* ('inteligentes').

Los objetivos inteligentes son específicos, medibles, alcanzables, relevantes y oportunos. Si identificas unos objetivos *SMART* que sean realmente importantes para ti, te sentirás motivado a encontrar formas de alcanzarlos. Desarrollarás la actitud, las capacidades y las destrezas necesarias. Puedes lograr casi cualquier objetivo que te propongas si planificas tus pasos de forma inteligente y estableces un marco de tiempo que te permita llegar a ellos. Unos objetivos que antes te parecían lejanos e inalcanzables los sentirás más cercanos y realizables, no porque se habrán vuelto más fáciles, sino porque habrás crecido y te habrás expandido para ir a su encuentro.

2. Emprenden la acción enseguida y resueltamente.

Por desgracia, muy pocas personas viven para materializar la historia de éxito con la que sueñan. Y hay una razón muy simple por la que ocurre esto: ¡nunca se ponen en marcha!

La adquisición de conocimiento no es sinónimo de crecimiento. Este tiene lugar cuando lo que sabemos cambia la forma en que vivimos. Muchas personas viven completamente aturdidas. En realidad, no «viven». Solo «van tirando», porque nunca toman las medidas necesarias para materializar las posibilidades, para ir en pos de sus sueños.

Por más que tengas el cociente intelectual de un genio y un doctorado en Física Cuántica, no puedes cambiar nada ni efectuar ningún progreso en el mundo real si no actúas. Hay una gran diferencia entre saber cómo hacer algo y hacerlo. El conocimiento y la inteligencia son inútiles si no van acompañados de la acción. Es tan simple como eso.

El éxito depende del simple acto de tomar la decisión de vivir, de sumergirse en el proceso de perseguir los propios sueños y metas. Por lo tanto, toma esta decisión. Y ponte en marcha.

3. Se centran en ser productivos, no en estar ocupados.

Echa un vistazo rápido a tu alrededor. Los individuos ocupados superan en número a los productivos por un amplio margen.

Las personas ocupadas van siempre con prisas, y con retraso la mitad de las veces. Están yendo al trabajo, a una conferencia, a una reunión, a un compromiso social. Apenas tienen suficiente tiempo libre para estar con la familia y rara vez duermen lo necesario. Los correos electrónicos del trabajo salen disparados de sus teléfonos inteligentes como perdigones y su agenda diaria está repleta de obligaciones.

Su ajetreado horario les da la sensación de que son importantes, pero todo es una ilusión. Son como hámsters corriendo en una rueda.

La solución: reducir la velocidad. Si eres una de estas personas, respira. Revisa tus compromisos y objetivos. Establece bien tus prioridades. No hagas varias cosas a la vez. Empieza ahora. Haz un pequeño descanso dentro de dos horas. Y persiste con esta dinámica.

Y recuerda siempre que los resultados son más importantes que el tiempo que lleva alcanzarlos.

4. Toman decisiones lógicas y bien fundamentadas.

A veces hacemos cosas que son permanentemente estúpidas por el solo hecho de que estamos temporalmente molestos o emocionados.

Aunque los «instintos emocionales» son eficaces en ciertas situaciones efímeras, las decisiones de base emocional suelen llevar por el mal camino cuando se trata de generar un crecimiento sostenido a largo plazo, en cualquier parcela de la vida.

5. Evitan la trampa de intentar hacerlo todo perfecto.

Muchos de nosotros somos perfeccionistas por naturaleza. Establecemos unos criterios elevados para nosotros mismos y ponemos lo mejor de nuestra parte. Dedicamos grandes cantidades de tiempo y atención a nuestro trabajo para mantener nuestro gran nivel. Nuestra pasión por la excelencia nos impulsa a hacer siempre un esfuerzo adicional, a no parar nunca, a no ceder jamás. Y esta inclinación hacia la perfección nos ayuda a obtener resultados, sin duda..., siempre y cuando no nos arrastre.

Pero ¿qué sucede cuando nos dejamos llevar por el perfeccionismo?

Nos sentimos descontentos y desanimados cuando no cumplimos con los criterios (imposiblemente elevados) que nos fijamos, lo cual nos hace reacios a asumir nuevos desafíos o incluso a terminar determinadas tareas que ya habíamos empezado. Nuestra insistencia en poner el punto a cada *i* y la rayita a cada *t* hace que seamos ineficientes, lo cual nos ocasiona retrasos importantes y hace que suframos una sobrecarga de estrés y obtengamos unos resultados insatisfactorios.

Los verdaderos perfeccionistas siempre tienen dificultades para comenzar las cosas y aún más para terminarlas. Tengo una amiga que hace años que quiere poner un estudio de diseño gráfico, pero todavía no lo ha hecho. ¿Por qué? Cuando analizas su extensa lista de excusas, todo se reduce a un simple problema: es una perfeccionista. Esto significa que no cree, y nunca creerá, que es lo bastante buena como diseñadora gráfica como para tener y llevar su propio estudio.

Recuerda que el mundo real no recompensa a los perfeccionistas. Recompensa a las personas que logran terminar tareas. Y la única forma de terminar tareas es ser imperfecto el noventa y nueve por ciento del tiempo. Solo por medio de años de práctica imperfecta podemos comenzar a obtener atisbos momentáneos de perfección. Por lo tanto, decídete. Emprende la acción, aprende del resultado y aplica este método una y otra vez en todos los ámbitos de tu vida.

6. Trabajan fuera de su zona de confort.

El principal factor que vemos, una y otra vez, que retiene a las personas inteligentes es su propia reticencia a aceptar una oportunidad por el solo hecho de que no creen estar preparadas. En otras palabras: se sienten incómodas y creen que necesitan más conocimientos, habilidades y experiencia antes de poder aprovechar la oportunidad. Lamentablemente, esta forma de pensar frustra el crecimiento personal y el éxito.

La verdad es que nadie se siente preparado al cien por cien cuando surge una oportunidad, porque la mayoría de las grandes oportunidades de la vida nos obligan a crecer en los ámbitos emocional e intelectual. Nos obligan a extendernos y a expandir nuestra zona de confort, lo que significa que no nos sentiremos totalmente cómodos al principio. Y cuando no nos sentimos cómodos, no nos sentimos preparados.

A lo largo de tu vida tendrás oportunidades significativas de cultivar el crecimiento personal y encaminarte hacia el éxito. Si estás buscando efectuar cambios positivos y emprender nuevas conquistas en tu vida, deberás aprovechar estas oportunidades, aunque nunca te sentirás absolutamente preparado para ellas.

7. No se complican la vida.

«La simplicidad es la máxima expresión de la sofisticación». Esta es una cita que siempre nos ha encantado. Y nada podría estar más cerca de la verdad. En el siglo XXI, en que la información se desplaza a la velocidad de la luz y las oportunidades para la innovación parecen infinitas, tenemos una gran variedad de opciones a la hora de diseñar nuestra vida y nuestra carrera profesional. Pero, lamentablemente, una gran cantidad de opciones suele conllevar complejidad y conducir a la confusión y la inacción.

Varios estudios centrados en el ámbito de los negocios y el *marketing* han demostrado que cuantas más opciones de productos tienen a su disposición los consumidores, menos suelen comprar. Después de todo, escoger el mejor producto entre tres opciones es ciertamente mucho más fácil que elegir el mejor producto entre trescientas opciones. Si la decisión de compra es difícil de tomar, la mayoría de las personas no toman ninguna. Del mismo modo, si te complicas la vida inundándote con demasiadas opciones, tu mente subconsciente se dará por vencida.

La solución es simplificar. Si estás vendiendo una línea de productos, procura que no contenga una excesiva variedad. Y si estás tratando de tomar una decisión sobre algún aspecto de tu vida, no pierdas todo tu tiempo evaluando hasta el último detalle de cada opción posible. Elige una que creas adecuada y dale una oportunidad. Si no funciona, aprende lo que puedas de la experiencia, elige otra opción y sigue esforzándote.

8. Se enfocan en efectuar pequeñas mejoras continuas.

Henry Ford dijo en una ocasión: «Nada es especialmente difícil si se divide en pequeños pasos». Este mismo concepto puede configurarse como una pregunta: ¿cómo se come un elefante? La respuesta: bocado tras bocado. Esta filosofía es válida para lograr nuestros mayores objetivos. Realizar pequeños cambios positivos (comer de forma un poco más saludable, hacer un poco más de ejercicio, establecer algunos pequeños hábitos productivos, por ejemplo) es una forma increíble de entusiasmarnos con la vida e ir alcanzando, poco a poco, el grado de éxito al que aspiramos.

Empieza con una sola actividad y elabora un plan sobre la forma en que manejarás los problemas cuando surjan. Para ilustrar esta cuestión, revisemos un ejemplo que hemos usado anteriormente en este libro: si estás tratando de perder peso, elabora una lista de refrigerios saludables que puedas comer cuando tengas ganas de tomar un tentempié. Te será difícil al principio, pero cada vez te resultará más fácil. Y eso es todo. Cuando te vuelvas más fuerte, podrás asumir retos más grandes.

9. Evalúan sus avances y les hacen un seguimiento.

Las personas de éxito no solo trabajan *en* su empleo o negocio; también trabajan *sobre* ello. Evalúan sus progresos con regularidad en relación con sus objetivos y saben claramente lo que deben hacer para poder alcanzar la excelencia y acelerar.

No es posible controlar lo que no se evalúa correctamente. Si hacemos el seguimiento de los aspectos inapropiados, no podremos ver las oportunidades potenciales cuando surjan por el horizonte. Imagina que llevases un pequeño negocio e hicieras un seguimiento de la cantidad de lápices y sujetapapeles que utilizases. ¿Tendría algún sentido? ¡No! Porque los lápices y los sujetapapeles no son indicativos de lo que es importante para un negocio. No guardan ninguna relación con los ingresos, la satisfacción del cliente, el crecimiento del mercado y factores similares.

El enfoque adecuado es determinar cuál es el principal objetivo y a continuación realizar un seguimiento de aquello que tiene que ver directamente con su consecución. Te recomendamos que te tomes un tiempo, en este momento, para que descubras cuál es tu objetivo prioritario, identifiques los elementos más importantes que debes evaluar y a continuación empieces a seguirles la pista de inmediato. Una vez por semana, pon los números en una hoja de cálculo y usa los datos para crear gráficos de tendencias semanales o mensuales con el fin de poder tener una impresión visual de tus progresos. Después, afina tus actos para lograr acentuar esa tendencia a tu favor.

10. Mantienen una actitud positiva mientras aprenden de sus errores.

Las personas de éxito buscan el lado positivo de cada situación. Saben que es su actitud positiva lo que las llevará a triunfar. Si quieres tener éxito, debes tener una visión positiva de la vida, pues esta te pondrá a prueba una y otra vez. Si cedes a la negatividad, nunca podrás alcanzar los hitos que te has propuesto. Recuerda que cada error que cometes supone un avance. Los errores nos enseñan lecciones importantes. Cada vez que cometes uno, estás un paso más cerca de tu objetivo. El único error que realmente puede dañarte es elegir no hacer nada por el solo hecho de tener demasiado miedo de cometer un error.

Por lo tanto, ¡no dudes de ti mismo! No dejes que tu propia negatividad te sabotee. Aprende lo que puedas y sigue adelante.

11. Pasan tiempo con las personas adecuadas.

Somos la suma de la gente con la que pasamos más tiempo. Si te relacionas con las personas equivocadas, te afectarán negativamente; pero si te juntas con las personas adecuadas, serás mucho más capaz y tendrás mucho más éxito que estando solo. Encuentra tu «tribu» y trabajad juntos para lograr cambios importantes en la vida de todos vosotros.

12. Mantienen un equilibrio en su vida.

Si les pidieses a la mayoría de las personas que resumiesen lo que quieren de la vida, darían una lista de elementos como enamorarse, ganar dinero, pasar tiempo con la familia, encontrar la felicidad, conseguir ciertos objetivos, etc. Pero lamentablemente muchas personas no equilibran su vida del modo adecuado para lograr todo lo que querrían. Por lo general, obtienen una o dos de las cosas que quieren, mientras descuidan completamente el resto.

Aunque el impulso y el enfoque son importantes, si quieres hacer las cosas bien y tener un verdadero éxito, debes equilibrar las diversas dimensiones de tu vida. Descuidar completamente una dimensión en favor de otra solo conduce a experimentar una frustración y un estrés duraderos.

30 COSAS para DEJAR de hacerte a ti mismo

Como dijo la autora Maria Robinson en una ocasión: «Nadie puede volver atrás y empezar de otra manera, pero cualquiera puede empezar hoy y obtener un nuevo final». Pero antes de poder emprender este proceso de transformación, tienes que dejar de hacer aquello que te ha estado frenando. Aquí tienes algunas ideas para empezar a hacerlo:

1. Deja de pasar tiempo con las personas equivocadas.

La vida es demasiado corta para que pasemos tiempo con personas que nos quitan la felicidad. Si alguien te quiere en su vida, liberará espacio para que estés en ella. No deberías tener que luchar para hacerte un lugar en la vida de esa persona. Nunca jamás mendigues la atención de alguien que continuamente pasa por alto tu valía. Y recuerda que tus verdaderos amigos no son quienes permanecen a tu lado cuando estás en tu mejor momento, sino aquellos que se quedan a tu lado cuando estás en tus horas más bajas.

2. Deja de huir de tus problemas.

Encáralos de frente. No, no será fácil. No se supone que debamos poder resolver los problemas en un instante. De hecho, estamos configurados para enojarnos, entristecernos, sentir dolor, tropezar y caernos. Porque este es todo el propósito de vivir: afrontar problemas, aprender, adaptarse y resolverlos en el transcurso del tiempo. Esto es lo que nos va moldeando hasta llegar a convertirnos en otra persona.

3. Deja de mentirte a ti mismo.

Nuestra vida mejora solo cuando aprovechamos las oportunidades, y la principal y más difícil oportunidad que podemos aprovechar es ser honestos con nosotros mismos.

4. Deja de aparcar tus propias necesidades.

Lo más doloroso es perderse en el proceso de amar demasiado a alguien y olvidar que uno mismo también es especial. Sí, ayuda a otras personas, pero ayúdate a ti mismo también. Si alguna vez hubo un momento en el que debieses seguir tu pasión y hacer algo que te importa, ese momento es ahora.

5. Deja de intentar ser alguien que no eres.

Uno de los mayores desafíos en la vida es ser uno mismo en un mundo que está tratando de hacer que seamos como todos los demás. Siempre habrá alguien más guapo, más inteligente o más joven, pero ese alguien nunca serás tú. No cambies para que la gente te quiera. Sé tú mismo y las personas adecuadas te amarán tal como eres.

6. Deja de intentar aferrarte al pasado.

No puedes comenzar el próximo capítulo de tu vida si sigues releyendo el último.

7. Deja de tener miedo de cometer un error.

Hacer algo y equivocarse es al menos diez veces más productivo que no hacer nada. Todo éxito tiene un rastro de fracasos detrás, y cada fracaso conduce al éxito. Acabamos lamentando mucho más lo que no hicimos que lo que hicimos.

8. Deja de regañarte por los viejos errores.

Todos cometemos errores, tenemos problemas e incluso lamentamos acciones de nuestro pasado. Pero no eres tus errores, no eres tus dificultades, y ahora estás aquí con el poder de dar forma a tu día y tu futuro. Todo lo que ha sucedido en tu vida te está preparando para un momento que está por venir.

9. Deja de intentar comprar la felicidad.

Muchas de las cosas que deseamos son caras. Pero la verdad es que lo que realmente nos satisface es totalmente gratuito: el amor, las risas y trabajar en lo que nos apasiona.

10. Deja de buscar la felicidad en los demás.

Si no estás contento con quién eres en tu interior, tampoco serás feliz en una relación a largo plazo con ninguna otra persona. Debes crear estabilidad en tu propia vida antes de poder compartirla con alguien.

11. Deja de esperar.

No pienses demasiado o crearás un problema que ni siquiera estaba ahí. Evalúa las situaciones y toma medidas decisivas. No podemos cambiar lo que nos negamos a afrontar. Progresar implica asumir riesgos. ¡Punto! No es posible llegar a la segunda base [de un campo de béisbol] sin levantar los pies de la primera.

12. Deja de pensar que no estás preparado.

Nadie se siente preparado al cien por cien cuando aparece la oportunidad. La mayor parte de las grandes oportunidades de la vida nos obligan a salir de nuestra zona de confort, lo cual significa que no nos sentiremos totalmente cómodos al principio.

13. Deja de empezar relaciones por las razones equivocadas.

Las relaciones deben elegirse sabiamente. Es mejor estar solo que mal acompañado. No hay necesidad de apresurarse. Si algo debe ser, será, en el momento adecuado, con la persona adecuada y por la mejor razón. Enamórate cuando estés listo, no cuando estés solo.

14. Deja de rechazar nuevas relaciones solo porque las viejas no funcionaron.

Te darás cuenta de que en la vida conocemos a todas las personas que conocemos con un propósito. Algunas te pondrán a prueba, otras te usarán y otras te enseñarán. Pero lo más importante es que algunas sacarán lo mejor de ti.

15. Deja de intentar competir contra todos los demás.

No te preocupes por lo que están haciendo mejor que tú otras personas. Enfócate en batir tus propios registros todos los días. El éxito es una batalla que libras exclusivamente contigo mismo.

16. Deja de estar celoso de los demás.

La envidia es el arte de hacer una relación de lo bueno que tienen otras personas en lugar de hacerla de lo bueno que tenemos nosotros. Pregúntate qué tienes tú que todo el mundo quiere tener.

17. Deja de quejarte y autocompadecerte.

Es posible que no lo veas o lo entiendas todo en el momento en que sucede, y esto puede ser duro. Pero reflexiona sobre los reveses que experimentaste en el pasado. Verás que en muchas ocasiones acabaron por llevarte a un lugar, una persona, un estado mental o una situación mejores.

18. Deja de albergar rencores.

No vivas tu vida con odio en el corazón. El perdón es la respuesta... ¡Suelta, encuentra la paz, libérate! Y recuerda que no se trata solo de perdonar a otros; también de perdonarte a ti. Si debes perdonarte a ti mismo, adelante, y trata de hacerlo mejor la próxima vez.

19. Deja de permitir que los demás te hagan descender a su nivel.

Niégate a rebajar los criterios por los que riges tu comportamiento para que sean afines a los de quienes se niegan a elevar los suyos.

20. Deja de perder el tiempo explicándote a los demás.

Tus amigos no lo necesitan y tus enemigos no te creerán de todos modos. Por lo tanto, haz lo que sabes en tu fuero interno que es correcto.

21. Deja de hacer lo mismo una y otra vez sin tomarte un descanso.

El momento de realizar una respiración profunda es cuando no tenemos tiempo para ello. Si sigues haciendo lo que estás haciendo, seguirás obteniendo lo que estás obteniendo. A veces debemos tomar distancia para ver con claridad.

22. Deja de pasar por alto la belleza de los pequeños momentos.

Disfruta las pequeñas cosas, porque es posible que un día mires atrás y descubras que fueron las más grandes. La mejor parte de tu vida serán los pequeños momentos indescriptibles que habrás pasado sonriendo con alguien que te importa.

23. Deja de intentar ser perfecto.

Cometer errores siempre es mejor que fingir la perfección. Vive tu vida aceptando que no eres perfecto en lugar de pasártela fingiendo que lo eres.

24. Deja de seguir el camino de la menor resistencia.

La vida no es fácil, sobre todo cuando planeamos conseguir algo que vale la pena. No tomes el camino fácil. Haz algo extraordinario.

25. Deja de actuar como si todo estuviera bien si no lo está.

No pasa nada por venirse un poco abajo. No siempre tienes que fingir ser fuerte, y no es necesario que demuestres constantemente que todo va bien. Tampoco deberías preocuparte por lo que piensen los demás: llora si lo necesitas; es saludable derramar lágrimas. Cuanto antes lo hagas, antes podrás recuperar la sonrisa.

26. Deja de culpar a otras personas por tus problemas.

La medida en que puedas hacer tus sueños realidad depende de la medida en que asumas la responsabilidad por tu propia vida. Cuando culpas a otros de aquello por lo que estás pasando, niegas tu responsabilidad y les das poder sobre esa parte de tu vida.

27. Deja de intentar serlo todo para todos.

Hacerlo es imposible, e intentarlo solamente te agotará. Pero hacer sonreír a alguien puede cambiar el mundo. Quizá no todo el mundo, pero sí el mundo de esa persona. Por lo tanto, enfócate en menos asuntos.

28. Deja de preocuparte tanto.

La preocupación no le quitará sus cargas al mañana, pero sí le quitará la alegría al día de hoy. Una forma de comprobar si vale la pena darle vueltas a algo es hacerse esta pregunta: «¿Importará esto dentro de un año? ¿Dentro de tres años? ¿Dentro de cinco años?». En caso de que no, no vale la pena preocuparse por ello.

29. Deja de enfocarte en lo que no quieres que suceda.

Enfócate en lo que quieres que ocurra. El pensamiento positivo está a la vanguardia de toda gran historia de éxito. Si te despiertas todas las mañanas con la idea de que algo maravilloso sucederá en tu vida ese día y prestas mucha atención, a menudo encontrarás que tienes razón.

30. Deja de ser ingrato.

Por bien o mal que te vayan las cosas, despiértate cada día agradecido por tu vida. Alguien en alguna parte está peleando desesperadamente por la suya. En lugar de pensar en lo que te falta, prueba a pensar en lo que tienes que no tiene nadie más.

30 COSAS para empezar a HACER por ti mismo

EL APARTADO ANTERIOR, «30 cosas para dejar de hacerte a ti mismo», fue bien recibido por la mayoría de nuestros lectores cuando lo publicamos en nuestro blog, pero varios sugirieron que publicáramos también una lista de cosas para empezar a hacer. En palabras de un lector: «Me encantaría que revisarais cada uno de esos treinta principios, pero en lugar de presentarnos una lista de cosas que no debemos hacer, presentadnos una lista de "cosas por hacer" en la que podamos comenzar a trabajar hoy, todos juntos». Algunos lectores dieron un paso más y nos enviaron por correo electrónico sus propias versiones de la lista de acciones positivas a partir de nuestra lista de acciones negativas.

Por lo tanto, nos sentamos con nuestro artículo original y las revisiones de los lectores a modo de orientación, y un par de horas más tarde acabamos de escribir una nueva lista con treinta elementos, que acabó siendo, pensamos, un complemento perfecto de la original.

Aquí tienes una lista positiva de «cosas por hacer» para el próximo año; treinta comportamientos y actitudes para comenzar a incorporar en tu propio beneficio:

1. Empieza a pasar tiempo con las personas adecuadas.

Las «personas adecuadas» son aquellas cuya compañía disfrutas, que te quieren y aprecian, y que te alientan a mejorar de formas saludables y emocionantes. Son las que te hacen sentir más vivo y no solo te aceptan como eres ahora, sino que también aceptan incondicionalmente la persona que quieres ser.

2. Empieza a afrontar tus problemas.

No son tus problemas lo que te define, sino cómo reaccionas ante ellos y cómo te recuperas de ellos. Los problemas no desaparecerán a menos que tomes medidas. Haz lo que puedas cuando puedas y reconoce tu mérito por lo que has hecho. Se trata de que des pequeños pasos en la dirección correcta, centímetro a centímetro. Estos centímetros cuentan; se convierten en metros y kilómetros a la larga.

3. Empieza a ser honesto contigo mismo acerca de todo.

Sé honesto acerca de lo que está bien, y también acerca de lo que debe cambiarse. Sé honesto en cuanto a lo que quieres lograr y la persona que quieres llegar a ser. Busca en tu alma la verdad para saber realmente quién eres. Cuando lo sepas, entenderás mejor dónde te encuentras ahora y cómo has llegado aquí, y estarás más preparado para identificar adónde quieres ir y cómo llegar allí.

4. Empieza a dar prioridad a tu propia felicidad.

Tus necesidades importan. Si no te valoras, te cuidas y sales en tu propia defensa, te estás saboteando. Recuerda que es posible atender nuestras propias necesidades y, al mismo tiempo, las de quienes tenemos alrededor. Cuando tengas tus necesidades satisfechas, es probable que seas mucho más capaz de ayudar a quienes más te necesitan.

5. Empieza a ser tú mismo y siéntete orgulloso de ello.

Intentar ser otra persona supone echar a perder la persona que eres. Sé tú mismo. Acoge a ese individuo que hay en tu interior que tiene unas ideas, unos puntos fuertes y una belleza que nadie más tiene. Sé la persona que sabes que eres, la mejor versión de ti, en tus propios términos. Sobre todo, sé sincero contigo mismo, y si no puedes poner tu corazón en algo, no lo hagas.

6. Empieza a percibir el presente y a vivir en él.

Este preciso momento es un milagro. Este preciso momento es el único que tienes garantizado. Este preciso momento es la vida. Así que deja de pensar en lo bien que irán las cosas en el futuro. Deja de pensar en lo que sucedió o no en el pasado. Aprende a estar en el aquí y ahora y experimenta la vida tal como se está desplegando. Aprecia al mundo por la belleza que contiene, ahora mismo.

7. Empieza a valorar las lecciones que te enseñan tus errores.

No pasa nada por cometer errores; son los peldaños del avance. Si no fallas de vez en cuando, ello es indicativo de que no te estás esforzando lo suficiente y no estás aprendiendo. Arriésgate, tropieza, cae y después levántate y vuelve a intentarlo. Valora el hecho de que te estás esforzando y estás aprendiendo, creciendo y mejorando. De forma casi invariable, los logros significativos se obtienen al final de un largo camino jalonado de fracasos. Uno de los «errores» que temes podría conducirte al mayor logro que hayas conseguido hasta el momento.

8. Empieza a ser más amable contigo mismo.

Volvamos a una pregunta que hicimos anteriormente en este libro: si tuvieras un amigo que te hablara de la misma manera en que te hablas a veces a ti mismo, ¿durante cuánto tiempo lo seguirías considerando tu amigo? Recuerda que la forma en que nos tratamos a nosotros mismos establece la norma para los demás. Debes respetarte, o nadie más lo hará.

9. Empieza a disfrutar lo que ya tienes.

Muchos de nosotros pensamos que seremos felices cuando alcancemos cierto nivel de vida, un nivel que vemos que otras personas han alcanzado: la jefa con su despacho con vistas, ese amigo de un amigo que posee una mansión en la playa... Desafortunadamente, requiere un tiempo llegar ahí, y cuando llegues probablemente tendrás un nuevo destino en mente. Acabarás pasándote la vida trabajando por algo nuevo sin detenerte a disfrutar de lo que tienes en cada momento. Por lo tanto cada mañana, justo al despertarte, agradece dónde te encuentras y lo que ya tienes.

10. Empieza a crear tu propia felicidad.

Si estás esperando a que otra persona te aporte la felicidad, te estás perdiendo la ocasión de ser feliz. Sonríe por el solo hecho de que puedes hacerlo. Elige la felicidad. Sé el cambio que quieres ver en el mundo. Sé feliz por ser quien eres ahora y deja que tu actitud positiva inspire tu andadura hacia el mañana. La felicidad se suele encontrar allí donde decidimos buscarla cuando optamos por hacerlo. Si buscas la felicidad dentro de las oportunidades que tienes, acabarás por encontrarla. Pero si no paras de buscar otra cosa, también encontrarás eso otro, por desgracia.

11. Empieza a darles una oportunidad a tus ideas y tus sueños.

En la vida, rara vez se trata de *tener* oportunidades; se trata de *aprovechar* las oportunidades. Nunca tendrás la seguridad total de que eso funcionará, pero puedes tener la absoluta certeza de que no hacer nada no funcionará. ¡La mayoría de las veces solo hay que ir a por ello! Y sea cual sea el resultado, siempre es el que debe ser: o bien tendrás éxito o bien aprenderás algo.

12. Empieza a creer que estás listo para el próximo paso.

¡Lo estás! Piensa en ello: ahora tienes todo lo que necesitas para dar el siguiente paso pequeño y realista. Por lo tanto, aprovecha las oportunidades que se te presenten y acepta los retos; son regalos que te ayudarán a crecer.

13. Empieza a entablar nuevas relaciones por los motivos correctos.

Establece nuevas relaciones con gente digna de confianza y honesta que refleje la persona que eres y que quieres ser. Elige como amigos a personas a las que estés orgulloso de conocer, a las que admires y que te muestren amor y respeto, que correspondan a tu amabilidad y tu compromiso.

14. Empieza por dar una oportunidad a las nuevas relaciones.

Valora la posibilidad de entablar nuevas relaciones a medida que, de forma natural, vayas abandonando las que ya no tienen sentido. Confía en tu juicio. Inicia las nuevas relaciones sabiendo que estás entrando en territorio desconocido. Prepárate para aprender, para un desafío y para conocer a alguien que podría cambiar tu vida para siempre.

15. Empieza a competir contra una versión anterior de ti mismo.

Déjate inspirar por los demás, valora a los demás, aprende de los demás, pero sé consciente de que competir contra ellos es una pérdida de tiempo. Estás compitiendo con una persona y solo una, y eres tú mismo. Estás compitiendo para ser tan bueno como puedas ser. Proponte romper tus propios registros personales.

16. Empieza a alegrarte por las victorias de los demás.

Comienza a advertir lo que te gusta de los demás y díselo. Valorar lo asombrosas que son las personas que tenemos alrededor tiene buenas consecuencias en términos de productividad, satisfacción y apacibilidad. Por lo tanto, siéntete feliz por quienes están efectuando progresos. Alégrate por sus victorias, y tarde o temprano comenzarán a alegrarse por las tuyas.

17. Empieza a buscar el lado positivo de las situaciones difíciles.

Cuando las cosas estén difíciles y te sientas abatido, respira hondo y busca el lado positivo, los pequeños destellos de esperanza. Recuerda que puedes salir más fuerte de esos tiempos difíciles, y que así será. Y permanece consciente de tus victorias y de todo lo bueno que hay en tu vida. Enfócate en lo que tienes, no en lo que no tienes.

18. Empieza a perdonarte a ti mismo y a perdonar a los demás.

Todos hemos sido heridos por nuestras propias decisiones y por las de otras personas. Y aunque es normal experimentar dolor a raíz de estas experiencias, a veces persiste mucho tiempo. Lo revivimos una y otra vez y nos cuesta soltarlo. Es hora de que te perdones por las malas decisiones que tomaste, por las veces que no comprendiste, por las elecciones que hicieron daño a otras personas y te lo hicieron a ti mismo. Y perdona a los demás, también, por ser jóvenes e imprudentes. Todo esto han sido lecciones vitales, y lo más importante en este momento es tu disposición a aprender y crecer gracias a ellas.

19. Empieza a ayudar a quienes tienes alrededor.

Preocúpate por los demás. Oriéntalos si conoces una mejor manera de proceder. Cuanto más ayudes a los demás, más querrán ayudarte. El amor y la bondad engendran amor y bondad.

20. Empieza a escuchar tu propia voz interior.

Si te es útil, comenta tus ideas con las personas más allegadas, pero concédete suficiente margen para seguir tu propia intuición. Sé sincero contigo mismo. Di lo que tengas que decir. Haz lo que sepas, en tu fuero interno, que es correcto.

21. Empieza a prestar atención a tu grado de estrés y haz pequeños descansos.

Ve más despacio. Respira. Date permiso para hacer pausas, recomponerte y avanzar con claridad y propósito. Cuando estés más ocupado, un breve receso podrá despejar tu mente y aumentar tu productividad. Estas breves interrupciones te ayudarán a recuperar la cordura y a reflexionar sobre tus últimos actos para que puedas estar seguro de que son coherentes con tus objetivos.

22. Empieza a advertir la belleza de los pequeños momentos.

En lugar de esperar a que sucedan grandes cosas (casarte, tener hijos, obtener un gran ascenso, ganar la lotería), encuentra la felicidad en las pequeñas cosas que suceden todos los días, como tomar una taza de café en silencio temprano por la mañana, el delicioso olor y sabor de una comida casera, el placer de compartir algo que disfrutas con otra persona o tomarte de la mano con tu pareja. Advertir estos pequeños placeres a diario tiene un gran impacto en la calidad de vida.

23. Empieza a aceptar las cosas cuando son menos que perfectas.

Uno de los mayores retos para las personas que quieren superarse y mejorar el mundo es aprender a aceptar las cosas tal como son. A veces es mejor aceptar y valorar el mundo y a las personas como son, que tratar de hacer que todo y todos se ajusten a un ideal imposible. No, no debes aceptar una vida mediocre, pero sí aprender a amar y valorar lo que no es perfecto.

24. Empieza a trabajar en pos de tus objetivos todos los días.

Recuerda que un viaje de mil kilómetros comienza con un paso. Sea cual sea tu sueño, empieza a dar pequeños pasos lógicos todos los días para hacerlo realidad. ¡Sal y haz algo! Cuanto más trabajes, más suerte tendrás. Aunque muchos de nosotros decidimos en algún momento durante el transcurso de nuestra vida que queremos atender nuestra vocación, solo unos pocos diligentes trabajamos en ello, es decir, nos dedicamos con constancia a perseguir el resultado final.

25. Empieza a expresar más abiertamente cómo te sientes.

Si estás afligido, concédete el tiempo y el espacio necesarios para experimentar tus sentimientos, pero muéstrate abierto al respecto. Habla con las personas más cercanas a ti. Diles cómo te sientes realmente. Permite que te escuchen. El solo acto de exponer las emociones es el primer paso para volver a sentirse bien.

26. Empieza a asumir toda la responsabilidad por tu propia vida.

Admite tus elecciones y errores y estate dispuesto a tomar las medidas necesarias para mejorar. O asumes la responsabilidad por tu vida o alguien lo hará por ti. Y cuando lo haga, te convertirás en esclavo de sus ideas y sueños en lugar de pionero de los tuyos.

27. Empieza a nutrir activamente tus relaciones más importantes.

Aporta una alegría real y honesta a tu vida y a la de tus seres queridos por el solo hecho de decirles a menudo lo mucho que significan para ti. No puedes serlo todo para todos, pero puedes serlo todo para algunas personas. Decide quiénes son estas personas y trátalas como a miembros de la realeza. Recuerda que no necesitas una cierta cantidad de amigos; solo varios en los que puedas confiar.

28. Empieza a enfocarte en aquello que puedes controlar.

No puedes cambiarlo todo, pero siempre puedes cambiar algo. Perder tu tiempo, tu talento y tu energía emocional en asuntos que escapan a tu control es una receta para la frustración, el dolor y el estancamiento. Invierte tu energía en aquello que puedas controlar y actúa al respecto ahora.

29. Empieza a enfocarte en la posibilidad de obtener resultados positivos.

La mente debe creer que *puede* hacer algo antes de ser capaz de hacerlo. La forma de superar los pensamientos negativos y las emociones destructivas es desarrollar emociones opuestas y positivas que sean más fuertes y potentes. Escucha tu diálogo interno y reemplaza los pensamientos negativos por otros positivos. Independientemente del aspecto que presente una situación, enfócate en lo que quieres que suceda y a continuación da el siguiente paso positivo hacia delante. No, no puedes controlar todo lo que te sucede, pero puedes controlar cómo reaccionas ante ello. La vida de todos tiene aspectos positivos y negativos: que seas feliz y tengas éxito a largo plazo depende en gran medida de cuáles son los aspectos en los que decidas centrarte.

30. Empieza a darte cuenta de lo rico que eres ahora mismo.

La riqueza, en cierto sentido, es la capacidad de experimentar plenamente la vida. Incluso cuando los tiempos son difíciles, siempre es importante mantener la perspectiva. No te acostaste con hambre anoche. No dormiste a la intemperie. Has podido elegir qué ropa ponerte esta mañana. Hay personas que dirían que eres increíblemente rico, así que acuérdate de dar las gracias por todo lo que tienes.

CÓMO TENER UN GRAN IMPACTO

TODOS LOS DOMINGOS por la mañana hago un poco de *footing* por un parque cercano a mi casa. En un extremo del parque, hay un lago. Cada vez que paso corriendo junto a ese lago, veo a la misma anciana sentada a la orilla del agua con una pequeña jaula de metal a su lado.

Un domingo la curiosidad pudo conmigo, así que dejé de correr y me acerqué a ella. Al aproximarme, me di cuenta de que la jaula de metal era en realidad una pequeña trampa. Había tres tortugas, ilesas, caminando lentamente por el suelo de la trampa. Y la mujer tenía una cuarta tortuga en su regazo, a la cual estaba cepillando cuidadosamente con una esponja.

—Hola —dije—. La veo aquí todos los domingos por la mañana. Si no le molesta mi curiosidad, me encantaría saber qué está haciendo con estas tortugas.

La mujer sonrió.

—Estoy limpiando sus caparazones —respondió—. Cualquier cosa que haya en el caparazón de una tortuga, como algas o escoria, reduce la capacidad del animal de absorber el calor y le impide nadar. Este material también puede corroer y debilitar el caparazón con el tiempo.

—¡Caramba! ¡Está haciendo usted algo muy bonito! —exclamé.

La anciana prosiguió:

—Paso un par de horas cada domingo por la mañana relajándome junto a este lago y ayudando a estas pequeñas. Es mi propia forma, extraña, de poner mi granito de arena.

—Pero ¿no viven toda su vida, la mayoría de las tortugas de agua dulce, con algas y escoria colgando del caparazón? —pregunté.

—Sí, tristemente, es así —respondió ella.

Me rasqué la cabeza.

—Bueno, entonces, ¿no cree que podría emplear mejor su tiempo? Quiero decir, creo que sus esfuerzos son bondadosos y todo eso, pero hay tortugas de agua en lagos de todo el mundo, y el noventa y nueve por ciento de esas tortugas no cuentan con personas bondadosas como usted que les limpien el caparazón. Entonces, sin ánimo de ofender..., ¿cómo, exactamente, tienen realmente un impacto sus esfuerzos tan localizados?

La mujer se rio. Después miró la tortuga que tenía en el regazo, le quitó el último trozo de alga del caparazón y dijo:

—Cielo, si esta pequeña pudiera hablar, te diría que he tenido un impacto enorme.

30 DESAFÍOS para 30 días de crecimiento

Los científicos han sugerido que, aplicando un poco de fuerza de voluntad, una persona tarda unos treinta días en adquirir un nuevo hábito. Como ocurre con el dominio de cualquier habilidad nueva, el acto de comenzar y superar la etapa preliminar en la que todo parece extraño supone ganar el ochenta por ciento de la batalla. Esta es precisamente la razón por la cual es importante efectuar pequeños cambios positivos a diario durante un período de treinta días por lo menos.

Además, cuando se empieza con un reto pequeño, no es necesaria mucha motivación. El solo hecho de comenzar y hacer algo te dará el impulso que necesitas, y pronto te encontrarás experimentando una espiral ascendente de cambios, cada uno basado en el anterior. Cuando empecé a hacer esto en mi vida, me emocioné tanto que puse en marcha un blog para compartirlo con el mundo.

A continuación, encontrarás treinta desafíos para abordar en el transcurso de treinta días. Si los acometes con diligencia, cada uno de ellos tiene el potencial de instaurar un nuevo hábito positivo en tu vida. Verás que algunos se superponen un poco. No tienes que abordarlos todos a la vez; elige entre dos y cinco y comprométete a lidiar con éxito con ellos durante los próximos treinta días, poniendo todo tu empeño y entusiasmo. Después, una vez que te sientas cómodo con estos hábitos, desafíate a abordar algunos más al mes siguiente.

1. Utiliza palabras que alienten la felicidad.

Por lo general, cuando le pregunto a alguien cómo está, me responde que está bien, sin más. Pero un lunes por la tarde, un nuevo colega mío respondió: «¡Oh, estoy estupendamente!». Su respuesta me hizo sonreír, así que le pregunté qué hacía que se sintiese tan estupendamente, y dijo: «Estoy sano, mi familia está sana y vivimos en un país libre. Así que no tengo ninguna razón para no ser feliz». Lo distinto fue su actitud y las palabras que eligió. No estaba necesariamente mejor que nadie, pero parecía veinte veces más feliz. Pasa los próximos treinta días usando palabras que alienten una sonrisa.

2. Intenta algo nuevo todos los días.

La variedad es la salsa de la vida, realmente. Podemos ver o hacer algo un millón de veces, pero solo podemos verlo o hacerlo por primera vez en una sola ocasión. En consecuencia, las primeras experiencias a menudo dejan una marca en nuestra mente durante el resto de nuestra vida. Esfuérzate por hacer algo nuevo todos los días durante los próximos treinta. Esto puede consistir en realizar una actividad completamente nueva o en tener una pequeña experiencia, como hablar con un desconocido. Cuando empieces a hacer esto, muchas de estas nuevas experiencias abrirán la puerta a oportunidades que tendrán el potencial de cambiarte la vida.

3. Realiza un acto desinteresado todos los días.

En la vida, obtenemos según lo que invertimos. Cuando tenemos un impacto positivo en la vida de otra persona, también lo producimos sobre la nuestra. Haz algo que vaya más allá de ti, algo que ayude a otra persona a ser feliz o sufrir menos. Te prometo que será una experiencia extremadamente gratificante, que probablemente recordarás para siempre. Como es evidente, tus opciones a este respecto son ilimitadas, pero si quieres ayudar a una persona normal y corriente que lo necesite sin levantarte de la silla, visita el sitio web de GoFundMe.

4. Aprende y practica una habilidad nueva todos los días.

La autosuficiencia es una clave vital para llevar una vida saludable y productiva. Para ser autosuficiente, uno debe dominar un conjunto básico de habilidades; debe ser, más o menos, un aprendiz de todo. Al contrario de lo que te pueden haber enseñado en la escuela, un aprendiz de todo está mucho mejor preparado para lidiar con la vida que un maestro especializado en una sola disciplina. Además, aprender nuevas habilidades es divertido.

5. Enseña a alguien algo nuevo todos los días.

Todos tenemos unos puntos fuertes y unos talentos naturales que pueden ayudar mucho a quienes tenemos alrededor. Lo que es fácil para uno supone sin duda todo un reto para otras personas. Tendemos a dar estos dones por sentados, de manera que a menudo apenas nos damos cuenta de lo que tenemos por ofrecer y, por lo tanto, rara vez los compartimos con los demás. La felicidad interior y el entusiasmo provienen del uso de estos dones inherentes de forma rutinaria. ¿Qué te agradecen los demás? ¿En qué suelen pedirte ayuda? La mayor parte de las pasiones y talentos de las personas ayudan a los demás de una forma u otra. Tal vez tu don sea pintar, enseñar matemáticas, cocinar una buena comida o dirigir una clase de ejercicio. Durante los próximos treinta días, dedica un tiempo a diario a compartir tus talentos y habilidades.

6. Dedica una hora al día a algo que te apasione.

Implícate con algo en lo que creas apasionadamente. Puede ser cualquier cosa. Algunas personas asumen un papel activo en el equipo de gobierno de su municipio, otras encuentran refugio en la fe religiosa, otras se unen a clubes sociales que apoyan causas en las que creen y otras encuentran la pasión en sus pasatiempos. En cada caso, el resultado psicológico es el mismo. Todos estos individuos se implican en algo en lo que creen firmemente, y este compromiso aporta felicidad y sentido a su vida.

7. Trata bien a todos, incluso a los que son groseros contigo.

El hecho de ser amable con alguien que no te gusta no significa que seas falso. Significa que eres lo bastante maduro como para controlar tus emociones. Trata a todo el mundo con amabilidad y respeto, incluso a quienes son groseros contigo, no porque esos individuos sean agradables, sino porque tú lo eres. Haz esto durante treinta días, y te garantizo que verás cómo la grosería desaparece de tu alrededor.

8. Enfócate en tener una actitud positiva en todo momento.

Quienes realmente triunfan en la vida cultivan el optimismo. Tienen la capacidad de fabricar su propia felicidad y su propio impulso. Sea cual sea la situación, siempre encuentran una manera de darle un vuelco optimista. Saben que el fracaso no es más que una oportunidad de crecer y aprender una nueva lección de la vida. Las personas que piensan con optimismo ven el mundo como un lugar lleno de oportunidades infinitas, sobre todo en los tiempos difíciles. Trata de pasar los próximos treinta días viendo el lado positivo de las cosas.

9. Reconoce y aborda la lección en las situaciones incómodas.

Es importante recordar que todo es una lección de vida. Todas las personas a las que conoces y todas aquellas con las que te encuentras forman parte de la experiencia de aprendizaje que llamamos *vida*. No olvides nunca reconocer la lección, sobre todo cuando las cosas no vayan como esperabas. Si no obtienes el trabajo que querías o una relación no funciona, esto solo significa que hay algo mejor esperando, y la lección que acabas de aprender es el primer paso hacia ello. Durante los próximos treinta días, mantén un registro escrito de todas las lecciones que te ha impartido la vida.

10. Presta atención y disfruta la vida tal como se presente.

Cuando vi los premios Oscar hace poco, me di cuenta de que la mayor parte de los discursos que pronuncian los actores y las actrices cuando recogen un premio son más o menos así: «Esto significa mucho para mí. Toda mi vida me ha ido conduciendo hasta este momento». Pero la verdad es que toda nuestra vida nos ha ido conduciendo a cada momento. Piensa en ello un segundo. Todo aquello por lo que has pasado en la vida, cada buen momento, cada momento bajo y todos los demás, ha desembocado en el momento que estás viviendo ahora mismo. Pregúntate hasta qué punto estás viviendo realmente la vida. Si eres como la mayoría de las personas, es probable que la respuesta sea «no lo suficiente». La clave es enfocarse un poco menos en hacer y un poco más en ser. Recuerda que el momento presente es el único que tienes garantizado. El instante actual es la vida. Pasa los próximos treinta días viviendo en el ahora, de verdad.

11. Deshazte de una cosa al día durante treinta días.

Tenemos tanto desorden alrededor en cualquier momento dado (en el despacho, en el coche, en casa) y nos hemos acostumbrado tanto a él que ya no advertimos cómo nos afecta. Si empiezas a despejar tu entorno, tu mundo interno también se irá aclarando. Elige un artículo innecesario todos los días y deshazte de él. Es así de simple. Al principio tal vez te cueste, así que espera experimentar algo de resistencia. Pero al cabo de un tiempo comenzarás a abandonar la tendencia a guardarlo todo, y tu mente te agradecerá tus esfuerzos.

12. Crea algo nuevo en treinta días o menos.

La creación es un proceso como ningún otro. Aplicar tu capacidad de innovación y construir algo con tus propias manos te dejará con una sensación de completitud indescriptible, que no podrías lograr de ninguna otra forma. Lo único que has de tener en cuenta es que tu creación debe tener que ver con algo que te importe realmente. Si estás creando planes financieros para clientes todo el día y lo aborreces, esto no sirve. Pero si puedes encontrar algo que te guste mucho hacer y crear algo relacionado con ello, este acto creativo tendrá un gran impacto en tu vida. Si llevas tiempo sin crear algo solamente por el placer de crearlo, hazlo ahora. Tómate los próximos treinta días y deja volar tu creatividad.

13. No digas ni una mentira durante treinta días.

Con todas las mentiras piadosas aparentemente inocentes que salen de nosotros, hacer esto es mucho más difícil de lo que parece. Pero puedes hacerlo. Deja de engañarte a ti mismo y engañar a los demás, habla desde el corazón y di toda la verdad.

14. Despiértate treinta minutos antes cada mañana.

Levántate treinta minutos antes de lo habitual para no tener que ir corriendo como un loco. Esos treinta minutos te ayudarán a evitar multas por exceso de velocidad, tardanzas y otras situaciones estresantes. Pruébalo durante treinta días seguidos y comprueba el impacto que tiene en tu vida.

15. Deshazte de tres malos hábitos durante treinta días.

¿Comes demasiada comida rápida? ¿Juegas a demasiados videojuegos? ¿Discutes con tus hermanos? Tú ya sabes cuáles son algunos de tus malos hábitos. Elige tres y prescinde de ellos durante treinta días. Punto.

16. No veas televisión más de treinta minutos al día.

Entretente con experiencias del mundo real. Los grandes recuerdos derivan de experiencias de vida interesantes. Apaga el televisor (o el ordenador si es ahí donde ves tus programas televisivos) y sal al aire libre. Interactúa con el mundo, disfruta la naturaleza, advierte los placeres simples que tiene por ofrecer la vida y observa cómo esta se despliega delante de ti.

17. Define un objetivo a largo plazo y trabaja una hora en él todos los días.

Divide tu objetivo en pequeñas partes y enfócate en completar una antes de abordar la siguiente. Realmente se trata de dar pequeños pasos, y el primero suele ser el más difícil. Dedica una hora todos los días, durante los próximos treinta, a ir en pos de algo que siempre quisiste alcanzar. Elige un pequeño sueño y hazlo realidad.

18. Lee un capítulo de un buen libro todos los días.

Con el flujo interminable de fragmentos de textos informativos y fáciles de leer y trabajos escritos en colaboración que hay en Internet, la gente cada vez pasa más tiempo leyendo en línea. Sin embargo, Internet no puede reemplazar la sabiduría contenida en ciertos libros clásicos que han aportado (o aportarán) ideas profundas al conjunto del mundo durante generaciones. Los libros abren puertas, en la mente y en la vida. Encuentra una lista de libros en línea y busca uno de ellos en la biblioteca hoy. A continuación, dedica los próximos treinta días a leer al menos un capítulo diario, hasta llegar al final.

19. Todas las mañanas, mira o lee algo que te inspire.

A veces, todo lo que necesitamos son unas pocas palabras que nos levanten el ánimo. Durante los próximos treinta días, antes de desayunar o salir de casa, mira un video motivador o lee algo (una cita, una entrada de blog, un cuento) que te inspire.

20. Después de almorzar, haz algo todos los días que te haga reír.

Mira un videoclip divertido en YouTube, lee tu tira cómica favorita o encuentra un buen chiste en Internet. Una buena risa estimula la mente y puede renovar el estado energético. El mejor momento para este tipo de diversión es la pausa de media tarde; es entonces cuando es más necesaria.

21. Prescinde del alcohol y las drogas durante treinta días.

Este reto está en función de las circunstancias de cada cual. Si consumes mucho alcohol o una droga en particular, no es recomendable que dejes de hacerlo de golpe. Debes consultar con un médico e ir prescindiendo de la sustancia poco a poco. Pero si eres un consumidor ocasional, abandona el consumo ahora mismo durante treinta días.

22. Haz ejercicio treinta minutos todos los días durante treinta días.

Tu salud es tu vida. No te despreocupes de ella. Come bien, haz ejercicio y pasa una revisión médica al año.

23. Opta por la incomodidad y afronta un miedo todos los días.

Con la estrategia de dar pequeños pasos, continuamente, en un terreno en el que uno no se siente cómodo, a menudo es posible sortear el mayor obstáculo hacia el cambio positivo: el miedo. A veces tenemos miedo de fallar. A veces tenemos un miedo inconsciente al éxito, pues tendríamos que lidiar con todas las alteraciones (los factores de crecimiento) y los cambios derivados de él. Y otras veces prima nuestro miedo al rechazo o a parecer estúpidos. La mejor manera de vencer al miedo es mirarlo. Conecta con tu miedo, siéntelo en tu cuerpo, compréndelo y abórdalo paulatinamente. Salúdalo por su nombre si es necesario: «Bienvenido, miedo». El miedo puede ser un amigo que nos aconseje bien si aprendemos a gestionarlo y a escucharlo solamente cuando cumpla su verdadero propósito, que es el de advertirnos cuando estamos en peligro. Durante los próximos treinta días, dedica una hora diaria a abordar un temor que te esté frenando.

24. Elabora una receta nueva y saludable todos los días.

Cocinar es divertido, supone un reto para la mente y, si se hace correctamente, proporciona unos nutrientes vitales para el cuerpo. Estos son tres buenos motivos por los que hacerlo. Encuentra un buen libro de recetas. *How to Cook Everything* [Cómo cocinarlo todo], de Mark Bittman, es un recurso excelente para este desafío. Con novecientas páginas de instrucciones sencillas sobre cómo cocinar todo lo que podríamos soñar con comer, es probablemente el mejor libro de cocina jamás escrito. Prepara una receta nueva y saludable todos los días durante los próximos treinta.

25. Dedica diez minutos todas las noches a reflexionar sobre lo que ha ido bien.

Durante los siguientes treinta días, dedica diez minutos cada noche a reflexionar sobre los pequeños «éxitos» que has vivido en el transcurso de la jornada. Este proceso de reflexión positiva te recordará todo lo bueno que hay en tu vida, por pequeño que sea, y te ayudará a celebrar tu crecimiento personal.

26. Ten una conversación todos los días con alguien con quien rara vez hables.

Los seres humanos son criaturas interesantes, y no hay dos exactamente iguales. Interactuar con varias personas te abrirá la mente a unas ideas y unos puntos de vista fascinantes. Por lo tanto, durante los próximos treinta días, entabla una conversación con alguien con quien rara vez hables o con alguien a quien acabes de conocer. Descubre cuáles son sus motivaciones.

27. Salda o reduce tu deuda y no te endeudes más durante treinta días.

Vive muy por debajo de tus posibilidades. No compres artículos que no necesites. Olvídate de las compras caras. Determina un presupuesto y un plan de ahorro y cíñete a ellos. Durante los próximos treinta días, paga en efectivo y gestiona al detalle cada céntimo que ganes y gastes.

28. Abandona una relación que te esté lastimando constantemente.

Conserva en tu vida a las personas que realmente te quieran, te motiven, te alienten, te hagan mejor y contribuyan a tu felicidad. Si conoces a alguien que no te esté aportando nada de todo esto, deja que se vaya y haz espacio para nuevas relaciones positivas. Durante los próximos treinta días, si es relevante en tu situación, ve desprendiéndote de una persona que haya en tu vida que te haya estado lastimando y frenando continuamente.

29. Perdona públicamente a alguien que merezca otra oportunidad.

A veces, hay buenas relaciones que terminan abruptamente debido a los grandes egos y a las discusiones basadas en incidentes puntuales. Si hay alguien en tu vida que realmente merezca otra oportunidad, dásela. Si debes disculparte, hazlo. Durante los próximos treinta días, empezad un nuevo capítulo de la historia que compartís.

30. Documenta todos los días con una fotografía y un párrafo.

Durante treinta días, lleva una cámara contigo adonde sea que vayas. Esfuérzate por hacer una foto representativa de una experiencia sobresaliente cada día. Después, antes de acostarte cada noche, escribe un párrafo en un cuaderno o diario sobre los aspectos destacados de ese día. Si lo haces en un formato digital, puedes poner juntos la fotografía y el párrafo diarios en un espacio, por ejemplo un blog personal, que puedas consultar fácilmente en el futuro. A partir de ahora, esas viejas fotos y entradas de diario te ayudarán a evocar unos recuerdos interesantes que olvidarías de otro modo.

A medida que vayas avanzando en estos desafíos, recuerda que el crecimiento personal es un proceso lento y constante. No se puede apresurar. Hay que trabajar todos los días en él de forma progresiva. Dispones de tiempo suficiente para llegar a ser la persona que quieres ser en la vida. No te conformes con menos de lo que crees que mereces, o con menos de lo que sabes que puedes ser. A pesar de las dificultades con las que te vas a encontrar en el camino, no te rindas jamás. Eres más valiente de lo que crees, más fuerte de lo que pareces, más inteligente de lo que piensas y dos veces más capaz de lo que jamás imaginaste.

10 COSAS a las que debes RENUNCIAR para tener éxito

CUANDO PENSAMOS EN cómo lograr el éxito, a menudo nos enfocamos en las habilidades y los hábitos que deberíamos incorporar a nuestra vida. Pero a veces la clave del éxito radica en nuestra capacidad de abandonar ciertos hábitos y comportamientos. Por lo tanto, a partir de hoy...

1. Renuncia al hábito de esperar.

La forma en que pasamos el tiempo define quiénes somos. No puedes elegir cómo vas a morir o cuándo; solo puedes decidir cómo vas a vivir en este momento. Confía en nosotros si te decimos que dentro de un año desearás haber empezado hoy.

2. Renuncia a las excusas.

Tarde o temprano te darás cuenta de que no es lo que pierdes por el camino lo que cuenta, sino lo que haces con lo que aún tienes. Cuando sueltas, perdonas y sigues adelante, de ninguna manera cambias el pasado: cambias el futuro.

3. Renuncia a tratar de ser perfecto.

La belleza de cada uno de nosotros radica en nuestra vulnerabilidad, nuestro amor, nuestras emociones complejas..., nuestras auténticas imperfecciones. Cuando aceptamos quiénes somos y decidimos ser auténticos en lugar de perfectos, nos abrimos a las relaciones, la felicidad y el éxito reales. No hay necesidad de que te pongas una máscara, de que finjas ser alguien que no eres. Eres perfectamente imperfecto tal como eres.

4. Deja de hacer cosas que sabes que están mal.

No hay nada que nos perjudique más que hacer algo que creemos que es incorrecto. Nuestras creencias por sí solas no nos ayudan a crecer y prosperar; nuestros comportamientos y actos sí lo hacen. Por lo tanto, haz siempre lo que sabes en tu fuero interno que es correcto para ti.

5. Renuncia a los sentimientos de tener derecho.

Nadie te debe nada. Si vas por la vida con la falsa sensación de que te deben cosas, te volverás menos productivo y la realidad te decepcionará todo el rato. Cuando estés agradecido por lo que tienes y veas lo que te ocurre de positivo como un extra y no como algo a lo que tienes derecho, irás obteniendo grandes éxitos gradualmente a medida que sigas avanzando por el camino del crecimiento.

6. Renuncia a relacionarte con quienes quieren que seas otra persona.

El mejor tipo de relación es la que nos hace ser mejores personas sin transformarnos en alguien distinto de nosotros mismos.

7. Renuncia a dejar que otros decidan lo que puedes y no puedes hacer.

Para vivir tu propia vida con autenticidad, debes seguir tu GPS interno, no el de otra persona. Cuando alguien te diga que no puedes hacerlo o que lo que pretendes es imposible, no pierdas la esperanza. El hecho de que ellos no puedan no significa que tú no puedas.

8. Renuncia a ser una víctima indefensa.

Sí, es lamentable que a veces les sucedan cosas terribles a las mejores personas. La vida puede ser cruel e injusta. Sin embargo, permanecer atrapado en la mentalidad de víctima no fomenta tu capacidad de desplazarte hacia delante y hacia arriba. Tienes que levantarte y dar pasos positivos para sanar y crecer.

9. Deja de preocuparte por los fracasos pasados.

Acepta tu pasado sin lamentaciones, maneja tu presente con confianza y afronta tu futuro sin temor. Hoy estás donde te han llevado tus pensamientos y tus actos; mañana estarás donde te lleven tus pensamientos y tus actos.

10. Deja de culpar a todos los demás.

O te adueñas de tu situación o la situación se adueñará de ti. O te haces responsable de tu vida o alguien lo hará por ti. La culpa es un chivo expiatorio; es una forma fácil de eludir la responsabilidad por nuestros propios resultados. Cuesta mucho menos señalar con el dedo a alguien o algo que mirar hacia dentro. La culpabilización no es constructiva: no nos ayuda a nosotros mismos ni ayuda a nadie; nadie gana en el juego de la culpa. La cantidad de energía y estrés que se necesita para echarle la culpa a algo externo nos quita la capacidad de avanzar y encontrar una solución real.

Y recuerda esto: el camino que estás recorriendo puede ser el más difícil, pero no pierdas la fe. No escuches a los que dudan, no dejes que los contratiempos te desalienten y, sobre todo, no te des por vencido. No pasa nada si no sabes cuánto más puedes manejar. No pasa nada si no sabes exactamente qué hacer a continuación. Al final dejarás de lado la forma en que «deberían ser» las cosas y comenzarás a ver todas las magníficas posibilidades que tienes delante. Haz que tu vida consista en agarrar el volante con ambas manos y no parar de ir en la dirección correcta.

10 principios del ÉXITO que solemos olvidar

A VECES NOS encontramos corriendo en una rueda de hámster, luchando por salir adelante, solo porque olvidamos abordar algunos de los principios básicos del éxito que rigen el potencial que tenemos de avanzar. Aquí tienes un recordatorio rápido de dichos principios:

1. Tú eres la única persona responsable de tu éxito.

La mejor parte de tu vida comenzará el día en que decidas que tu vida es tuya, es decir, cuando no te apoyes en nadie, no dependas de nadie y no culpes a nadie. Tienes el control total de tu futuro. Cree con todo tu corazón que harás aquello que naciste para hacer. Es posible que a veces lo pases mal, pero niégate a seguir un camino predeterminado. Establece tus propias reglas y ten tu propio plan de acción. Uno no puede encontrar la felicidad y el éxito yendo a lo seguro y conformándose con una vida inferior a la que es capaz de vivir.

2. No tienes que reinventar la rueda.

En realidad, para tener éxito no tienes que inventar nada. Crear un gran invento o aportar una idea maravillosa es una forma de lograr un éxito enorme, pero no es necesario. Y puede ser el camino más difícil que existe hacia el éxito. El caso es que muchas personas han logrado un gran éxito tomando algo que ya existía y dándole un toque propio (aportando una propuesta de venta única). Establecer conexiones significa buscar inspiración en grandes ideas ya existentes y añadir un toque propio que sea útil.

3. Sin acción no hay avances.

Lo que no se empiece hoy no se va a terminar nunca mañana. Algunas de las mejores ideas nunca han visto la luz. ¿Por qué? Porque los genios que había detrás de ellas no se pusieron manos a la obra. Recuerda que la ausencia de acción siempre da lugar a una tasa de fracaso del cien por cien. Por lo tanto, ponte en marcha ahora y empieza a avanzar en la dirección correcta. Una vez que hemos empezado, cada paso posterior se vuelve cada vez más fácil, hasta que al final lo que una vez fue invisible comienza a hacerse visible y lo que una vez nos pareció inalcanzable comienza a hacerse realidad.

4. La persistencia siempre gana.

Puede requerir más de un bateo llegar a dar un golpe eficaz, así que asegúrate de no rendirte en el primer golpe. Y recuerda que un río horada las rocas no por su poder en un momento dado, sino por su persistencia en el tiempo.

5. Enfocarse lo es todo.

Cuando uno está demasiado ocupado mirando hacia atrás y a su alrededor, los demás lo adelantan. Si nunca te enfocas claramente en algo, nunca serás completamente eficaz con nada. Puede parecer que la multitarea hace que seamos eficaces en la realización de múltiples tareas a la vez, pero por lo general ocurre que no nos manejamos tan bien con cada una de ellas.

6. El fracaso es necesario.

No te despiertes a los setenta y cinco años suspirando por lo que deberías haber intentado pero no intentaste porque tuviste miedo de fallar. Hazlo, sin más, y permanece dispuesto a fallar y aprender por el camino. Muy pocas personas lo hacen bien la primera vez. De hecho, la mayoría de la gente no logra hacerlo bien las primeras cinco veces. Si lo que has hecho hoy no ha tenido el resultado que esperabas, mañana tienes otra oportunidad de hacerlo de otra manera. Interpreta cada fracaso como una lección en el camino hacia el éxito.

7. La actitud positiva alienta la productividad.

Los pensamientos son como el volante que lleva nuestra vida en la dirección correcta. El éxito proviene de la energía positiva. Puedes elegir quedar atrapado en la negatividad que te rodea, o puedes decidir hacer algo positivo respecto a tu situación. Siempre tienes elección. Recuerda que la felicidad es un componente del éxito, y que las personas más felices no necesariamente tienen lo mejor de todo; eso sí, utilizan la energía positiva para sacar el mejor partido a lo que tienen.

8. Debes creer que puedes.

Debes encontrar en tu interior el lugar en el que todo es posible. Empieza con un sueño. Añádele confianza, y se convertirá en una creencia. Añádele compromiso, y se convertirá en un objetivo a la vista. Añádele acción, y se convertirá en parte de tu vida. Añádele determinación y tiempo, y tu sueño se hará realidad.

9. Ayudar a los demás es un componente muy importante del éxito.

Las personas que tienen éxito no paran de presentar nuevas ideas, nuevos proyectos y nuevas e innovadoras formas de ayudar a los demás. Esto significa que sus fines y objetivos las benefician, pero también ayudan a que otras personas salgan beneficiadas. En pocas palabras: tu éxito a largo plazo está directamente relacionado con lo bien que sirvas a tu comunidad.

10. El éxito es una andadura compuesta por innumerables pasitos.

Es un proceso constante de crecimiento. Si deseas tener éxito, debes mantenerte en un nivel más alto que cualquier otra persona y esforzarte por mejorar. Ocurre a menudo que un individuo u organización tienen éxito y después se vienen abajo: un individuo puede volverse perezoso y una organización puede sucumbir a sus puntos débiles o a la competencia. El éxito sostenido implica mejorar continuamente, incluso si otras personas no ven la necesidad de hacerlo. Recuerda que lo significativo no es tanto dónde estamos en un momento dado como la dirección en la que estamos avanzando.

20 PREGUNTAS que deberías hacerte todos los domingos

EN EL PUNTO álgido de los nuevos comienzos, muchos de nosotros nos tomamos tiempo para reflexionar sobre nuestra vida y observamos tanto nuestro pasado como nuestro futuro. Pensamos en los éxitos, los fracasos y los sucesos destacados que poco a poco están configurando el guion de la historia de nuestra vida. Este proceso de autorreflexión nos ayuda a permanecer conscientes de dónde hemos estado y hacia dónde queremos ir, y es pertinente para que podamos organizar y preservar nuestros sueños, metas y deseos.

Si quieres sacar el máximo partido a la autorreflexión, tengo veinte preguntas para ti. Debes hacértelas todos los domingos por la mañana o en algún momento del fin de semana en el que goces de tranquilidad para pensar. Recuerda que la reflexión es la clave del avance.

1. *¿Qué he aprendido la última semana?*
2. *¿Cuál ha sido mi mayor logro en la última semana?*
3. *¿Qué momento de la última semana ha sido el más memorable y por qué?*
4. *¿Qué es lo principal que debo lograr esta semana?*
5. *¿Qué puedo hacer ahora para que la semana sea menos estresante?*
6. *¿Con qué he tenido dificultades en el pasado que también me podría afectar la próxima semana?*
7. *¿Qué ha sido lo que me ha hecho perder más el tiempo la última semana?*

8. *¿Voy a entrar en la próxima semana con algún equipaje excesivo que pueda soltar?*

9. *¿Qué he estado evitando que deba hacer?*

10. *¿Qué oportunidades sigue habiendo sobre la mesa?*

11. *¿Hay alguien con quien haya querido hablar?*

12. *¿Hay alguien que merezca un gran agradecimiento por mi parte?*

13. *¿Cómo puedo ayudar a alguien la próxima semana?*

14. *¿Cuáles son mis tres objetivos principales para los próximos tres años?*

15. *¿Alguno de mis actos recientes me ha acercado a mis objetivos?*

16. *¿Cuál es el siguiente paso respecto a cada objetivo?*

17. *¿Qué aguardo con ilusión de cara a la próxima semana?*

18. *¿De qué tengo miedo?*

19. *¿Qué es aquello por lo que estoy más agradecido?*

20. *Si supiera que solo tengo una semana de vida, ¿con quién pasaría el tiempo?*

Tómate treinta minutos todos los domingos y hazte el regalo de la autorreflexión. A nosotros nos ha funcionado de maravilla, y estamos seguros de que ocurrirá lo mismo en tu caso.

CÓMO LOGRAR LO IMPOSIBLE

Lo imposible es lo que nadie puede
hacer hasta que alguien lo hace

LA TELETRANSPORTACIÓN ES la nueva modalidad de viaje aéreo. Los humanos pueden caminar sobre el agua. Y hay una cura para el cáncer. Todo esto acabará por suceder porque, sencillamente, la naturaleza del avance dicta que debe ocurrir. Y porque hay personas en este planeta que creen que pueden materializar estas posibilidades. ¿Eres tú una de ellas?

3 historias cortas sobre cómo lograr lo imposible

Cuando estaba cursando primero de secundaria, una alumna también de primer curso, de ciento dieciocho kilos de peso, se presentó a las pruebas de atletismo. Se llamaba Sara y solo acudió porque su médico le había dicho que su salud dependía de ello. Pero tras echar un vistazo a la multitud de estudiantes que estaban participando en las pruebas, se dio la vuelta y comenzó a alejarse. El entrenador O'Leary la vio, corrió hasta ella e hizo que se diese la vuelta.

—¡No estoy lo bastante delgada para este deporte! —declaró Sara—. ¡Y nunca lo estaré! Me resulta imposible perder suficiente peso. Lo he intentado.

El entrenador O'Leary asintió y le aseguró a Sara que su tipo de cuerpo no era el adecuado para su peso actual.

—Es adecuado para cien kilos —dijo.

Sara pareció confundida.

—La mayoría de la gente me dice que necesito perder sesenta kilos —replicó—. ¿Pero usted cree que solo necesito perder dieciocho?

El entrenador O'Leary asintió de nuevo. Sara empezó compitiendo como lanzadora de peso, pero se pasó todas las tardes corriendo y entrenando con el resto del equipo de atletismo. Era muy competitiva, y al final del curso pesaba cien kilos. Además, quedó segunda en el torneo de lanzamiento de peso del condado ese año. Tres años después, en el último curso, quedó tercera en la carrera de diez kilómetros. En ese momento, pesaba cincuenta y nueve kilos.

Cuando Charles Darwin escribió *El origen de las especies*, que propuso la idea innovadora de la evolución regida por la selección natural, se desencadenó un debate mundial. Entre los partidarios de la teoría había científicos, historiadores y otros cuyas profesiones y cosmovisiones les exigían analizar cuidadosamente las nuevas ideas y adoptar las que parecían tener sentido. Y entre los críticos había teólogos, conservadores extremistas y otros que estaban convencidos de que la explicación bíblica de nuestra ascendencia era la única posible. Este grupo de personas, las que se negaban a aceptar la posibilidad de nuevas ideas, acabaron por apartarse del debate y no contribuyeron al avance de la humanidad. En cambio, aquellos que no rechazaron ciegamente la evolución sino que la cuestionaron, la investigaron y trataron de explorar sus posibilidades pudieron lograr hazañas previamente imposibles: impulsaron avances importantes en varios campos de estudio, desde la sociología hasta la historia y la medicina.

Cuando Sergey Brin y Larry Page fundaron Google, no tenían absolutamente ninguna intención de crear la compañía basada en Internet más poderosa del mundo. A mediados de la década de los noventa, Internet ya estaba saturado de muchas empresas de motores de búsqueda bien asentadas, como Yahoo, Lycos y Alta-Vista. Les pareció imposible competir y triunfar en un entorno tan competitivo, de manera que lo que hicieron Brin y Page fue tratar de vender su tecnología de búsqueda a estas empresas. Y aunque la tecnología de búsqueda de Google, con su algoritmo PageRank y su expansión eficiente, era claramente más avanzada que cualquier otra que se estuviese empleando en esa época, ninguna de esas compañías bien asentadas quiso arriesgarse a emplearla. Por tanto, después de agotar sus opciones, Brin y Page decidieron lanzar Google al público y competir directamente con las empresas más importantes en ese ámbito. Como sabemos, Google las superó ampliamente.

«Imposible» no es más que un estado mental

Si podemos encontrar la paciencia para ver el mundo tal como es (dinámico, flexible y cargado de un potencial pendiente de explotar) y si podemos aceptar el hecho de que el cambio es una parte inevitable y fantástica de la vida, podremos experimentar también la emoción del avance y ayudar a darle forma a un mundo en el que lo imposible se vuelve posible.

Para lograr lo imposible, primero debemos entender que el «estado de lo imposible» no es más que un estado mental. Nada es realmente imposible. La imposibilidad solo existe cuando nos faltan el conocimiento y la experiencia que deben permitirnos comprender qué es lo que hace que algo sea posible.

Sara estaba convencida de que era imposible perder peso porque, en el pasado, nunca había conseguido los resultados que esperaba. Los teólogos del siglo XIX se rieron de las teorías de Charles Darwin porque no provenían de la Biblia, la cual, en ese momento, era su única fuente de conocimiento y verdad. Los antiguos competidores de Google no reconocieron el próximo gran éxito cuando se les ofreció en bandeja de plata. ¿Por qué? Porque no quisieron tomarse molestias con una nueva tecnología que no terminaban de entender. Esto acabó por forzar a Brin y Page a materializar su versión de lo «imposible».

Por lo tanto, comencemos a entrenar nuestra mente y nuestro corazón, hoy, para poder hacer realidad mañana lo que hoy parece una quimera.

PREGUNTAS Y PLANTEAMIENTOS SOBRE EL ÉXITO PARA HACERTE PENSAR

¿Qué es lo principal que quieres LOGRAR en los próximos cinco años?

Si aprendemos de nuestros ERRORES, ¿por qué siempre tenemos tanto miedo de cometer un error?

Indica algo que antes te ASUSTABA pero que ya no te asusta.

¿Qué ERROR cometes una y otra vez?

¿Qué te ha impedido hacer el MIEDO al fracaso?

Si pudieras APRENDER algo, ¿qué sería?

Indica algo que SEGUIRÁS haciendo hasta el día de tu muerte.

¿Cuál es el mejor CONSEJO que has recibido?

Si te dijera «VE A POR ELLO», ¿qué sería ese «ello»?

Indica algo a lo que debas RENUNCIAR para seguir adelante.

Octava parte

Simplicidad

La vida no es complicada. Los complicados somos nosotros. Cuando dejamos de hacer lo inadecuado y comenzamos a hacer lo adecuado, la vida se vuelve simple.

LO QUE QUEREMOS SER DE MAYORES

CUANDO ESTABA EN la escuela de primaria, mis padres me dijeron que no importaba lo que hiciera de mayor, siempre y cuando me hiciera feliz. «La felicidad lo es todo en la vida —me dijo mi padre—. A tu madre le encanta ayudar a la gente, por lo que se hizo enfermera. A mí me encanta leer, escribir y la poesía, así que me hice profesor de lengua y literatura. Los dos somos felices con el trabajo que hacemos todos los días».

Unos años más tarde, cuando estaba en secundaria, mi gruñona profesora de sexto me castigó: fue caminando por el aula preguntándole a cada alumno qué quería ser de mayor. Cuando llegó a mí, le respondí que quería ser feliz. Me dijo que no había entendido nada la pregunta. Yo le dije que ella no estaba entendiendo nada la vida.

¿Qué queremos ser todos de mayores? Felices, eso es todo. Encuentra lo que te hace feliz y hazlo hasta el día de tu muerte.

12 COSAS que deberías poder DECIR sobre ti

SABRÁS SI ESTÁS en el camino correcto si puedes decir cada una de las declaraciones siguientes para tus adentros sabiendo que son ciertas. Si no lo son, esta lista te dará algo positivo en lo que trabajar.

1. Estoy procediendo según mi corazón y mi intuición.

No te dejes llevar por tus problemas. Déjate llevar por tus sueños. Vive la vida que quieres vivir. Sé la persona que quieras recordar dentro de unos años. Toma decisiones y actúa de acuerdo con ellas. Comete errores, cáete y vuelve a intentarlo. Aunque te caigas mil veces, no tendrás que preguntarte qué pudo haber ocurrido. Al menos sabrás, en tu fuero interno, que les diste la mejor oportunidad a tus sueños.

2. Estoy orgulloso de mí mismo.

Eres tu mejor amigo y tu mayor crítico. Independientemente de lo que opinen los demás, a fin de cuentas el único reflejo que te devuelve la mirada en el espejo es el tuyo. Acéptalo todo sobre ti. ¡Todo! Tú eres tú y este es el principio y el final, sin que quepan las disculpas ni las lamentaciones.

3. Estoy haciendo algo importante.

Actúa como si lo que haces fuera importante. Lo es. Eres solo uno, pero eres uno. No puedes hacerlo todo, pero puedes hacer algo. Sonríe y disfruta de que has hecho algo significativo, algo que probablemente recordarás para siempre.

4. Soy feliz y estoy agradecido.

La felicidad está dentro de ti, en tu manera de pensar. La forma en que te ves a ti mismo y en que ves tu mundo obedece a unas elecciones y unos hábitos conscientes. Las lentes a través de las que eliges verlo todo determinan cómo te sientes en relación contigo y con todo lo que ocurre a tu alrededor.

5. Me estoy convirtiendo en la mejor versión de mí mismo.

Usar una máscara es algo que desgasta. Fingir es fatigoso. La actividad más ardua es aparentar ser lo que uno sabe que no es. Tratar de encajar en un molde idealista de perfección es un juego de tontos. Es mucho más inteligente ser uno mismo, con todos los defectos. Mejora continuamente, cuida tu cuerpo y tu salud, y rodéate de factores positivos. Conviértete en la mejor versión de ti mismo.

6. Estoy usando bien mi tiempo.

Recuerda que tu tiempo tiene un valor inestimable, y a la vez es gratis. No puedes tenerlo, pero puedes usarlo. Puedes gastarlo, pero no puedes conservarlo. Una vez que lo hayas perdido, nunca podrás recuperarlo. Solo dispones de un corto período de vida; por lo tanto, deja que tus sueños sean más grandes que tus miedos y que tus actos hablen más alto que tus palabras. ¡Emplea bien tu tiempo!

7. Soy honesto conmigo mismo.

Sé honesto acerca de lo que es correcto y también respecto a lo que debe cambiarse. Sé honesto en cuanto a lo que quieres lograr y en cuanto a la persona que quieres llegar a ser. Sé honesto con cada aspecto de tu vida, siempre. Porque eres la única persona con la que siempre puedes contar.

8. Me porto bien con las personas que me importan.

¿Cuándo fue la última vez que les dijiste a tus familiares y amigos íntimos que los querías? El solo hecho de pasar un poco de tiempo con alguien demuestra que esa persona te importa, que es lo suficientemente valiosa como para que hayas elegido, entre todas las actividades que abarrotan tu agenda, encontrar tiempo para ella. Habla con estas personas cercanas. Escúchalas. Entiéndelas. Muchas veces son nuestras acciones, más que nuestras palabras, las que realmente hablan de lo que nuestro corazón siente por los demás.

9. Sé qué sabor tiene el amor incondicional.

Puede ser que experimentes este sentimiento por un niño, tu pareja, un familiar... Es un amor que se da sin esperar nada a cambio. Si vivimos desde el amor incondicional, la vida es una aventura maravillosa que conmueve el núcleo de nuestro ser e ilumina nuestro camino con un deleite especial. Este amor es una energía dinámica y poderosa que nos levanta en los momentos más difíciles.

10. He perdonado a quienes me hicieron daño.

Los rencores no nos permiten experimentar la felicidad perfecta y hacen que no reparemos en la belleza de la vida a medida que acontece. Perdonar es liberarse.

11. Me hago plenamente responsable de mi vida.

Eres la única persona que puede controlar directamente el resultado de tu vida. No, no siempre será fácil. Cada individuo tiene una gran cantidad de obstáculos ante sí. Pero debes asumir la responsabilidad por tu situación y superar los obstáculos que se interponen en tu camino. Elegir no hacerlo es optar por existir en lugar de vivir.

12. No albergo arrepentimientos.

Este punto no es más que una culminación de los once anteriores... Haz caso a tu corazón. Sé sincero contigo mismo. Haz lo que te haga feliz. Busca la compañía de las personas que te hagan sonreír. Ríe tanto como respiras. Ama mientras vivas. Di lo que tengas que decir. Ofrece una mano amiga cuando puedas. Valora todo lo que tienes. Sonríe. Celebra tus pequeñas victorias. Aprende de tus errores. Date cuenta de que todo son lecciones disfrazadas. Perdona. Y suelta aquello que no puedas controlar.

12 cosas increíblemente ASEQUIBLES para hacer hoy

«¿Qué puedo empezar a hacer hoy para conseguir que mi vida sea más feliz y satisfactoria?». Esta es la pregunta más habitual que nos hacen los lectores por correo electrónico, Facebook y Twitter. Buscamos en nuestros archivos y encontramos una lista de doce formas simples y prácticas en que puedes mejorar tu bienestar a diario. A partir de hoy mismo...

1. Sonríe.

Una sonrisa es una elección, no un milagro. No esperes a que los demás sonrían. Muéstrales cómo hacerlo. Una sonrisa auténtica hace que nos sintamos mejor nosotros mismos y que mejore el ánimo de todos quienes tenemos alrededor. El mero acto de sonreír envía a nuestro cerebro el mensaje de que somos felices. Y cuando somos felices, nuestro cuerpo bombea todo tipo de endorfinas para hacernos sentir bien. Esta reacción se ha estudiado y probado varias veces. En pocas palabras: sonreír hace que seas más feliz.

2. Trata a todo el mundo con amabilidad y respeto.

Recuerda que no hay unos límites o unas distinciones de clases que establezcan que solo un determinado conjunto de personas merecen ser respetadas. Trata a todo el mundo con el mismo respeto que le mostrarías a tu abuelo y la misma paciencia que tendrías con tu hermano pequeño. La gente percibirá tu amabilidad.

3. Lleva a cabo un acto desinteresado.

En la vida, obtenemos lo que invertimos. Cuando tenemos un impacto positivo en la vida de otra persona, también lo tenemos en nuestra propia vida. Haz algo que vaya más allá de ti, algo que ayude a otra persona a ser feliz o sufrir menos. Te prometemos que será una experiencia extremadamente gratificante, que probablemente recordarás para siempre.

4. Evita los dramas innecesarios y a quienes los crean.

Nunca generes dramas innecesarios ni te rodees de quienes los generan. Elige pasar tiempo con personas a las que estés orgulloso de conocer, personas a las que admires, que te quieran y respeten, y que hagan que tus días sean un poco mejores por el solo hecho de estar en ellos. No te alejes andando de las personas negativas; ¡huye de ellas corriendo! La vida es demasiado corta para pasar tiempo con individuos que nos quitan la felicidad.

5. Piensa en los aspectos positivos.

Deja de tener miedo de lo que podría salir mal y comienza a pensar en lo que podría salir bien. Mejor aún, piensa en todo lo que ya está bien. Da las gracias por las noches que se convirtieron en mañanas, por los amigos que se convirtieron en familiares y por los sueños y objetivos pasados que se hicieron realidad. Y sírvete de este espíritu positivo para fomentar un mañana aún mejor.

6. Inyecta un poco de amor en el mundo que te rodea.

Ama lo que haces hasta que puedas hacer lo que amas. Ama el lugar en el que estás hasta que puedas estar donde quieres estar. Ama a las personas con las que estás hasta que puedas estar con las personas que más amas. Esta es la forma de encontrar la felicidad.

7. Toma medidas decididas e inmediatas sobre una decisión que debas asumir.

A medida que, con el paso de los años, nos vamos volviendo más sabios, vamos comprendiendo lo que necesitamos y lo que debemos dejar atrás. A veces alejarse es dar un paso adelante. A veces es mejor dejar correr un tema sin haberlo cerrado. Los actos y comportamientos dicen mucho. Confía en las señales que se te han dado y da el siguiente paso.

8. Obedece tu intuición al tomar decisiones.

Obedecer la propia intuición significa hacer lo que sentimos que es correcto aunque no les parezca apropiado a los demás. Solo el tiempo lo dirá, pero nuestros instintos humanos rara vez se equivocan. Así que no te preocupes por lo que piensen los demás y sigue viviendo y diciendo tu verdad. Las únicas personas que se enojarán contigo por hacerlo son aquellas que están viviendo una mentira.

9. Dedica tiempo a trabajar en algo en lo que creas.

Nunca pospongas o abandones un objetivo que sea importante para ti. Tal vez pienses que puedes empezar o volver a intentarlo mañana, pero es posible que este mañana no exista. La vida es más corta de lo que a veces parece. Procede según tu corazón hoy mismo.

10. Conoce a alguien nuevo.

La mayoría de los humanos tenemos el hábito de estancarnos en un pequeño círculo de amigos, pero esto no nos ayuda a crecer. Sal y conoce a gente nueva. Te sorprenderán las lecciones que te enseñarán y las nuevas oportunidades que aportarán a tu vida.

11. Haz ejercicio y come saludablemente.

Cuidar tu cuerpo es crucial para que seas la persona más feliz que puedes llegar a ser. Si no tienes la energía física en buena forma, tu energía mental (tu capacidad de enfocarte), tu energía emocional (tus sentimientos) y tu energía espiritual (tu propósito) se verán afectadas negativamente. Quienes hacen ejercicio tienen una mayor sensación de realización personal y una autoestima más elevada.

12. Sé un estudiante de la vida.

Experiméntala, aprende de ella y absorbe todos los conocimientos que puedas. Prepárate para algo grande manteniendo tu mente condicionada con nuevos conocimientos y nuevos retos. Recuerda que si estás preparado no tendrás que prepararte cuando surjan las grandes oportunidades.

10 AFIRMACIONES para una buena vida

UNA BUENA VIDA consiste en no suponer nada, hacer más, necesitar menos, sonreír a menudo y darnos cuenta de lo afortunados que somos en este momento. La vida son los pequeños placeres que nos hacen felices, los actos compasivos que llevamos a cabo, los objetivos personales que nos esforzamos por alcanzar, las relaciones que fomentamos y el legado que dejamos.

Por lo tanto, a partir de hoy, elige tomar el control. Aquí tienes diez afirmaciones que te ayudarán a vivir una buena vida:

1. *No soy perfecto y no intentaré serlo.*
2. *No puedo, y no intentaré, complacer a todos.*
3. *Participaré en algo en lo que creo.*
4. *Priorizaré mis obligaciones y haré lo importante en primer lugar.*
5. *Elegiré a mis amigos inteligentemente.*
6. *Ayudaré a los demás cuando pueda.*
7. *Me centraré en lo positivo.*
8. *Solo puedo ser yo.*
9. *Estaré aquí y ahora.*
10. *La vida mejora cuando decido seguir adelante.*

El mundo que nos rodea cambia cuando cambiamos.

Si te despiertas todas las mañanas con la idea de que algo maravilloso sucederá en tu vida ese día y prestas mucha atención, a menudo verás que tenías razón. Lo opuesto también es cierto. La decisión es tuya.

12 REGLAS para ser un ser humano

No INTENTES SER perfecto. Solo sé un excelente ejemplo de lo que es ser humano. Aquí tienes algunas cosas que debes tener en cuenta:

1. El crecimiento personal requiere experimentar dolor.

No tengas miedo de desmoronarte en un momento dado. Porque cuando esto ocurra, la situación te abrirá la oportunidad de crecer y reconstruirte como la persona brillante que eres capaz de ser.

2. Aprenderás a lo largo de toda tu vida.

No hay ninguna etapa de la vida que no contenga nuevas lecciones. Y mientras hagas caso a tu corazón y no dejes nunca de aprender, no envejecerás, sino que te renovarás cada día.

3. Toda experiencia de vida contiene una lección positiva.

No olvides reconocer la lección, especialmente cuando las cosas no salgan como esperabas. Si cometes un error que te retrasa un poco, o si firmas un acuerdo comercial o entablas una relación que no funcionan, esto solo significa que hay una nueva oportunidad esperándote. Y la lección que acabas de aprender es el primer paso hacia ella.

4. La verdadera belleza habita debajo de la piel.

Cuando empezamos a conocer realmente a alguien, la mayor parte de sus características físicas desaparecen de nuestra mente. Empezamos a familiarizarnos con su energía, reconocer su aroma y apreciar su ingenio. De ese modo, solo vemos la esencia de la persona, no el caparazón. Es por eso por lo que, cuando realmente conectamos con el interior de alguien, la mayor parte de sus imperfecciones físicas nos parecen irrelevantes.

5. Solo tú sabes de lo que eres capaz.

A menos que alguien pueda mirar dentro de tu corazón y ver el grado de tu pasión, o mirar dentro de las profundidades de tu alma y ver el alcance de tu voluntad, no tiene nada que decirte acerca de lo que puedes o no lograr. Porque aunque los demás puedan conocer las probabilidades, no te conocen *a ti* y no saben de lo que eres capaz.

6. Tu amor crea tu felicidad.

La felicidad que sientes guarda una relación directamente proporcional con el amor que das. Cuando amas, te esfuerzas inconscientemente por ser mejor de lo que eres. Cuando te esfuerzas por ser mejor de lo que eres, todo a tu alrededor también mejora. Durante la juventud, el amor es nuestro maestro; en la mediana edad, el amor es nuestro fundamento, y en la vejez, el amor nos ofrece los mejores recuerdos y es nuestro mayor deleite.

7. Te ganas el respeto de los demás siendo respetuoso.

Nos ganamos el respeto de los demás escuchándolos, reconociendo sus sentimientos y tratándolos con el mismo respeto que esperamos recibir a cambio. Así que trata a las personas como quieres que te traten. Habla con la gente de la forma en que quieres que te hable. El respeto se gana; no se obtiene sin más.

8. La negatividad envenena el alma.

No permitas que el dramatismo innecesario y la negatividad te impidan ser la mejor versión de ti mismo. Evita los dramas y enfócate en lo que es realmente importante. Suelta lo que te esté pesando. A medida que vayas despejando tu vida, poco a poco irás gozando de mayor libertad para responder a las llamadas de tu alma.

9. Tu salud es tu vida.

Para poder ser realmente la mejor versión de ti mismo, debes darle a tu cuerpo el combustible que necesita. Tira la comida basura y llena tu cocina con alimentos frescos y enteros. Corre, nada, pedalea, camina..., ¡suda! La buena salud es esencial para tener la energía, la resistencia y la perspectiva que deben permitirnos abordar nuestras metas y sueños.

10. Hay que soltar para poder pasar a algo mejor.

No obtendrás lo que realmente mereces si estás demasiado apegado a lo que se supone que debes dejar. A veces amas, a veces luchas, a veces aprendes, a veces sigues adelante. Y todo esto está muy bien. Debes estar dispuesto a abandonar la vida que planeaste para poder disfrutar la vida que te espera.

11. Este momento es un regalo.

La verdad es que toda tu vida te ha estado conduciendo hasta este momento. Piensa en ello un segundo. Todo aquello por lo que has pasado en la vida (cada experiencia buena, cada experiencia mala y todas las intermedias) te ha llevado al instante actual. Este momento no tiene precio, y es el único que tienes garantizado. Es tu *vida*. No te lo pierdas.

12. Tus elecciones diseñan tu vida.

Todos los días puedes escoger. Elige apreciar lo que tienes. Elige sacar tiempo para ti. Elige hacer algo que te haga sonreír. Elige estar emocionado. Elige reírte de tu propia estupidez. Elige pasar tiempo con personas de espíritu positivo. Elige perseverar con tus objetivos. Elige intentarlo una y otra vez. Dentro de tus elecciones se encuentran todas las herramientas y recursos que necesitas para diseñar la vida de tus sueños; solo debes elegir sabiamente.

10 VERDADES sencillas que las personas inteligentes olvidan

ALGUNAS DE LAS personas más inteligentes que conocemos luchan continuamente para salir adelante porque olvidan tener en cuenta algunas verdades simples que, en conjunto, rigen nuestro potencial de efectuar avances. Aquí tienes un recordatorio rápido de estas verdades:

1. La formación y la inteligencia no logran nada sin la acción.

Hay una gran diferencia entre saber cómo hacer algo y realmente hacerlo. El conocimiento y la inteligencia son inútiles sin la acción.

2. La felicidad y el éxito no son lo mismo.

«¿Qué me hará feliz?» y «¿qué me hará tener éxito?» son dos de las preguntas más importantes que puedes hacerte. Pero son dos preguntas diferentes.

3. Cada uno lleva su propio negocio.

Independientemente de cómo te estés ganando la vida o para quién crees que trabajas, solo trabajas para una persona: tú mismo. La gran pregunta es: ¿qué estás vendiendo y a quién? Aunque trabajes en un empleo a jornada completa en una empresa a cambio de un salario, sigues teniendo tu propio negocio. ¿Cómo puedes a la vez ahorrar tiempo y aumentar tus ganancias? La respuesta es ligeramente diferente para todos, pero existe, y debes buscarla.

4. Tener demasiadas opciones interfiere en la toma de decisiones.

En nuestro siglo XXI, en que la información se desplaza a la velocidad de la luz y las oportunidades para la innovación parecen infinitas, tenemos una gran variedad de opciones a la hora de diseñar nuestra vida y nuestra carrera profesional. Pero, lamentablemente, disponer de una gran cantidad de opciones a menudo conduce a la indecisión, la confusión y la inacción.

Si estás tratando de tomar una decisión, no pierdas todo tu tiempo evaluando hasta el último detalle de cada opción posible. Elige algo que creas que funcionará y dale una oportunidad. Si no funciona, elige otra cosa y sigue adelante.

5. Todos poseemos facetas de éxito y de fracaso.

Intentar ser perfecto es una pérdida de tiempo y energía. La perfección es una ilusión.

Todas las personas, incluso nuestros héroes, son multidimensionales. Los empresarios poderosos, los músicos brillantes, los autores más vendidos e incluso nuestros propios padres tienen facetas de éxito y de fracaso en su vida.

Nuestras facetas de éxito suelen abarcar aquello a lo que dedicamos más tiempo de forma sostenida. Esta es la parte de nuestra vida que queremos que vean los demás, la parte exitosa que depende de nuestro trabajo. Está asociada a la noción de dar lo mejor de nosotros y al personaje público que imaginamos que constituye nuestro legado personal; por ejemplo, el emprendedor de éxito o el ganador de un premio importante.

Pero detrás de cualquier línea argumental brillante que estemos promocionando externamente, hay un ser humano multidimensional con una larga lista de fracasos no confesados. A veces esta persona es un mal esposo o una mala esposa. A veces esta persona se ríe a costa de los demás. Y a veces esta persona aparta la vista de la carretera y choca con el vehículo que tiene delante.

6. Cada error que cometes supone un avance.

Los errores nos enseñan lecciones importantes. Cada vez que cometemos uno, estamos un paso más cerca de nuestro objetivo. El único error que realmente puede hacernos daño es elegir no hacer nada por el solo hecho de tener demasiado miedo de cometer un error.

Por lo tanto, no vaciles, no dudes de ti mismo. En la vida, rara vez se trata de tener una oportunidad; se trata de aprovecharla. Si nunca actúas, nunca sabrás con certeza si eso habría funcionado, y permanecerás en el mismo lugar para siempre. La verdad es que todos fallamos. Y una verdad aún mayor es que ningún fallo nos define. Confiesa. Pide disculpas. Aprende. Vuélvete más sabio. Sigue adelante.

7. A las personas se les puede dar muy bien hacer cosas que no les gusta hacer.

Hemos oído decir a demasiadas personas inteligentes algo como esto: «Para ser bueno en lo que haces, tiene que gustarte». Pero esto no es así.

Un buen amigo nuestro es contable público. Nos ha dicho en numerosas ocasiones que no le gusta su trabajo, que lo encuentra «mortalmente aburrido». Pero a menudo recibe aumentos de sueldo y ascensos. Con veintiocho años de edad, entre casi mil contables auxiliares de su división, fue uno de los dos únicos que fueron ascendidos a contables de categoría superior el año pasado. ¿Por qué? Porque aunque no le gusta lo que hace, es bueno en ello.

Podríamos poner docenas de otros ejemplos como este, pero te ahorraremos los detalles. Ten en cuenta solamente que si alguien dedica suficiente tiempo y atención a perfeccionar una habilidad o un oficio, puede ser increíblemente bueno en eso. Esto se puede aplicar también a los empleos complementarios o de fin de semana, o a otras cosas que hacemos que no nos gusta hacer. Por nuestra parte, no te aconsejamos que elijas una carrera o un oficio que no te guste.

8. Los problemas que tenemos con los demás suelen tener que ver más con nosotros mismos.

Muy a menudo, los problemas que tenemos con los demás (nuestro cónyuge, nuestros padres, nuestros hermanos...) no tienen mucho que ver con ellos. Esto es así porque muchos de los problemas que creemos tener con ellos los creamos inconscientemente en nuestra propia mente. Tal vez hicieron algo en el pasado que tocó uno de nuestros miedos o inseguridades. O tal vez no hicieron algo que esperábamos que hicieran. En cualquier caso, problemas como estos no tienen que ver con la otra persona, sino con nosotros mismos.

No pasa nada. Esto solo significa que estas pequeñas dificultades serán más fáciles de resolver. Después de todo, somos los responsables de nuestras propias decisiones. Podemos decidir si queremos mantener la mente saturada de sucesos del pasado o si, en cambio, queremos abrirla a las realidades positivas que tienen lugar delante de nosotros.

Todo lo que necesitamos es estar dispuestos a mirar las cosas de manera un poco diferente; olvidarnos de lo que ocurrió o lo que podría haber ocurrido y, en cambio, enfocar la energía en las cosas tal como son y en como podrían ser.

9. Las decisiones de tipo emocional rara vez son buenas.

Las decisiones impulsadas por emociones fuertes suelen ser reacciones equivocadas más que juicios sensatos. Estas reacciones son la consecuencia de cantidades mínimas de pensamiento consciente y están mucho más basadas en «sentimientos» momentáneos que en una conciencia clara.

El mejor consejo en estos casos es simple: no dejes que tus emociones prevalezcan sobre tu inteligencia. Cálmate y piensa detenidamente antes de tomar cualquier decisión que te podría cambiar la vida.

10. Nunca te sentirás preparado al cien por cien cuando surja una oportunidad.

El principal factor que veo que frena a las personas inteligentes es la reticencia que tienen a aceptar oportunidades por el solo hecho de que no creen estar preparadas. Es decir, creen que deben tener más conocimientos, habilidades, experiencia, etc., antes de poder aprovechar las oportunidades. Lamentablemente, este es el tipo de pensamiento que paraliza el crecimiento personal.

La verdad es que nadie se siente absolutamente preparado cuando surge una oportunidad, porque la mayor parte de las grandes oportunidades de la vida exigen que crezcamos en los ámbitos emocional e intelectual. Nos obligan a expandirnos y a ampliar nuestra zona de confort, lo que significa que no nos sentiremos totalmente a gusto al principio. Y cuando no nos sentimos a gusto, no nos sentimos preparados.

Tan solo recuerda que a lo largo de tu vida te irás encontrando con oportunidades significativas de crecimiento y desarrollo personal. Si quieres efectuar cambios positivos en tu vida, tendrás que aprovechar estas oportunidades a pesar de que nunca te sentirás preparado al cien por cien para aceptarlas.

10 cosas que DESEARÍA haber SABIDO hace diez años

MANTENTE EN CONTACTO con tu alma. Conserva la calma y piensa. Escucha tu voz interior. Anticípate y planifica. Responsabilízate de tu vida al cien por cien. Durante la última década, he ido aprendiendo estos conceptos de forma progresiva. En conjunto, me han ayudado a vivir una vida llena de propósito. Si hubiera entendido todo esto hace diez años, podría haberme ahorrado bastante dolor y confusión. Por lo tanto, hoy he pensado en compartir algunas cosas más que desearía haber sabido antes. Tengo la esperanza de que te ayuden a superar algunos de los obstáculos con los que me he topado en el camino de la vida.

1. Amar a alguien no debería significar perderse a uno mismo.

El verdadero amor nos empodera, no nos barre. El verdadero amor permite a los seres humanos hacer cosas asombrosas trabajando juntos con pasión, amabilidad y buena voluntad. Por lo tanto, sé lo bastante fuerte como para estar solo y sé lo bastante tú mismo como para diferenciarte, pero sé lo bastante inteligente como para compartir tu amor y permanecer unido a otra u otras personas cuando llegue el momento.

2. La venganza no nos ayuda a seguir adelante.

A veces no perdonamos a alguien porque se lo merezca. Lo perdonamos porque lo necesita, porque lo necesitamos y porque no podemos avanzar sin hacerlo. Perdonar es redescubrir la paz interior y el propósito que al principio pensamos que alguien se llevó cuando nos traicionó.

3. Atraemos lo que mostramos al mundo.

Por lo tanto, refleja aquello que quieras. La felicidad, la libertad y la paz interior siempre se consiguen cuando las entregas a los demás sin albergar expectativas. Quien bendice a los demás es bendecido con creces; quien ayuda a los demás acaba por ser ayudado.

4. El fracaso es sinónimo de éxito cuando aprendemos de él.

La experiencia es lo que obtenemos cuando no logramos lo que queremos. Los obstáculos no pueden detenernos; tampoco los problemas, ni los demás. Estas barreras son temporales; van y vienen. Por eso, en el transcurso de la vida, la única barrera que realmente puede detenerte eres tú mismo. Así que no te rindas. A veces es necesario andar por el infierno en la Tierra para encontrar el cielo en la Tierra.

5. No somos lo que hemos hecho, sino lo que hemos superado.

Todas las penurias. Todos los errores. Todos los rechazos. Todo el dolor. Todas las veces que te has preguntado por qué. Todo ello ha originado la sabiduría y la fuerza que te ayudarán a arrojar tu luz sobre el mundo, incluso en las horas más oscuras.

6. Nuestro pasado solo puede lastimarnos hoy si dejamos que lo haga.

La única forma de superar el pasado es dejarlo atrás. Si te pasas el tiempo reviviendo momentos que se han ido para siempre, es posible que te pierdas los momentos especiales que aún están por llegar.

7. Nunca es demasiado tarde para convertirnos en la persona que somos capaces de ser.

Repite conmigo: «Soy libre». Puedes cumplir tu propósito de vida comenzando aquí y ahora. El propósito de la vida no es solo ser feliz, sino también ser relevante, ser productivo, ser útil y tener algún tipo de impacto. Recuerda que el cambio es constante en la vida, pero que el crecimiento es opcional. Elige sabiamente, desde ahora mismo.

8. La pasión es esencial.

Si estás atrapado entre tus sueños y lo que otras personas piensan que es adecuado para ti, recorre siempre el camino que te haga feliz, a menos que quieras que todo el mundo sea feliz excepto tú. Y hagas lo que hagas, no persigas el dinero. Implícate con las ideas y actividades que te hagan sentir vivo. Ve tras aquello que tiene más valor, aquello que el dinero no puede comprar, y úsalo para tener una profesión relevante.

9. El dolor vale la pena.

No podemos empezar a valorar la vida hasta que nos ha derribado varias veces. No podemos empezar a valorar el amor hasta que nos han roto el corazón. No podemos empezar a valorar la felicidad hasta que hemos conocido la tristeza. Tienes que esforzarte por subir la ladera de la montaña para apreciar la impresionante vista que se ve desde la cima.

10. A veces lo que no queremos es lo que necesitamos.

En ocasiones, lo que no podemos cambiar acaba cambiándonos para mejor. Domina tus respuestas a los acontecimientos externos; no intentes controlarlos siempre. Rara vez terminarás exactamente donde querías ir, pero siempre terminarás exactamente donde debes estar.

12 LECCIONES DE VIDA que hemos aprendido a lo largo de 12 años

HACE MUCHOS AÑOS que estamos en el camino del crecimiento personal, viajando (por negocios y por placer), estudiando, viviendo en distintas ciudades, trabajando para distintas empresas (y por cuenta propia) y conociendo a personas extraordinarias y singulares en todas partes. Aquí tienes doce lecciones de vida que hemos aprendido:

1. Todo el mundo tiene los mismos deseos y necesidades básicos.

Cuando conocemos a personas que tienen unos orígenes étnicos diferentes, que son de distintas ciudades y países, y que tienen niveles socioeconómicos diversos, nos vamos dando cuenta de que todas, básicamente, quieren lo mismo. Quieren reconocimiento, amor, ser felices, sentirse realizadas y albergar la esperanza de un futuro mejor. La forma en que intentan dar cumplimiento a estos deseos es variada, pero los fundamentos son los mismos. Puedes identificarte con casi todos los individuos de todas partes si miras más allá de los aspectos superficiales que nos separan.

2. Lo más importante es lo que hacemos todos los días.

La diferencia entre quiénes somos y quiénes queremos ser es lo que hacemos. No tenemos que ser geniales para empezar, pero tenemos que empezar para ser geniales. Todo logro comienza con la decisión de efectuar un intento. Recuerda que las personas rara vez hacen las cosas lo mejor que pueden; las hacen según la medida en que están dispuestas a hacerlas. Procede según lo que te dicta el corazón y cada día haz algo que sepas que tu futuro yo te agradecerá.

3. No siempre podemos ser agradables.

Si quieres mostrarte siempre agradable, los demás se aprovecharán de ti. Tienes que establecer límites. Nunca cambies con el único objetivo de impresionar a alguien. Cambia porque eso te haga ser una mejor persona y te lleve a tener un futuro mejor. Ser uno mismo es la fórmula más eficaz que existe para alcanzar la felicidad y el éxito. A veces necesitas salir, tomar un poco de aire y recordarte quién eres y qué quieres ser. Y a veces solo tienes que ocuparte de lo tuyo a tu manera, independientemente de lo que piensen o digan de ti los demás.

4. No eres perfecto, pero se te da genial ser tú.

Tal vez no seas la persona más guapa, fuerte o talentosa del mundo, pero no pasa nada. No finjas ser alguien que no eres. Se te da genial ser tú. Acaso no estés orgulloso de todo lo que has hecho en el pasado, pero tampoco pasa nada por eso. El pasado no es hoy. Siéntete orgulloso de quién eres, de cómo has madurado y de lo que has aprendido por el camino.

5. No queremos personas perfectas en nuestra vida.

Aunque a veces estés confundido, no quieres que tus amigos y amantes sean perfectos. Lo que quieres son personas en las que puedas confiar, que te traten bien, con las que puedas hacer el tonto, que quieran estar cerca de ti tanto como tú quieres estar cerca de ellas. Se trata de que encuentres personas que conozcan tus errores y debilidades y estén a tu lado cuando otras se vayan.

6. La vida es cambio y hay que aceptarlo.

Todo en la vida es temporal. Si las cosas van bien, disfrútalo, pues eso no durará para siempre. Y si las cosas van mal, no te preocupes, porque eso tampoco durará para siempre. El hecho de que la vida no sea fácil en este momento no significa que no puedas reír. El hecho de que algo te esté molestando no significa que no puedas sonreír. Enfócate siempre en los aspectos positivos de tu vida. Mira al futuro con ilusión. Cada momento te da un nuevo comienzo y un nuevo final. Tienes una segunda oportunidad a cada segundo.

7. Las cicatrices son símbolos de crecimiento.

No te avergüences nunca de las cicatrices que te ha dejado la vida. Una cicatriz significa que el dolor ha terminado y la herida está cerrada. Significa que has conquistado el dolor, has aprendido una lección, te has vuelto más fuerte y estás siguiendo adelante. Una cicatriz es el tatuaje de un triunfo del que estar orgulloso.

8. La verdad es siempre la mejor opción.

El respeto y la confianza son dos de las cosas más fáciles de perder en la vida y las más difíciles de recuperar. Nunca tomes una gran decisión cuando estés enojado y nunca hagas una gran promesa cuando estés muy contento. Jamás te metas con los sentimientos de alguien solamente porque no estés seguro de los tuyos. Muéstrate siempre abierto y honesto.

9. Las cosas más importantes de la vida son las pequeñas y gratuitas.

Es bueno tener dinero y aquello que este puede comprar, pero también es importante que nos aseguremos de no haber perdido la noción de aquello que el dinero no puede comprar. El signo de la madurez no es empezar a pensar en las cosas grandes y a hablar de ellas, sino empezar a comprender y valorar lo pequeño.

10. La historia de cada cual es más complicada de lo que parece.

Cada rostro que pasa por la calle representa una historia tan fascinante y complicada como la tuya. No siempre son las lágrimas el factor indicativo del dolor que se sufre; a veces es la sonrisa que se finge. No todas las cicatrices están expuestas. No todas las heridas se curan solas. No juzgues negativamente a alguien por su pasado o sus sentimientos sin comprender por completo su situación. Y no te apresures a señalar las imperfecciones que hay en la vida de otras personas cuando no estás dispuesto a mirar las que hay en tu propia vida.

11. Rendirse y pasar a otra cosa no es lo mismo.

Hay una diferencia entre darse por vencido y saber cuándo se ha tenido suficiente. No tiene sentido aferrarse a algo que ya no está ahí. Aceptar las cosas como son, soltar y seguir adelante son habilidades que hay que aprender al afrontar las realidades de la vida. Algunas relaciones y situaciones no se pueden arreglar, sencillamente, y si intentamos forzar su reparación no harán más que empeorar. Seguir con algo es ser valiente, pero a menudo lo que nos hace más fuertes es soltar y seguir adelante.

12. No eres el único que está solo.

Por más incómodo que te sientas acerca de tu propia situación, hay otras personas que están experimentando las mismas emociones. Siempre hay alguien que se identificaría contigo. Tal vez no puedas hablar con ninguna de estas personas en este momento, pero están ahí fuera.

A veces, cambiar de entorno puede motivar un cambio de perspectiva. Si llevas un tiempo atascado en un surco emocional, sin experimentar ningún cambio positivo, tal vez sea hora de que hagas un pequeño paréntesis: sal de tu pueblo o ciudad unos días, experimenta algo nuevo y estimula tu mente.

PREGUNTAS Y PLANTEAMIENTOS SOBRE LA SIMPLICIDAD PARA HACERTE PENSAR

¿A qué necesitas DEDICAR menos tiempo?

¿Qué te hace SENTIR a gusto?

Indica algo SIMPLE que te haga sonreír.

¿Qué LAMENTARÍAS no haber hecho, sido o tenido en tu vida?

Cuando tengas noventa años, ¿qué será lo que te IMPORTARÁ más?

¿Qué es lo MEJOR que tiene para ti despertarte por la mañana?

Indica algo que te ENCANTE de tu vida.

¿Qué pensaría el NIÑO que una vez fuiste del adulto en el que te has convertido?

Indica algo con lo que estés ILUSIONADO casi todos los días.

Indica algo que te haga sentir mejor AL INSTANTE.

Novena parte

· · · ·

Inspiración

*Cree firmemente que las cosas irán bien,
que el largo camino tiene un propósito, que
aquello que deseas tal vez no ocurrirá hoy
pero está apareciendo por el horizonte.*

LA ELECCIÓN MÁS INTELIGENTE

La única manera

Mi teléfono móvil sonó justo después de la medianoche. No respondí. Un minuto después, volvió a sonar. Me di la vuelta, tomé el teléfono de la mesilla y miré la brillante pantalla de identificación de llamadas. «Claire», ponía. Claire es una amiga íntima que, trágicamente, había perdido a su marido en un accidente de coche seis meses atrás. Y pensé que, dado que rara vez me llamaba en medio de la noche, probablemente era importante.

—Hola, Claire. ¿Va todo bien? —pregunté.

—¡No! —declaró mientras se echaba a llorar—. Necesito hablar... Necesito ayuda...

—Estoy escuchando —le aseguré—. ¿Qué te pasa?

—Esta tarde he perdido el trabajo, estoy cansada y ya no sé qué hacer...

—Un trabajo es solo un trabajo. Los empleos van y vienen. Recuerda que Angel perdió su empleo el año pasado y fue una bendición disfrazada. Encontró algo mejor.

—Lo sé, lo sé —suspiró entre lágrimas—. Es solo que sentí que el mundo se iba a acabar después del accidente... ¿Sabes? Y mis amigos y familiares me ayudaron a volver a ponerme en pie...

—Y sigues estando en pie en este momento —añadí.

—Bueno, a veces siento que lo estoy, a veces siento que apenas estoy manteniendo el equilibrio y a veces siento que me estoy volviendo a caer. Y esta serie de sentimientos se van sucediendo en un ciclo interminable: a los días buenos les siguen días malos, y viceversa. Es una larga batalla, ¡y estoy agotada!

—Pero sigues adelante...

—En realidad —continuó entre más lágrimas—, la única forma que he encontrado de seguir avanzando momento a momento en los tiempos difíciles ha consistido en repetir un breve dicho que mi abuelo me enseñó cuando era niña. Y no sé cómo o por qué me ayuda ahora, pero lo hace.

—¿Cuál es el dicho? —pregunté.

—Haz todo lo que puedas con lo que tienes delante de ti y deja el resto a los poderes superiores —respondió.

Sonreí, porque me encantan las ideas inspiradoras que ayudan a la gente a avanzar incluso en los momentos más difíciles. Y porque la frase de Claire me recordó una historia corta que mi abuela me contó cuando era niño, que también se podía aplicar a las circunstancias de mi amiga.

—Tu abuelo era un hombre sabio —le dije—. Y es gracioso, porque su dicho me recuerda una historia corta que mi abuela me contó en una ocasión. ¿Te gustaría escucharla?

—Sí —respondió ella.

La historia de mi abuela

Érase una vez, en una pequeña aldea india, al pescador del lugar se le cayó al río su caña de pescar favorita, por accidente, y no pudo recuperarla. Cuando sus vecinos se enteraron de su pérdida, se acercaron a él y le dijeron:

—¡Esto ha sido mala suerte!

El pescador respondió:

—Tal vez.

Al día siguiente, el pescador caminó un kilómetro y medio río abajo para ver si podía encontrar su caña de pescar. Llegó a una pequeña poza situada en la orilla del río que estaba repleta de salmones. Utilizó su caña de pescar de repuesto para atrapar casi cien peces, los cargó en su carreta y los llevó a la aldea para intercambiarlos por otros productos. Toda la gente estuvo encantada de recibir el salmón fresco. Cuando sus vecinos se enteraron de su éxito, acudieron a él y le dijeron:

—¡Caramba! ¡Menuda suerte tienes!

El pescador respondió:

—Tal vez.

Dos días después, el pescador empezó a caminar de regreso a la poza para poder pescar más salmones. Pero cuando llevaba recorridos poco más de ciento cincuenta metros, tropezó con el tocón de un árbol y se torció gravemente el tobillo. Muy despacio y sintiendo un gran dolor, regresó a la aldea. Cuando sus vecinos se enteraron de su lesión, le dijeron:

—¡Esto ha sido mala suerte!

El pescador respondió:

—Tal vez.

Pasaron cuatro días, y aunque el tobillo del pescador se iba curando lentamente, aún no podía caminar, y la aldea se había quedado sin pescado. Tres aldeanos se ofrecieron para ir al río a pescar mientras el pescador se recuperaba. Esa noche, al no regresar los tres hombres, salió un grupo en su búsqueda, y descubrieron que una manada de lobos los había atacado y matado. Cuando los vecinos del pescador se enteraron de esto, fueron a verlo y le dijeron:

—¡Menuda suerte tienes de no haber ido a pescar! ¡Mira que eres afortunado!

El pescador respondió:

—Tal vez.

Unos días después...

—Bueno, puedes adivinar cómo sigue la historia —le dije a Claire.

La moraleja de la historia

Claire se rio entre dientes y me dio las gracias. Porque enseguida tuvo claro cuál era la moraleja de la historia. Sencillamente, no sabemos lo que va a suceder, en ningún caso. La vida es impredecible. Por bien o mal que parezcan estar las cosas en este momento, nunca podemos estar absolutamente seguros de lo que ocurrirá después.

Y esto nos quita un gran peso de encima. Porque significa que sea lo que sea lo que nos esté ocurriendo en este momento (bueno, malo o indiferente), solo forma parte del fenómeno que llamamos *vida*, que fluye como el río de la historia de mi abuelo, de un suceso al siguiente de forma impredecible. Y la elección más inteligente que podemos efectuar es nadar a favor de la corriente del río.

Esto significa, simplemente, no entrar en pánico ante los infortunios imprevistos ni perder la compostura bajo la luz de nuestros triunfos, sino «hacer todo lo que podamos con lo que tenemos delante y dejar el resto a los poderes superiores».

10 COSAS que deberías DEJAR en el pasado

TAL VEZ NO estés orgulloso de todo lo que has hecho en el pasado, pero no importa. El pasado no es hoy. Aquí tienes diez actitudes y comportamientos que te conviene dejar atrás y trascender:

1. Permitir que otras personas escriban la historia de tu vida.

Puedes pasarte toda la vida preocupándote por lo que piensen o quieran de ti otras personas, pero esto no te llevará muy lejos. Si no asumes la responsabilidad y diseñas tu propio plan de vida, lo más probable es que caigas en el plan de otra persona. Y ¿adivinas lo que ha planeado para ti esa persona? ¡No mucho!

2. El miedo a cometer errores.

A menudo, nuestros mayores logros y nuestras creaciones más bellas surgen de las emociones que vivimos, las lecciones que aprendemos y los errores que cometemos por el camino. Pregúntale a un poeta, un artista, un compositor, un amante o un padre: a la larga, las cosas rara vez salen según lo planeado, sino mejor de lo que nunca imaginamos.

3. La creencia de que todo el mundo tiene la misma idea de lo que es «perfecto».

Hay gente perfecta en todos los rincones de este hermoso planeta, y esto puede verse en todas partes, incluso en el espejo. ¡Sí, esto es así! Porque nacemos perfectos, y ahora también lo somos. Lo perfecto es lo único. Todos somos perfectos tal como somos.

4. Las dinámicas negativas de pensamiento.

Son nuestros pensamientos los que realmente dictan cómo nos sentimos; en ese caso, ¿por qué no elegir pensamientos que nos hagan sentir fantásticamente bien? Cuanto más elogiamos y celebramos nuestra propia vida, más hay para celebrar en la vida. Puedes elegir hacer que el resto de tu vida sea la mejor parte de esta.

5. Hacer algo solamente porque los demás también lo hacen.

Date permiso para alejarte enseguida de todo lo que te suscite malas vibraciones. No tienes necesidad de explicarlo o encontrarle sentido; solo confía en lo que sientes.

6. No seguir tu intuición.

Un día tu vida pasará como un destello ante tus ojos. Asegúrate de que valga la pena contemplarla. Detente y piensa en ello. Piensa en ello de verdad. ¿Qué es lo que realmente quieres hacer con tu vida? Olvida lo que crees que deberías hacer. ¿Qué es lo que te emociona? ¿Qué es lo que te parece imposible? Sé honesto contigo mismo. Tus respuestas solo deben tener un impacto en ti; en nadie más.

7. Postergar tus metas y pasiones.

La diferencia entre la persona que eres y la persona que quieres ser es lo que hagas. Sí, el proceso de convertirte en esta persona no estará exento de dolor. Y requerirá tiempo. Y dedicación. Y fuerza de voluntad. Deberás tomar decisiones saludables. Tendrás que efectuar sacrificios. Deberás sacar el máximo partido a tu mente y tu cuerpo. Experimentarás tentaciones. Pero te prometemos que cuando alcances tu objetivo, el viaje habrá valido la pena. Y recuerda que el tiempo que dediques a tus pasiones nunca es tiempo perdido, sea cual sea el resultado.

8. La creencia de que el fracaso es lo opuesto al éxito.

El fracaso no es lo opuesto al éxito; forma parte del éxito. El fracaso se convierte en éxito cuando aprendemos de él. Si cambiamos la forma en que miramos las cosas, las cosas que miramos cambian. En lugar de ver lo que falta y el camino que aún te queda por recorrer, enfócate en lo que hay y lo lejos que has llegado.

9. La gente que quiere que seas otra persona.

No dejes de ser nunca la persona que eres para ser otra. Sé tú mismo. Los demás te querrán por eso, y si no es así, déjalos marchar.

10. Aquellos que ya se han ido.

No hay relaciones fallidas, porque cada persona que hay en nuestra vida tiene una lección que enseñarnos. A veces, todo lo que ocurre es que crecemos más que algunas personas que tenemos alrededor. No intentes arreglar lo que no tenga arreglo; limítate a aceptarlo y sigue adelante. Cuando alguien te deje, es importante que lo sueltes emocionalmente. Y sé consciente de que eso no es un final, sino un nuevo comienzo. Solo significa que su papel en tu historia ha terminado. Tu historia continuará.

18 COSAS que desearía que alguien me HUBIESE DICHO a los dieciocho años

HACE POCO ESTABA leyendo un libro en mi cafetería favorita, junto a la playa, cuando un chico de dieciocho años se sentó a mi lado y me dijo: «Es un libro magnífico, ¿verdad?». Así que empezamos a conversar.

Me dijo que se estaba preparando para graduarse en el instituto en un par de semanas y después, inmediatamente, empezar su carrera universitaria en otoño. «Pero no tengo ni idea de lo que quiero hacer con mi vida —dijo—. En este momento me estoy limitando a dejarme llevar».

A continuación, con una mirada ansiosa y honesta, comenzó a hacerme una pregunta tras otra:

«¿A qué te dedicas?».

«¿Cuándo y cómo decidiste lo que querías hacer?».

«¿Por qué hiciste eso? ¿Por qué no hiciste aquello?».

«¿Hay algo que desearías haber hecho de otra manera?».

Respondí a sus preguntas lo mejor que pude e intenté darle unos consejos decentes con el tiempo del que disponía. Tras media hora de conversación, me dio las gracias y nos separamos.

Pero de camino a casa me di cuenta de que la conversación que acabábamos de tener había despertado mi nostalgia. Ese chico me recordó a mí mismo a esa edad. Así que me puse a pensar en sus preguntas, y empecé a imaginar todo aquello que desearía que alguien me hubiese dicho a los dieciocho años.

A continuación di un paso más y pensé en todo aquello que me encantaría decirme a mí mismo si pudiera viajar en el tiempo para darle a mi yo de dieciocho años algunos consejos sobre la vida. Después de algunas tazas de café y un par de horas de reflexión, aquí tienes dieciocho cosas que desearía que alguien me hubiese dicho a los dieciocho años:

1. Comprométete a cometer muchos errores.

A veces, las decisiones equivocadas nos llevan a los lugares adecuados. Por lo tanto, no te preocupes por los errores; preocúpate por aquello a lo que estás renunciando cuando no lo intentas. ¡Preocúpate por la vida que no te estás permitiendo vivir! Ningún libro está compuesto por un único capítulo. Ningún capítulo cuenta toda la historia. Ningún error define quiénes somos. Sigue pasando las páginas que debes pasar.

2. Encuentra un trabajo duro que te encante hacer.

Si pudiera ofrecerle a mi yo de dieciocho años algunos consejos profesionales, me diría a mí mismo que no basase la elección de mi carrera en las ideas, los objetivos y las recomendaciones de otras personas. Me diría que no eligiese una especialidad porque fuese popular o porque, estadísticamente, los graduados en ella ganasen más dinero. Me diría que la elección de la carrera correcta se basa en un punto clave: encontrar un trabajo duro que a uno le encante hacer. Siempre y cuando te mantengas fiel a ti mismo, sigas tus propios intereses y seas fiel a tus valores, podrás encontrar el éxito a través de la pasión. Y tal vez lo más importante es que no te encontrarás varios años más tarde trabajando en un campo profesional que no soportas preguntándote cómo diablos vas a hacer eso durante los próximos treinta años. Por lo tanto, si te encuentras trabajando duro y amando cada minuto de esa actividad, no te detengas. Estás metido en algo grande. Porque el trabajo duro no lo es cuando nos enfocamos en nuestras pasiones.

3. Invierte tiempo, energía y dinero en ti mismo todos los días.

Si inviertes en ti mismo, es imposible que pierdas, y con el tiempo cambiarás la trayectoria de tu vida. Eres el resultado de lo que sabes. Cuanto más tiempo, energía y dinero inviertas en adquirir los conocimientos pertinentes, más control tendrás sobre tu vida.

4. Explora nuevas ideas y oportunidades a menudo.

Tus miedos al fracaso y las situaciones embarazosas, que son unos temores humanos y muy naturales, a veces te impedirán probar algo nuevo. Pero debes superar estos miedos, porque la historia de tu vida es la culminación de muchas experiencias pequeñas y únicas. Cuantas más experiencias únicas tengas, más interesante será tu historia. Por lo tanto, busca todas las experiencias vitales nuevas que puedas y asegúrate de compartirlas con las personas que te importan. No hacerlo es no vivir.

5. A la hora de afinar tus habilidades profesionales, enfócate más en una menor cantidad de ellas.

Es importante trabajar duro, pero no dispersándose en varias direcciones. Por lo tanto, reduce tu enfoque: aprende menos habilidades relacionadas con tu carrera y domínalas todas.

6. Las personas no leen las mentes de los demás. Diles lo que estás pensando.

Los demás nunca sabrán cómo te sientes a menos que se lo digas. ¿Tu jefe? No sabe que esperas un ascenso, porque aún no se lo has dicho. ¿Esa chica tan guapa con la que no has hablado porque eres demasiado tímido? Sí, lo has adivinado: te ha estado ignorando porque tú también la has estado ignorando. En la vida tenemos que comunicarnos con los demás. Así de simple.

7. Toma decisiones rápidas y medidas inmediatas.

O emprendes la acción y aprovechas las nuevas oportunidades, u otra persona lo hará primero. No puedes cambiar nada ni avanzar de ningún modo si permaneces sentado pensando en ello. Y recuerda que hay una gran diferencia entre saber cómo hacer algo y realmente hacerlo. El conocimiento es básicamente inútil si no va acompañado de la acción.

8. Acepta el cambio.

Por buena o mala que sea una situación en un momento dado, cambiará. Esto es lo único de lo que puedes estar seguro. Por lo tanto, acepta el cambio, y date cuenta de que acontece por una razón. Al principio no siempre será fácil o los motivos no serán evidentes, pero al final valdrá la pena.

9. No te preocupes demasiado por lo que otras personas piensen de ti.

En general, lo que los demás piensen y digan de nosotros no es importante. Cuando tenía dieciocho años, dejé que las opiniones de mis compañeros de secundaria y de la universidad influyeran en mis decisiones. Y, a veces, me alejaron de ideas y objetivos en los que creía firmemente. Ahora me doy cuenta de que esa actitud mía era absurda, sobre todo cuando reparo en el hecho de que casi todas esas personas cuyas opiniones me preocupaban tanto ya no forman parte de mi vida. A menos que intentes causar una buena primera impresión (en una entrevista de trabajo o en una primera cita, por ejemplo), no permitas que las opiniones de los demás se interpongan en tu camino. Lo que piensen y digan sobre ti no es importante; lo importante es cómo te sientes contigo mismo.

10. Sé siempre honesto contigo mismo y con los demás.

Vivir honestamente genera paz mental, y la paz mental no tiene precio. Punto.

11. Habla con mucha gente en la universidad y al principio de tu carrera profesional.

Jefes. Colegas. Profesores. Compañeros de clase. Miembros de tu club social. Otros estudiantes ajenos a tu círculo principal o social. Profesores auxiliares. Asesores profesionales. Decanos. Amigos de amigos. ¡Habla con todos! ¿Por qué? Para crearte una red profesional. Con el tiempo, hablarás con nuevas personas a las que conozcas a través de tu red actual y el alcance de esta, y las oportunidades irán aumentando durante toda tu carrera.

12. Siéntate solo en silencio durante por lo menos diez minutos todos los días.

Utiliza este tiempo para pensar, planificar, reflexionar y soñar. El pensamiento creativo y productivo florece en la soledad y el silencio. Gracias al silencio podrás escuchar tus pensamientos, llegar a lo más profundo de ti mismo y concentrarte en planificar el siguiente paso lógico y productivo en tu vida.

13. Haz muchas preguntas.

La mayor «aventura» es la capacidad de indagar, de hacer preguntas. A veces, en el proceso de investigación, la búsqueda es más significativa que las respuestas. Las respuestas provienen de otras personas, del universo del conocimiento y la historia, y de la intuición y la sabiduría profundas que hay dentro de uno mismo. Estas respuestas nunca aparecerán si nunca haces las preguntas correctas. Pregunta.

14. Explota los recursos a los que tienes acceso.

Demasiado a menudo no establecemos las conexiones, hacemos las preguntas y aprovechamos las oportunidades que tenemos delante. Escribe lluvias de ideas. Elabora listas. Haz lo máximo que puedas con lo que tienes y prepárate también para favorecer a otros así como otros te han favorecido.

15. Vive por debajo de tus posibilidades.

Vive una vida cómoda, pero no despilfarres. No vivas la vida tratando de engañarte a ti mismo pensando que la riqueza se mide en la cantidad de objetos materiales. Vive siempre muy por debajo de tus posibilidades.

16. Sé respetuoso con los demás y haz que se sientan bien.

En la vida y en los negocios, no es tanto lo que decimos lo que cuenta, sino cómo hacemos sentir a las personas. Por lo tanto, respeta a tus mayores, a los pequeños y a todos los demás. Apoyar, guiar y ayudar a otros es uno de los aspectos de la vida que nos hacen sentir mejor.

17. Lo que hagas, hazlo de forma excelente.

No tiene sentido que hagas algo si no vas a hacerlo bien. Sé muy bueno en tu trabajo y también en tus aficiones. Lábrate una reputación por tu excelencia constante.

18. Sé quien estás destinado a ser.

Sea lo que sea lo que decidas hacer en tu vida, será mejor que lo sientas en cada fibra de tu ser. ¡Será mejor que hayas nacido para hacerlo! No desperdicies tu vida cumpliendo los sueños y deseos de otra persona.

Sobre todo, ríete cuando puedas, discúlpate cuando debas hacerlo y deja de lado lo que no puedas cambiar. La vida es corta, pero asombrosa. Disfruta el viaje.

12 COSAS que me dijo mi ABUELA antes de morir

Cuando mi abuela Zelda falleció hace un tiempo con noventa años, me dejó con una caja que contenía artículos varios de su casa que sabía que yo había llegado a apreciar con los años. Entre ellos había un viejo volumen encuadernado en cuero que acertadamente llamó su «diario de inspiración».

A lo largo de la segunda mitad de su vida, usó ese diario para anotar ideas, pensamientos, citas, letras de canciones y cualquier otro contenido que la conmoviera. Me leía extractos de su diario cuando era pequeño, y yo escuchaba y hacía preguntas. Sinceramente, atribuyo parte de lo que soy ahora a la sabiduría que me transmitió mi abuela cuando era niño.

Esta vez quiero compartir contigo algunos de esos extractos inspiradores. He hecho todo lo posible para ordenar, corregir y reorganizar el contenido en doce puntos inspiradores. Disfrútalo.

1. Inhala el futuro, exhala el pasado.

Independientemente de dónde te encuentres o de aquello por lo que estés pasando, cree siempre que hay una luz al final del túnel. Nunca esperes, supongas o exijas. Haz todo lo que puedas, controla los elementos que puedas controlar y después deja que ocurra lo que tenga que ocurrir. Porque cuando hayas hecho lo que puedas, lo que deba ocurrir ocurrirá, o verás claro cuál es el siguiente paso que debes dar.

2. La vida puede volver a ser simple.

Elige enfocarte en una cosa cada vez. No tienes que hacerlo todo, y no tienes que hacerlo todo ahora mismo. Respira, permanece presente y hazlo lo mejor que puedas con lo que tienes delante.

3. Deja que los demás te acepten tal como eres o que no te acepten en absoluto.

Di tu verdad incluso si te tiembla la voz. Al ser tú mismo, estás poniendo en el mundo algo hermoso que antes no estaba ahí. Por lo tanto, camina con confianza y no esperes que los demás entiendan tu andadura, especialmente si no han estado exactamente en el lugar al que estás yendo.

4. Ya no eres quien eras antes, y esto no supone ningún problema.

A lo largo de los años, han sucedido muchas cosas, cosas que han cambiado tu punto de vista, te han enseñado lecciones y han forzado tu crecimiento personal. Con el paso del tiempo, nadie permanece igual, pero aun así habrá personas que te dirán que has cambiado. Respóndeles esto: «Por supuesto que he cambiado. Sigo siendo la misma persona, con la diferencia de que ahora soy un poco más fuerte que antes».

5. Todo lo que sucede te ayuda a crecer, incluso si al principio te cuesta verlo.

Las circunstancias te dirigirán, corregirán y perfeccionarán a lo largo del tiempo. Por lo tanto, hagas lo que hagas, aférrate a la esperanza. El hilo más pequeño se retorcerá hasta volverse un cable irrompible. Deja que la esperanza te ancle en la posibilidad de que este no sea el final de tu historia, de que los cambios de marea acaben por llevarte a costas apacibles.

6. No te formes para ser rico: fórmate para ser feliz.

De esta manera, cuando madures sabrás cuál es el valor de las cosas, no su precio. Al final, te darás cuenta de que los mejores días son aquellos en los que no necesitas que ocurra nada extremo o especial para sonreír. Sencillamente, apreciarás los momentos y sentirás gratitud; no buscarás nada más. La verdadera felicidad consiste en esto.

7. Ten la determinación de mantener una actitud positiva.

Debes comprender que la mayor parte de tu infelicidad no está determinada por tus circunstancias, sino por tu actitud. Por lo tanto, sonríe a quienes tratan de escatimarte algo o herirte a menudo; muéstrales lo que les falta en su vida y lo que no pueden quitarte.

8. Presta mucha atención a las personas que te importan.

A veces, cuando un ser querido te dice que está bien, necesita que lo mires a los ojos, lo abraces con fuerza y le respondas: «Sé que no lo estás». Y no te enojes demasiado si algunas personas solo parecen recordarte cuando te necesitan; siéntete un privilegiado por ser como un faro de luz que les viene a la mente cuando la oscuridad está presente en su vida.

9. A veces para que alguien pueda crecer debes dejarlo marchar.

A lo largo de la vida de un ser querido, no es lo que has hecho por él, sino lo que le has enseñado a hacer por sí mismo, lo que lo conducirá al éxito.

10. A veces, para obtener los resultados que anhelas debes alejarte de las personas que no favorecen tus intereses.

Esto te permite liberar espacio para quienes sí están dispuestos a apoyarte para que seas la mejor versión de ti mismo. Esto va ocurriendo gradualmente a medida que vas madurando. Descubres quién eres y qué quieres, y a continuación te das cuenta de que hay personas a las que conoces desde siempre que no ven las cosas igual que tú. Así, conservas los recuerdos maravillosos, pero sigues adelante sin esas personas.

11. Es mejor mirar atrás y decir «no puedo creer que hiciera eso» que mirar atrás y decir «ojalá hubiera lo hubiera hecho».

Al final, la gente te juzgará de alguna manera de todas formas. Por lo tanto, no vivas tu vida tratando de impresionar a los demás. Vívela impresionándote a ti mismo. Ámate lo suficiente como para no rebajar tus criterios a causa de nadie.

12. Si estás buscando un final feliz, tal vez sea hora de que empieces a buscar un nuevo comienzo.

Tras una caída, recomponte y acepta que tienes que fallar de vez en cuando. Así es como aprendes. Los individuos más fuertes, los que se ríen más enérgicamente con una sonrisa auténtica, son los que han librado las batallas más duras. Sonríen porque han decidido que no van a dejar que nada los detenga y están avanzando hacia un nuevo comienzo.

POR QUÉ VIVO CADA DÍA COMO SI FUERA EL ÚLTIMO

Una buena chica

Alyssa era mi mejor amiga. Era una música de talento, una gimnasta elegante, una escritora brillante y una persona profundamente apasionada. Y se preocupaba mucho por los demás. Cada faceta de su ser rezumaba amor. Cuando hablaba, sus ojos eran tan sinceros como sus palabras. Y siempre quería entender lo que estaba mal para poder esforzarse por mejorarlo.

Pero un día, en el último año de su carrera universitaria, Alyssa se despertó con un extraño dolor en el pecho. Los médicos del campus no pudieron determinar su origen, por lo que la derivaron a un especialista. Después de varias resonancias magnéticas y análisis de sangre, averiguaron que padecía un caso raro y progresivo de linfoma de Hodgkin, un tipo de cáncer. Se pasó los siguientes tres años sufriendo diversos grados de dolor y malestar mientras varios médicos la trataron con radiación y quimioterapia. Y aunque esos médicos al principio albergaron esperanzas, la enfermedad de Alyssa empeoró, y falleció el día de su vigesimoquinto cumpleaños.

Un chico malo

Ethan también era mi amigo. Aunque no tenía tantos talentos como Alyssa, era increíblemente inteligente, sobre todo en lo concerniente al dinero y los negocios. Pero no le importaban las personas. Acabé por enterarme, justo antes de poner fin a nuestra amistad de ocho años, de que estafaba a la gente para ganarse la vida. Sus principales objetivos eran personas mayores que tenían unos ahorros relativamente escasos. «Son todos unos tontos —me dijo. Y no sentía ningún remordimiento, porque añadió—: De todos modos, no tardarán en morirse».

Hoy, a los veintiocho años, Ethan es multimillonario. Y aunque no hemos hablado en años, he oído que todavía no se ha metido en ningún problema legal, en gran parte, creo, debido a las calculadas amenazas que he oído que lanza a cualquiera que, según sus sospechas, podría tener una buena conciencia. También he oído que no sufre ningún problema de salud importante y que él, su mujer florero y sus dos hijos, que están sanos, viven en una mansión en algún lugar del sur de California.

La razón

Estas son viejas historias que nos son muy familiares. Las personas y las circunstancias difieren ligeramente según quién las cuenta, pero las lecciones centrales son siempre las mismas: la vida no es justa. A las personas buenas les suceden cosas malas, mientras que a las personas malas les suceden cosas buenas.

El caso es que muchos de nosotros usamos este tipo de historias como excusas cuando elegimos no hacer caso a nuestro corazón. También son las excusas que usamos muchos de nosotros cuando elegimos tratarnos a nosotros mismos y tratar a los demás de forma indigna e irrespetuosa. «¿Por qué preocuparse —argumentamos— cuando las Alyssas del mundo sufren y mueren jóvenes mientras los Ethans del mundo beben vino en resorts de cinco estrellas hasta bien entrados los ochenta?».

Pero para algunos de nosotros, Alyssa y Ethan son la razón por la que seguir el dictado de nuestro corazón. La historia de Ethan nos impulsa a vivir para hacer que el mundo sea un poco mejor y para que la gente sea un poco más feliz. Y la historia de Alyssa es la que nos impulsa a utilizar toda la fuerza que tenemos en este momento. Porque sabemos que tal vez mañana no tendremos la misma fuerza.

Porque un mundo en el que no hay nada garantizado nos exige vivir todos los días... como si fueran el último.

9 COSAS que nadie quiere LAMENTAR en la vejez

Tenemos la oportunidad de cambiar nuestro futuro en este preciso instante. En este momento podemos elegir borrar lo que lamentamos de nuestros últimos años. Aquí tienes nueve cosas que ninguno de nosotros querremos lamentar en la vejez y algunas ideas para evitarlas:

1. No pasar suficiente tiempo sonriendo con las personas a las que amamos.

Cuando nuestra vida laboral es muy absorbente y enfocamos toda la energía en ese ámbito, es muy fácil que no gocemos de un equilibrio adecuado. Aunque la dirección y el enfoque son importantes, si pretendes conservar la felicidad y la paz en tu vida, debes equilibrar el aspecto laboral con los partidos de fútbol, las cenas familiares, las citas íntimas con tu pareja, etc.

2. Albergar rencores.

Los rencores no nos permiten experimentar una felicidad perfecta. Si hay alguien en tu vida que merezca otra oportunidad, dásela. Si debes disculparte, hazlo. Empezad de nuevo, y felizmente, la historia de vuestra relación.

3. Cumplir los sueños de todos los demás en lugar de los propios.

Por desgracia, justo antes de que des el primer paso en el camino que conduce a la consecución de tus sueños, habrá personas, incluidas algunas que se preocupan mucho por ti, que te darán malos consejos, probablemente. Esto se debe a que no entienden el panorama general, es decir, lo que significan para ti tus sueños, tus pasiones y los objetivos que tienes en la vida. Ten el coraje de vivir la vida fiel a ti mismo, no la vida que otros esperan que vivas. Encuentra tiempo para cultivar tu pasión, digan lo que digan los demás.

4. No ser honestos acerca de los propios sentimientos.

Muchas personas reprimen sus sentimientos para mantener la paz con los demás. Como resultado, cargan con el peso de su propio silencio. Date permiso para sentir todo el abanico de las emociones. Si estás en contacto con lo que sientes, será más probable que comprendas las situaciones que se produzcan y las resuelvas en lugar de evitarlas. Al final, expresar tus sentimientos impulsará tus relaciones, incluida tu relación contigo mismo, a un nuevo nivel más saludable.

5. Ser irresponsables en el aspecto económico.

Cuando gastamos menos de lo que ingresamos, compramos un estilo de vida marcado por la flexibilidad y la libertad. Compramos la capacidad de decir sí a lo que importa, porque no estamos destinando recursos a lo que no es importante. Administra tu dinero con inteligencia para que tu dinero no te administre a ti.

6. Quedar atrapados en el dramatismo y la negatividad innecesarios.

Mantenernos alejados del dramatismo de otras personas es una forma increíblemente eficaz de simplificar nuestra vida y reducir el estrés. Rodéate de gente positiva que te haga reír tanto que olvides lo malo y te concentres en lo bueno.

7. Pasar tiempo con personas que nos hacen sentir infelices.

Para encontrar la verdadera felicidad en la vida, debes ser fiel a tu corazón y a tu intuición. Tienes que ser quien eres y diseñar un estilo de vida y una carrera profesional que te satisfagan, sea lo que sea lo que eso implique o lo que digan los demás al respecto. La vida no consiste en complacer a todos. Comienza hoy asumiendo la responsabilidad por tu propia felicidad; eres el único que puede crearla. La decisión es tuya.

8. No tener ningún impacto en la vida de los demás.

Haz algo que vaya más allá de ti, algo que ayude a alguien a ser feliz o a sufrir menos. Recuerda que tener un impacto positivo en la vida de alguien puede cambiar el mundo; tal vez no todo el mundo, pero sí el de esa persona.

9. Fracasar debido al miedo al fracaso.

Si te encuentras en un momento intenso a la hora de tomar una decisión, estás atrapado en la espiral del análisis excesivo y la vacilación, y no estás efectuando avances, haz una respiración profunda, rompe la espiral, deduce cuál es el próximo paso lógico y da ese paso. Aunque te equivoques, aprenderás algo que te ayudará a hacer lo correcto la próxima vez.

30 VERDADES que he aprendido en TREINTA AÑOS

Siguen a continuación unas lecciones sencillas sobre la vida en general que he aprendido durante mis viajes, al vivir en distintas ciudades, al trabajar para varias empresas (y por cuenta propia) y al conocer a personas extraordinarias e inusuales en todas partes.

1. Llega un momento en la vida en que uno se cansa de ir detrás de todos y de tratar de arreglarlo todo. Este momento no es de rendición. Consiste en darnos cuenta de que no necesitamos ciertas personas y cosas ni los dramas que traen consigo.

2. No podemos controlar cómo se sienten otras personas o cómo reciben nuestra energía. Todo lo que hacemos o decimos pasa por el filtro de la perspectiva del otro, que está condicionada por lo que sea que esté viviendo en ese momento, que no tiene nada que ver con nosotros. Sigue con lo tuyo con el mayor amor posible.

3. Si alguien quiere formar parte de tu vida, realizará un esfuerzo evidente para lograrlo. No te molestes en reservar un espacio en tu corazón para las personas que no hacen ningún esfuerzo para permanecer en él.

4. Si quieres volar, debes soltar lastre, lo cual no siempre es tan obvio y fácil como podría parecer.

5. Hacer algo y equivocarse es al menos diez veces más productivo que no hacer nada.

6. Todo éxito tiene una estela de fracasos detrás, y cada fracaso conduce al éxito. No fracasamos cuando nos caemos; fracasamos cuando no volvemos a levantarnos. A veces solo tenemos que olvidar cómo nos sentimos, recordar lo que merecemos y seguir adelante.

7. Cuantas más cosas poseas, más cosas te poseerán. Tener menos nos da más libertad, realmente.

8. Mientras estás ocupado buscando a la persona perfecta, probablemente te pasará por alto la persona imperfecta que podría hacerte perfectamente feliz. Esto es tan cierto para las amistades como para las relaciones íntimas. Encontrar un compañero o un amigo no consiste en que trates de transformarte en la imagen perfecta de lo que crees que quieren. Consiste en que seas exactamente tal como eres y después encuentres a alguien que lo valore.

9. Hay que elegir las relaciones con prudencia. Es mejor estar solo que mal acompañado. Si algo debe ocurrir, ocurrirá, en el momento adecuado, con la persona adecuada y por la mejor razón.

10. Hacer cien amigos no es un milagro. El milagro es hacer un amigo que estará a tu lado cuando cientos se hayan ido.

11. Siempre habrá alguien más apuesto. Siempre habrá alguien más inteligente. Siempre habrá alguien más carismático. Pero ninguna de estas personas será nunca tú; nunca tendrá exactamente tus mismas ideas, tus mismos conocimientos y tus mismas habilidades.

12. Efectuar avances implica correr riesgos. Punto. No se puede llegar a la segunda base [de un campo de béisbol] sin levantar los pies de la primera.

13. Todas las mañanas te enfrentas a dos opciones: puedes ir sin rumbo durante el día sin saber lo que va a suceder y limitándote

a reaccionar ante ello en todo momento, o puedes pasarte el día dirigiendo tu propia vida, tomando tus propias decisiones y labrando tu propio destino.

14. Todos cometemos errores. Si no puedes perdonar a los demás, no esperes que los demás te perdonen. Libérate perdonando a alguien.

15. No pasa nada por venirse un poco abajo. No siempre tienes que fingir ser fuerte, y no es necesario que demuestres todo el rato que todo va bien. Llora si es necesario; es saludable que viertas tus lágrimas. Cuanto antes lo hagas, antes podrás volver a sonreír.

16. A veces realizamos actos estúpidos cuya repercusión será permanente por el solo hecho de que estamos temporalmente molestos. Podrás evitarte muchos sinsabores si aprendes a controlar tus emociones.

17. El otro no tiene que estar equivocado para que tú tengas razón. Debes permitir que los demás cometan sus propios errores y tomen sus propias decisiones.

18. Nadie lo tiene fácil. Todos tenemos problemas. Por lo tanto, no le restes importancia a lo que estás viviendo tú o lo que está viviendo alguien. Cada uno está inmerso en su propia guerra.

19. Una sonrisa no siempre significa que esa persona es feliz. A veces solo significa que es lo bastante fuerte como para hacer frente a sus problemas.

20. Las personas más felices que conozco mantienen la mente abierta a las nuevas ideas e iniciativas, utilizan su tiempo libre para cultivar la mente y aman la buena música, los buenos libros, las buenas películas, la buena compañía y las buenas conversaciones. Y a menudo también son la causa de la felicidad de otras personas, la mía en particular.

21. No puedes tomarte las cosas demasiado personalmente. Los demás raramente hacen lo que sea a causa nuestra. Lo hacen a causa de sí mismos.

22. Los sentimientos cambian, las personas cambian y el tiempo sigue transcurriendo. Puedes aferrarte a errores pasados o puedes crear tu propia felicidad. No cometas el error de esperar que alguien o algo venga y te haga feliz.

23. Es mucho más difícil cambiar la duración de la propia vida que cambiar su profundidad.

24. Acabamos lamentando mucho más lo que no hicimos que lo que hicimos.

25. Cuando dejamos de ir tras las cosas equivocadas, les damos a las cosas apropiadas la oportunidad de que nos alcancen.

26. Uno de los mayores retos en la vida es ser uno mismo en un mundo que está tratando de que seamos iguales a todos los demás.

27. Disfruta las pequeñas cosas, porque son más grandes de lo que parecen al principio.

28. Cualquiera puede tener un impacto. Tienes más poder del que piensas. Úsalo.

29. Cada experiencia es una lección de vida: todos aquellos a quienes conocemos, todos aquellos con quienes nos encontramos. No olvides nunca reconocer la lección, especialmente cuando las cosas no salgan como esperabas. Aprende lo que tengas que aprender y sigue adelante.

30. Por más o menos oscuro que haya sido tu pasado, tu futuro sigue estando inmaculado. No comiences el día con las partes rotas de ayer. Cada día es un nuevo comienzo. Cada mañana en que te levantas es el primer día del resto de tu vida. ¿Qué quieres que suceda?

10 lecciones INTEMPORALES de una vida bien vivida

COMPARTÍAMOS CON ANTERIORIDAD una lista que titulábamos «18 verdades que me dijo mi padre». Hace poco, él mismo me envió por correo electrónico unos puntos como complemento a los de su lista original. Son diez lecciones de vida adicionales de parte del abuelo más inteligente que conozco. Disfrútalas.

1. La felicidad no es un lugar al que se pueda viajar, ni se puede poseer, ganar, desgastar o consumir.

La felicidad es la experiencia sagrada de vivir cada momento con amor y gratitud. Siempre, siempre, siempre hay algo por lo que estar agradecido y alguna razón para amar. Por lo tanto, asegúrate de valorar lo que tienes.

2. Sé un estudiante de la vida a diario.

Experiméntala, aprende de ella y absorbe todo el conocimiento que puedas. Prepárate para la grandeza manteniendo la mente condicionada con nuevos conocimientos y nuevos retos. Recuerda que si permaneces preparado, no tendrás que prepararte cuando surjan las grandes oportunidades.

3. La experiencia es el mejor maestro.

No te esfuerces demasiado por memorizar aquello que otras personas están enseñando. Aprende las mejores prácticas y después ocúpate de lo tuyo. La vida misma te ofrecerá enseñanzas a lo largo del tiempo, a menudo en el momento y el lugar apropiados, para que recuerdes para siempre lo que es realmcntc importante.

4. Tus elecciones, tus actos, tu vida.

Nunca dejes que las adversidades te impidan hacer lo que sabes, en tu fuero interno, que debes hacer. Sigue esforzándote por lo que amas, sean cuales sean las dificultades. Y persiste; la vida acaba por recompensar a los que perseveran.

5. Nadie está «demasiado ocupado». Todo es cuestión de prioridades.

Aquello en lo que nos enfocamos se hace grande. No digas que no tienes suficiente tiempo. Tus días tienen la misma cantidad de horas que los días que vivieron Helen Keller, Miguel Ángel, la madre Teresa, Leonardo da Vinci, Thomas Jefferson y Albert Einstein, y la misma cantidad de horas que los días de todas las personas que tienes alrededor.

6. Sé paciente y fuerte. Algún día este dolor te será útil.

El dolor es una llamada de atención que nos guía hacia un futuro mejor. Así que mantén el corazón abierto a los sueños y efectúa ese cambio que has de realizar. Mientras tengas un sueño y actúes en positivo, hay esperanza, y mientras hay esperanza, vivir es un gozo.

7. Por lo general, es mejor ser amable que tener razón.

Sé amable siempre que sea posible. Y date cuenta de que siempre es posible. Se necesita mucha fuerza para ser amable y gentil. A veces, lo mejor es no decir nada y escuchar en lugar de abrir la boca.

8. Puedes convertirte en un imán para lo bueno teniendo buenos deseos hacia los demás.

Juzga menos y ama más. Si quieres paz interior, resiste la tentación de contar chismes sobre los demás o de transmitir una mala imagen de ellos. En lugar de juzgar a alguien por lo que hace o por el punto en el que se encuentra en su vida, averigua por qué esa persona hace lo que está haciendo y cómo llegó a encontrarse en esa situación.

9. Tu actitud solo depende de ti.

La verdad es que a menos que sueltes, a menos que te perdones a ti mismo, a menos que perdones la situación, a menos que te des cuenta de que esa situación ha terminado, no puedes seguir adelante. Eres responsable de cómo te sientes, independientemente de lo que digan o hagan los demás. Siempre tienes el control absoluto de tus pensamientos en este momento, así que elige sentirte seguro de ti mismo y suficiente en lugar de enojado e inseguro. Elige mirar hacia delante, no hacia atrás.

10. La satisfacción no siempre tiene que derivar de ver satisfechos nuestros deseos.

Experimentarás la satisfacción si te das cuenta de lo bendecido que estás por el hecho de tener lo que tienes. Aunque no todo sea fácil o no vaya exactamente como esperabas, debes elegir estar agradecido por todo lo que tienes y sentirte feliz de haber tenido la oportunidad de vivir esta vida, vaya como vaya.

PREGUNTAS Y PLANTEAMIENTOS RELACIONADOS CON LA INSPIRACIÓN PARA HACERTE PENSAR

¿Qué anhela tu NIÑO interior?

Indica algo de lo que estés totalmente seguro AHORA MISMO.

¿Cuál es la MEJOR decisión que has tomado nunca?

¿Qué es lo que más te MOTIVA en tu vida en este momento?

¿Qué es aquello por lo que estás MÁS agradecido?

¿Qué has estado RACIONANDO o controlando recientemente?

¿Cuál es la diferencia entre estar VIVO y vivir de verdad?

Si tuvieras la OPORTUNIDAD de transmitir un mensaje a un gran grupo de personas, ¿cuál sería?

¿HAS HECHO algo últimamente que valga la pena recordar?

¿Cuándo fue la ÚLTIMA vez que intentaste algo nuevo?

Nota final

SABEMOS QUE ESTÁS leyendo esto. Y queremos que sepas que estamos escribiendo esto para ti. Otros estarán confundidos; pensarán que estamos escribiendo esto para ellos. Pero no es el caso.

Estas palabras son para ti.

Queremos que sepas que la vida no es fácil. Cada día plantea unos retos impredecibles. Algunos días tal vez te costará el solo hecho de levantarte de la cama por la mañana para afrontar la realidad con una sonrisa. Pero queremos que sepas que tu sonrisa nos ha mantenido en pie más días de los que podemos contar. No olvides que, incluso en los momentos más difíciles, eres increíble. Realmente lo eres.

Por lo tanto, sonríe más a menudo. Tienes muchas razones para hacerlo. Una y otra vez, nuestra razón eres tú.

No siempre serás perfecto. Nosotros tampoco. Porque nadie es perfecto y nadie debe serlo. Nadie lo tiene fácil; todo el mundo tiene problemas. Nunca sabrás exactamente por lo que estamos pasando nosotros. Y nosotros nunca sabremos exactamente por lo que estás pasando tú. Todos estamos embarcados en nuestra propia guerra.

Pero estamos luchando en estas guerras simultáneamente, juntos.

Recuerda que el coraje no siempre ruge en voz alta. A veces es una voz tranquila al final del día que susurra «lo intentaré mañana». Así que mantente firme. Las cosas les salen mejor a quienes sacan el mejor partido a la forma en que resultan ser las cosas.

Y estamos comprometidos a sacarles el mejor partido contigo.

Si quieres continuar tu andadura con nosotros

GETTING BACK TO Happy ['volver a ser feliz'] es un curso en línea que cada cual sigue a su propio ritmo, diseñado para ayudar a los lectores de este libro a llevar lo que han aprendido al siguiente nivel; incluye sesiones de *coaching* individualizadas con los coautores de este libro.

Getting Back to Happy es el curso de referencia para cualquier persona que se tome en serio el hecho de tomar medidas para reclamar su felicidad y realizar su potencial. Te ayudará a despertarte todos los días y a vivir con un sentimiento de propósito más completo, incluso si has intentado todo lo demás. Si quieres trabajar con nosotros, esta es la manera. Este curso es el resultado de más de una década de estudio y asesoramiento individual a cientos de personas como tú de todo el mundo. Es un sistema comprobado que funciona una y otra vez para sacarlas de su estancamiento y volver a ponerlas en situación de vivir una vida que las entusiasme. Los módulos de este curso, que contienen desde formas comprobadas de fomentar unas relaciones más fuertes hasta acciones concebidas para ayudarte a soltar las emociones dolorosas, te inspirarán y capacitarán para llegar a ser la mejor versión de ti mismo.

Cuando te inscribas en Getting Back to Happy, obtendrás acceso a un gran conjunto de recursos útiles (en inglés). Desde historias inspiradoras hasta estrategias de acción y muchas oportunidades de participar en vivo (con llamadas telefónicas y videollamadas) con nosotros, Getting Back to Happy ofrece más que un excelente contenido: fomenta una comunidad inspiradora. Todos los que se inscriben en Getting Back to Happy pasan a tener acceso permanente a una comunidad de apoyo y un curso en línea, que pueden seguir a su propio ritmo, que incluye sesenta capacitaciones en videos de alta definición, las cuales contienen cientos de métodos científicamente probados para corregir el rumbo; la comunidad consiste en foros de discusión exclusivos para miembros en los que puedes debatir cada lección con nosotros y con otros miembros del curso.

Infórmate más sobre Getting Back to Happy e inscríbete en www.marcandangel.com/getting-back-to-happy.

La conferencia en vivo Think Better, Live Better ['piensa mejor, vive mejor'] es el evento de referencia para ti si te tomas en serio el hecho de tomar medidas para reclamar tu felicidad y realizar tu verdadero potencial. Think Better, Live Better está diseñado para ayudarte a despertarte todos los días y vivir la vida imbuido plenamente de un propósito, incluso si has intentado todo lo demás. Si deseas asistir a una conferencia pensada para cambiarte la vida en la que participan muchos expertos en desarrollo personal de primer nivel a quienes les importa la gente, ¡es esta!

Think Better, Live Better está repleto de estrategias prácticas y lecciones inolvidables para vivir una vida más positiva y productiva. Pero es más que un simple evento. Es una experiencia envolvente que te brindará herramientas de eficacia demostrada para identificar y transformar las creencias y los comportamientos negativos y autolimitantes que te mantienen estancado. Las charlas y los talleres prácticos de este evento, impartidos por algunas de las mentes más brillantes del ámbito del crecimiento personal, ofrecen desde formas comprobadas de fomentar relaciones más saludables hasta acciones concebidas para ayudar a soltar las experiencias y emociones dolorosas, pasando por rituales que es seguro que incrementan la productividad. Todo ello te inspirará y capacitará para convertirte en la versión más efectiva de ti mismo.

Este evento es tu puerta de entrada a la vida que has planeado vivir. No saldrás de Think Better, Live Better con un cuaderno lleno de ideas y nada tachado de tu lista de tareas pendientes, sino que pondrás en marcha un plan realista que podrás seguir mejorando en los próximos años. Te guiaremos paso a paso a lo largo de ejercicios destinados a incrementar tu fortaleza mental y te ayudaremos a reenfocar la mente en las potentes verdades que tendrán el impacto más rápido y efectivo en tus deseos y metas personales y profesionales.

Obtén más información y regístrate para el próximo evento en www.thinklivebetter.com.

Sobre los autores

Escritores apasionados, admiradores del espíritu humano y estudiantes de la vida «a jornada completa», Marc y Angel Chernoff disfrutan compartiendo consejos inspiradores y prácticos para ayudar a vivir y afrontar la vida en su popular blog de desarrollo personal, Marc and Angel Hack Life. Actualmente, el sitio contiene unos seiscientos artículos centrados en la productividad, la felicidad, el amor, el trabajo y la superación personal en general, y ha atraído setenta millones de visitas desde que vio la luz en verano de 2006. Son autores de *Getting Back to Happy* [*Volver a ser feliz*, Editorial Sirio], que aparece en la lista de los más vendidos de *The New York Times*.

Marc y Angel comparten una gran pasión por inspirar a la gente a vivir de acuerdo con su máximo potencial y disfrutan ayudando a los demás a ser la mejor versión de sí mismos. Iniciaron su blog con el objetivo de motivar a la mayor cantidad de personas posible y trabajan apasionadamente todos los días para cumplir este objetivo a través de los pensamientos y las ideas que comparten en línea.

Los encontrarás en www.marcandangel.com.

O puedes enviarles un correo electrónico a angel@marcandangel.com y marc@marcandangel.com.

Suscríbete gratis

Si has disfrutado este libro y lo has encontrado útil, te encantarán todos los otros artículos de Marc and Angel Hack Life. Los lectores no paran de dejar comentarios sobre los enormes beneficios que han obtenido del material del sitio y sobre el papel predominante que tiene el blog en su crecimiento personal.

Al suscribirte, recibirás gratuitamente consejos prácticos e inspiradores (en inglés) concebidos para fomentar una vida productiva, que llegarán tres veces por semana directamente a la bandeja de entrada de tu correo electrónico: www.marcandangel.com/subscribe.

Contacta con nosotros

Nos encantaría saber de ti y que nos digas lo que piensas. No dudes en ponerte en contacto con nosotros (en inglés) a través de estos canales:

facebook.com/marcandangelhacklife
twitter.com/marcandangel
instagram.com/marcandangel